# JE NE SAIS PAS CUISINER

Direction éditoriale : Ghislaine Bavoillot
Réalisation Octavo Éditions :
Valérie Millet (édition),
Éric Sabot (maquette),
avec la collaboration de Sandrine Duvillier
et Marianne Perdu


ISBN : 2 - 08 - 200613 - 1
Numéro d'édition : FT 061303

Imprimé en Italie par G. Canale & C. S.p.A. - Borgaro T.se - TURIN

MARIE-NOËL RIO

# JE NE SAIS PAS CUISINER

## 200 RECETTES POUR APPRENDRE GAIEMENT

Préface de Michel Rio

Flammarion

Pour Robert.

À tous mes amis
qui ont la tête bien faite
(le reste aussi),
mais sont nuls en cuisine.

# Préface

**de Michel Rio**

Évidemment, si je veux aller au fond des choses, le phénomène biologique universel qu'il est convenu d'appeler la nutrition a toujours suscité en moi une espèce de réprobation. Et ce n'est pas tant à cause de la gigantesque prédation et de la mortalité galopante qu'il implique (l'herbivore tue le végétal, le carnivore tue l'animal, et l'omnivore, dont notre espèce est l'avatar le plus capable, tue tout le monde) qu'à cause de cette gratuité du cycle ingestion-digestion-déjection dont la finalité me paraît devoir plonger l'être doué d'un peu de bon sens, pour ne pas dire de bon goût, dans une certaine perplexité, au bas mot.

Qu'on imagine un promeneur un tant soit peu philosophe tombé mélancoliquement en arrêt devant le résultat matériel de ce cycle parsemant nos chemins, où il contemple non seulement la transformation d'une grande variété de formes et de couleurs vivantes et attrayantes en un terne amalgame inanimé, mais encore, lorsque sa réflexion prend un tour plus grave, la destinée manifeste d'un nombre épouvantable d'individualités, toutes espèces confondues. J'y vois pour ma part un caprice répréhensible, pire, une franche malignité, de la loi naturelle.

Cela dit, pour définir un état d'esprit général qui fait de ma prestation introductive à cet ouvrage une aberration tempérée cependant par le dessein de l'auteur, je passe de la biologie à la culture, du vivant au conscient, c'est-à-dire de la nécessité à l'art, l'idiosyncrasie de notre espèce n'étant rien d'autre que cette manie de faire entrer, à coup d'ingéniosité et d'idéal, la stricte satisfaction du besoin dans une perspective esthétique et morale. Manie qui nous a conduits à transformer la tanière en architecture, le cri en musique ou en éloquence, l'empreinte en poésie littéraire ou plastique et, nous y voici, la nutrition en cuisine. Cette dernière transformation a toujours correspondu chez moi à un passage de la réprobation vague à une irritation nettement scandalisée. C'est sans doute une réaction de lacédémonien hexagonal (d'aucuns diraient « béotien ») devant cette fâcheuse tendance des Français à sublimer la part culinaire de leur culture nationale et à mettre indûment à côté – quand ce n'est pas au-dessus – des Lorrain, Hugo, Lamarck, Rameau et autres Laplace les héros de leur art favori quoique mineur comme Vatel, Carême ou Brillat-Savarin.

Car il me semble que si ce goût pour les raffinements du comestible est pardonnable chez une personne d'esprit dans sa quête inlassable du savoir et du plaisir, il n'est, érigé en monoculture ou en religion, que « ruine de l'âme » (et de l'estomac), pour citer opportunément les mots d'un curieux hybride de génie et de goinfre. C'est toute la différence entre Épicure et Aristippe, entre une aimable philosophie et une basse obsession cyrénaïque, je le dis avec d'autant plus d'impartialité que je suis moi-même plutôt porté vers les stoïciens, persuadé que la pensée, à l'encontre des personnes, est d'autant plus forte qu'elle est sobre, que le gras, même le « bon gras », a tendance à coaguler l'invention, et que le « feu artiste » universel de Zénon est sans rapport avec celui des fourneaux. Bref, on l'aura compris, je serais plutôt hostile à la cuisine, faisant mon ordinaire d'honnêtes laitages et, sans songer à mal, de spaghettis au ketchup.

Cet état de choses ayant depuis toujours révolté la signataire de cet ouvrage, à qui je suis fraternellement apparenté, elle s'est décidée un jour, son indignation risquant de tourner au pur et simple tracas, à éclairer d'un coup ma lanterne et celle de mes pareils, et a pris sur un temps encombré et voué à de nobles occupations celui de rédiger ce qui suit. Elle m'a donné ces pages que j'ai acceptées par amitié, mais non sans répugnance. Je les ai lues. Jusqu'au bout et sans effort. Elles m'ont intéressé et m'ont fait rire. Choses surprenantes pour moi qui ne vois dans la littérature culinaire qu'un style barbare et obscur, une grammaire indigente et un sens dérisoire, compte tenu du sujet, du rite et du sacré.

Il s'agit ici d'un livre et pas seulement d'une collection de recettes. Quelque chose qui tient non seulement d'une alchimie alimentaire, mais aussi d'un humour, d'un art de vivre, d'une culture, bref, d'un contexte que Théophile Gautier appelait « les épices de la parole » et qui constitue une part notable, sinon de la saveur des plats, du moins de la capacité de l'apprécier. Quant aux recettes elles-mêmes, elles me semblent tout à fait praticables et, grâce à une méthode cartésienne allant du simple au complexe sans omettre une étape ni présupposer un savoir, praticables par le borné incrédule ou hostile (mon genre) qui passe ainsi brutalement, mais sans grande douleur, de l'ignorance crasse à la subtilité, comme par l'érudit qui y trouvera quelques délectables curiosités.

Ces nourritures terrestres et spirituelles (dans l'acception française de ce terme, qui est le contraire de la lourde gravité métaphysique, donc plus digeste) ne rebuteront que les Trimalcion. Sans me pousser à des extrémités telles que trahir mes sympathies pour le lait, les spaghettis et le ketchup ou m'agiter devant les fourneaux avec le zèle nerveux d'un néophyte (mon cas étant à peu près désespéré), ce livre a été pour moi, au-delà du plaisir de la lecture et de la découverte, une leçon de tolérance me dissuadant de vouer la race entière des amis de la table à une extermination sans nuances. Comme quoi la cuisine intelligemment comprise, à l'instar de la musique (une autre spécialité de notre auteur), peut aussi adoucir les mœurs.

# Sommaire

# Avertissement

Soucieuse de votre bien-être, et consciente de la médiocrité de votre ordinaire (la grillade de bœuf mal rassis carbonisée à l'extérieur et gelée à l'intérieur accompagnée de petits pois en conserve en est un exemple type), voire des pratiques révoltantes qui peuvent être les vôtres (la boîte de raviolis), j'ai entrepris de vous conduire de la simple survie alimentaire aux joies de la cuisine.

Nous procéderons par étapes : du simple au complexe, du cru au quasi-cuit, du quasi-cuit au cuit. Je tiens à ménager vos forces et à prévenir vos découragements. Votre longue marche sera parsemée de recommandations générales et de réflexions littéraires ou scientifiques : ne croyez pas que la cuisine soit le fait d'illettrés et abandonnez, je vous prie, vos vieilles dichotomies idéalistes où les choses de l'esprit naviguent dans le pur et le transcendant et les choses matérielles dans la glèbe méprisable de l'ignorance.

Vous pratiquez une syntaxe exigeante et rigoureuse ; vous savez qu'en amour l'expérience ne nuit pas. Eh bien, autant vous le dire tout de suite : pas de bonne cuisine sans règles, pas de fantaisie sans savoir ! Telle est la dure loi qui nous régit, nous autres qui avons inventé l'écrit, le plaisir, le cuit et perdu ainsi notre innocence.

Notez bien qu'étant une cuisinière amateur (qui aime), ce que je vous propose ici n'est pas une bible, mais un ensemble de saveurs butinées çà et là, revues par ma manière et commandées par mes goûts.

# Recommandations générales

**1. La cuisine commence au marché, où il convient de repérer l'honnête commerçant.** C'est le contraire d'un généraliste. Il est fier de sa spécialité, qu'il ne troquerait contre rien au monde. Tel Vatel manquant la marée, il préférerait s'occire plutôt que céder à la pression industrielle. Son mot d'ordre : tradition et artisanat.
C'est le boucher au bœuf de Salers rassis à point, au veau sous la mère et à l'agneau de Sisteron ou de pré-salé ; c'est le poissonnier de la dernière marée, dont la marchandise bouge encore ; c'est le « primeur » (comme on dit dans un raccourci étourdissant) levé à l'aube, dont les légumes sentent encore la glèbe ; c'est le crémier amoureux de la crème crue et du camembert à cœur qu'il va chercher au fin fond de la Normandie, etc. Deux grandes catégories caractérielles : les aimables, empressés à partager avec vous leur passion ; les revêches, peu portés à se dessaisir de leur précieuse marchandise, qu'ils finiront par vous concéder à regret dans le cas seulement où ils auront reconnu en vous un véritable connaisseur. On s'y fait.

**2. Je vous recommande de suivre scrupuleusement, pour décider de votre menu, la saison que je vous indique.** Rien de plus déprimant en effet que la fraise en février et le potiron en août. Toute chose est à son meilleur à un moment précis, qu'il convient de ne pas rater.

**3. Vous devrez, lorsque vous aurez choisi, dresser la liste précise de tous vos ingrédients et ne rien oublier en route.** L'une des caractéristiques de l'amateur maladroit est qu'il lui manque toujours quelque chose au moment crucial.

**4. De retour chez soi, ne jamais s'énerver, mais disposer calmement, dans l'ordre de leur utilisation, les ingrédients et ustensiles dont on aura besoin.** Attaquer ensuite seulement. Cela évite les portes de placard constellées de traces de doigts, le beurre qui brûle pendant qu'on cherche la farine au fond de l'étagère du haut, etc. Mettre un peu de musique si nécessaire : les *Variations Goldberg* par Glenn Gould ou les *Partita pour violoncelle* seront bien. Respirer à fond. Le plaisir est proche. D'ailleurs, je vous ai mâché le travail en indiquant toutes les opérations dans l'ordre, très explicitement. La seule commodité que je me suis accordée est d'indiquer **c.s.** pour cuillerée à soupe, et **c.c.** pour cuillerée à café (rases).



**5. Du bon usage du froid.**
L'individu que j'ai épousé se sert à tort et à travers du réfrigérateur, comme beaucoup de gens, et plusieurs anecdotes pénibles qui font partie de mon expérience matrimoniale me conduisent à vous donner quelques conseils.
– Réglez votre appareil à petit froid, thermostat 2 ou 3. Davantage, vous risquez de retrouver votre lait gelé et vos yaourts en glaçons.
– Placez en haut les aliments les plus corruptibles : laitages, viandes et poissons. Leur séjour sera bref. Rangez plus bas les confitures entamées, les plats en cours de confection ou les restes. Dans les portes, le beurre, les œufs, le vin ou le champagne à rafraîchir juste avant la consommation.
– Dans les bacs, les légumes, les salades et les herbes bien enveloppées, les pâtes à tarte le temps de leur repos, les melons à rafraîchir.
– Jamais de réfrigérateur pour les fruits et les fromages. En pleine canicule, vous pouvez à la rigueur les ranger dans un bac, bien enveloppés.
– Attention aux odeurs : les laitages absorbent tout. Je connais des maisons où les tartines beurrées ont une saveur prononcée de melon, par exemple. C'est une horreur qu'on évite en isolant chaque aliment (récipient hermétique, feuille d'aluminium ménager, feuille de plastique alimentaire ou torchon selon le cas).
– Pensez enfin à sortir du froid, au moins une heure à l'avance, ce que vous allez cuire : œufs, viandes, poissons, légumes.

**6. Vous recevez.**
Que vous ayez fait l'emplette de cet ouvrage me conduit à penser que vous envisagez un changement radical de votre existence. Vous allez abandonner vos lugubres habitudes solitaires pour découvrir la joie de régaler autrui. Sauf à être en effet d'une misanthropie pathologique, on cuisine pour les autres. Vous allez donc inviter à tour de bras.

**Quelques conseils,** car je sais comme il est difficile, lorsqu'on débute, de trouver l'exacte chronologie des opérations nécessaire à un repas réussi, celle qui vous laisse l'esprit libre et les mains sans trémulation.

– Ne choisissez jamais, au grand jamais, des plats qui se confectionnent au dernier moment quand votre maison est pleine d'amis. Rien n'est plus déprimant qu'un(e) hôte(sse) qui laisse en plan ses invités cois pour s'enfermer à la cuisine, et en sort au dernier moment hagard(e), échevelé(e), après avoir raté la plupart de ses préparations à cause de l'énervement. Non. Composez un menu qui vous laissera détendu(e), tranquille et tout(e) pomponné(e) : un dessert qui se fait le matin ou la veille, une entrée et un plat en deux temps, avec un minimum de confection au moment même. Ces réflexes viennent très vite : une salade par exemple peut se confectionner une heure à l'avance et s'assaisonner au moment de servir.
– Dressez toujours la table avant l'arrivée de vos invités, et préparez à la cuisine la vaisselle nécessaire pour tout le repas. Ouvrez les bouteilles (les vins sont meilleurs d'avoir pris un peu l'air), coupez le pain, disposez votre plateau de fromages, etc. Vous pourrez être tout à la conversation et vos invités seront contents ; car la maîtrise de la cuisine n'a qu'un but : l'aisance, la légèreté et le plaisir. Il en va de même pour tous les savoirs, non ?
– Cuisinez selon le caractère de vos amis : réservez à ceux qui sont pleins d'allant et de curiosité les plats où ils pourront donner un coup de main ; ils seront enchantés et se comporteront en zélés prosélytes. Choisissez les cuissons longues pour ceux qui sont toujours en retard : le mijoté n'est pas à une demi-heure près. Pour les fêtes, un buffet froid où chacun se sert. Pour les grandes tablées, un plat unique.
Pour les timides, restez dans les classiques.
– Ayez un carnet où vous notez le nom de vos amis, leurs dégoûts alimentaires (c'est très répandu, moi c'est le porc frais, je vous le dis à tout hasard), et les plats que vous leur avez servis, afin de ne pas les leur servir une seconde fois.

Cela étant dit, commençons, voulez-vous ?

# Le végétal

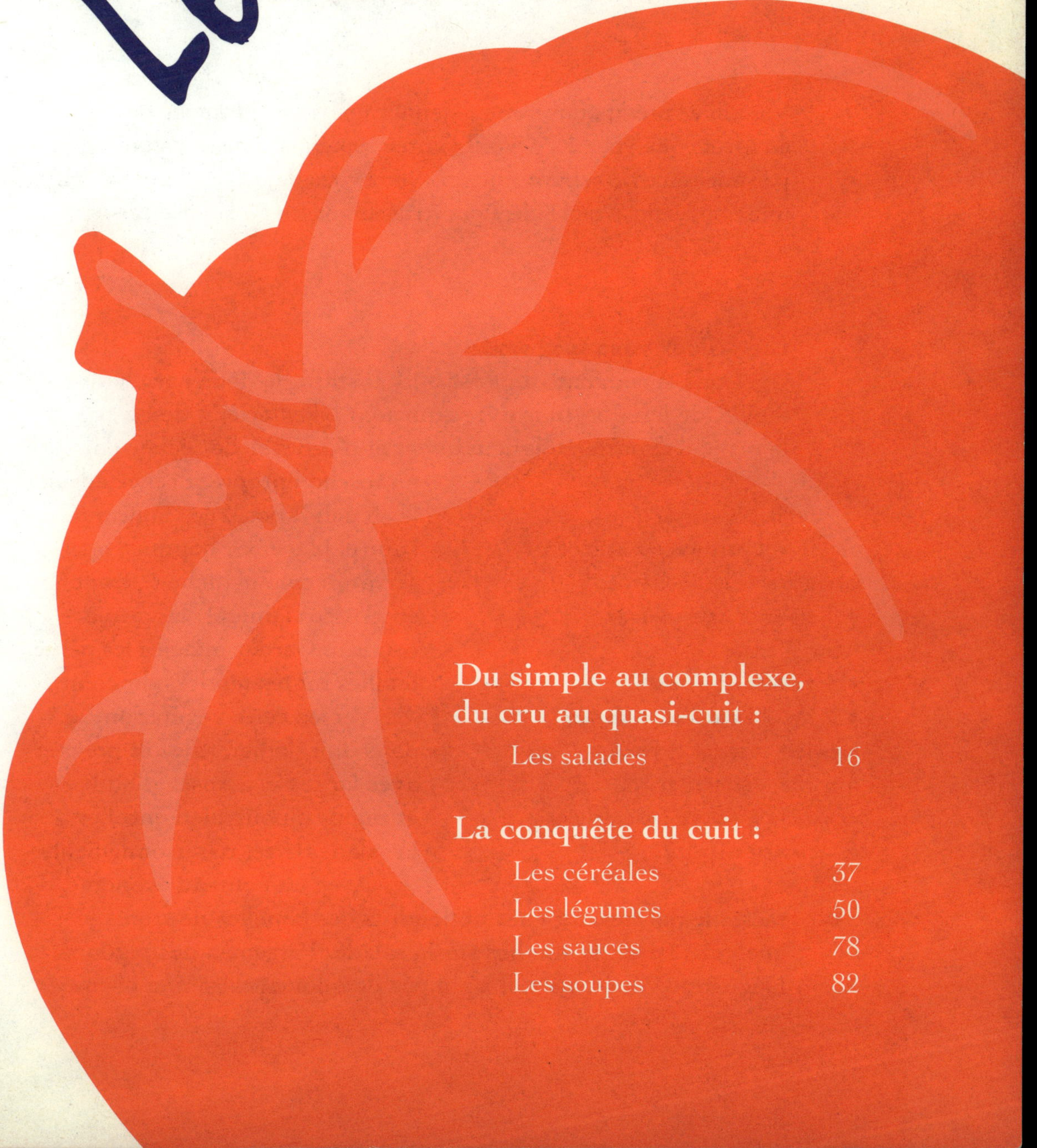

**Du simple au complexe, du cru au quasi-cuit :**



**La conquête du cuit :**

# Du simple au complexe, du cru au quasi-cuit : Les salades

Vous avez prévu pour votre déjeuner une simple tranche de jambon, en ascète que vous êtes. Vous l'aurez toutefois choisie « au torchon », par une trace de sybaritisme que vous vous devez de conserver en toute occasion. Voici l'idéal pour l'accompagner à la belle saison :

## La romaine au parmesan

**Été – Pour vous tout seul.**

Dans la romaine, tout est bon. Il suffit de détacher chaque feuille, de jeter les plus dures qui sont à l'extérieur, de laver le reste, d'égoutter soigneusement et d'achever de sécher dans un torchon propre. Prenez ensuite les feuilles, posez-les l'une sur l'autre, placez ce bouquet bien serré sur une planche et tranchez en grosses lanières, au grand couteau. Gardez intactes les petites feuilles toutes tendres du cœur.

Versez cette végétation dans un saladier, salez et poivrez avec largesse, arrosez d'huile et remuez, pour bien enrober la salade de ses assaisonnements.

Avec un couteau économe, raclez le parmesan : vous obtiendrez des lamelles de fromage que vous laisserez tomber sur la salade. Parsemez des pignons. Dégustez. Vous voyez, il n'y a pas de quoi en faire une histoire.

*Votre marché :*

- 1 petite romaine bien serrée, luisante et d'un vert franc
- 1 morceau de parmesan

*Pour la sauce :*

- 1 poignée de pignons
- 2 c.s. d'huile d'olive vierge, première pression à froid
- sel fin, quelques tours de moulin à poivre (pas de vinaigre ici, comme en Italie)

***Pour conserver les verdures***
*Pour garder deux ou trois jours salades ou herbes dans un bon état de fraîcheur, nettoyez-les en rentrant du marché, enveloppez-les humides dans un torchon (propre, le torchon), sans trop serrer, et placez le tout dans le casier à légumes de votre réfrigérateur. Ça vous évitera de courir chaque jour chez le primeur et d'interrompre ainsi trop souvent vos travaux. Vous voyez : je comprends vos difficultés.*

~

**L'hiver, vous aimerez :**

# La salade verte et rouge

**Automne-hiver – Pour vous tout seul.**

Lavez soigneusement votre mâche après avoir coupé les pédoncules terreux ou sableux et éliminé les feuilles jaunâtres. Il faudra plusieurs eaux (je vous entends d'ici : « ça commence bien », etc.), mais ça en vaut la peine : la mâche est délicieuse dans un hiver chiche en verdures, et je vous recommande avec fermeté de ne pas céder à la tentation de son ersatz en paquet, prétendument prêt à la consommation. Une consommation de béotien qui ne doit être en aucun cas la vôtre.

Votre marché :
- 1 poignée de mâche bien ferme, d'un vert net
- 1 belle tête de trévise
- quelques noix Franquette (ce sont les meilleures)

Pour la sauce :
- 1 c.s. de vinaigre de Xérès, ou 1 c.c. de balsamique
- 3 c.s. d'huile de noix
- sel fin, poivre du moulin

Prenez la tête de trévise dont le rouge incarnat vous rappellera Erzsébeth Báthory, la sanglante comtesse – d'autant plus que ce rouge fleurit sur une chair d'une blancheur intacte que l'on pourrait croire celle même de ses jeunes victimes.
Supprimez le trognon et séparez chaque feuille, qui doit apparaître brillante et franche de couleur. Coupez-la en deux ou trois : dans la trévise tout est bon. Lavez, c'est une simple formalité.

Égouttez vos deux salades, épongez-les dans un torchon propre (rien de plus déprimant que ces verdures flétries trempant dans leur eau de lavage que servent tant de gargotes...). Si vous êtes équipé, utilisez l'essoreuse.

C'est le moment de passer à table. Mettez vos salades dans un joli bol et arrosez-les de votre sauce préalablement émulsionnée à la fourchette dans un autre récipient. Remuez soigneusement : cela s'appelle « fatiguer » la salade. Les professionnels le font à pleines mains.

Ajoutez alors les cerneaux de noix, après les avoir décortiquées, bien entendu. C'est tout. C'est la perfection. Votre tranche de jambon en sera magnifiée.

~

***Les noix.*** *J'adore les noix. Mais pas n'importe quand ni comment. À la récolte, en automne, elles sont fraîches et des plus savoureuses, mais il faut avoir la patience de les débarrasser, outre de leur coque, de leur fine peau amère. L'hiver, elles auront séché protégées par leur coque et seront délicieuses jusqu'au printemps. Ensuite elles se dessèchent, rancissent et noircissent. Mieux vaut les éviter l'été. En tout cas, n'achetez jamais, au grand jamais, de cerneaux en paquets industriels : on ne connaît ni la date de cueillette, ni la provenance. Votre honnête primeur en décortique peut-être lui-même : c'est l'unique cas où vous pouvez faire confiance.*

~

**Voici une autre façon d'accommoder la mâche.** C'est une entrée bourgeoise, mais en cuisine on peut ne pas mépriser la bourgeoisie.

# La mâche – betterave

Votre marché :
- 1 poignée de mâche
- 1 petite betterave rouge cuite
- quelques noix Franquette
- 3 ou 4 brins de cerfeuil si vous voulez.

Pour la sauce :
- 1 c.s. de moutarde forte de Dijon
- 1 c.s. de vieux vinaigre de vin rouge
- 4 c.s. d'huile de noix
- sel fin, poivre du moulin

**Automne-hiver –**
**Pour vous tout seul.**

La préparation de la mâche est identique à ce que je vous narrais tantôt *(voir p. 17)*. Quand elle est épongée, disposez-la sur une assiette.

Ajoutez au centre, en dôme, la betterave rouge pelée et coupée en gros dés. C'est très joli, quoique moins érotique que la trévise : n'oubliez pas qu'on est dans la bourgeoisie.

Diluez le sel et la moutarde dans le vinaigre, ajoutez l'huile et le poivre. Quand tout est bien touillé, versez sur la betterave et à peine sur la mâche, et servez incontinent après avoir parsemé de cerneaux de noix et de quelques pluches de cerfeuil.
Vous mangerez votre jambon ensuite.



~

***La vinaigrette et ses impératifs catégoriques***
*Vous avez remarqué qu'on ne broute pas le végétal à même le champ. Vous avez également remarqué que l'une des meilleures sauces pour l'accompagner est la vinaigrette, qui n'est pas une affaire si simple qu'il y paraît.*

***D'abord, l'huile.*** *L'huile d'olive VPPF (vierge première pression à froid) est la reine. Elle a la saveur du fruit et convient à tous les usages, de l'assaisonnement à la friture. Autrement, mes favorites sont de noix, de noisette, de sésame dans certains cas. Soyez intraitable sur la provenance : elles doivent être le produit naturel du fruit simplement pressé – savez-vous par exemple que ce qui est vendu d'ordinaire sous le nom d'huile de noix est en réalité une huile neutre dans laquelle on a fait macérer quelques fruits ? La conservation des bonnes huiles est limitée. Jetez les saletés qui encombrent votre placard et ressemblent, à la couleur près, à l'huile de vidange de votre auto. Gardez cependant pour certaines cuissons une bouteille d'huile d'arachide : elle est sans goût et, mêlée au beurre, l'empêche de brûler trop vite sur un feu un peu vif.*

***Vous choisirez vos vinaigres avec le plus grand soin,*** *chez un excellent épicier. Mon favori est de vieux Xérès, qui s'accorde à merveille à presque toutes les huiles. Le cidre est bien pour les choses délicates. Et quelques gouttes de balsamique parfument idéalement l'huile d'olive. Ayez aussi un bon vinaigre de vieux vin rouge et un « cristal », vinaigre d'alcool absolument incolore. Faites de la place dans vos placards.*

***Le poivre enfin :*** *bannissez-le acheté moulu, il ne développe rien d'autre qu'un vague goût de savon. Ayez un moulin, du poivre blanc ou noir, ou un mélange des deux que vous moudrez plus ou moins fin au fur* *et à mesure de vos besoins. Il existe aussi des mélanges de baies de divers arômes. Allez-y si ça vous plaît. Je ne vous chipoterai pas sur ce genre de fantaisies, allez.*

***Voilà. Vous avez vos ingrédients. Le reste est un jeu d'enfant.*** *Sauf mention particulière, assaisonnez les salades juste au moment de les servir. L'acidité du vinaigre, le sel et l'attente les ramollissent, les noircissent, les font suer et pleurer. Bref, ce que vous auriez dans votre assiette n'aurait plus de nom.*

~

**Pour changer du jambon,** vous avez fait l'emplette d'une truite fumée. Je vous félicite, et vous propose pour l'accompagner :

# La salade de concombre

**Du printemps à l'automne – Pour deux personnes** (ainsi vous sortirez un peu de votre solitude !).

Votre marché :

- 1 concombre
- sel fin (une bonne quantité)

Pour la sauce :

- 1 c.s. de crème double, crue
- 2 c.s. de yaourt fermier, entier
- poivre du moulin

Vous avez un beau concombre, c'est-à-dire de couleur franche, charnu, ferme jusque dans ses extrémités, lisse et brillant ou, au contraire, mat et granuleux (la peau de ce dernier est souvent amère, méfiez-vous).

Hélas, le récalcitrant cucurbitacé est indigeste : on y remédie en le faisant dégorger. Lavez et pelez entièrement, ou laissez, en travaillant à l'économe, une bande de peau sur deux : c'est uniquement affaire d'esthétique, ça ne se discute pas. Coupez en rondelles très fines (je vous recommande la machine *ad hoc*, car je crains l'effet du couteau d'office sur vos doigts inexpérimentés). Mettez vos rondelles dans une passoire, saupoudrez-les de beaucoup de sel fin et laissez ainsi suer une heure.

Prenez un torchon propre (je vous entends rouspéter sur le linge, ça m'indiffère), versez-y votre concombre et tordez avec la grande énergie dont je vous sais capable : le reste de l'eau de végétation et du sel vont ainsi disparaître, et vous aurez des rondelles molles, « cuites » et digestes.

Remuez la sauce, enrobez-en votre concombre et, si vous en avez sous la main, ciselez quelques feuilles de menthe ou quelques brins d'aneth.

~

***La crème, le beurre et les produits laitiers***

*Ayez un crémier au-dessus de tout soupçon (voir « L'honnête commerçant » dans les recommandations générales). Il aura la crème du jour, fleurette (liquide) ou double (épaisse), dont vous avez besoin, le lait entier et crémeux à peine sorti de la vache et que vous lampez au litre, le beurre cru, cela va sans dire, des Charentes si vous l'aimez doux, de Bretagne si vous le préférez salé (au sel de Guérande).*

***Ainsi des yaourts,*** *dont la légère acidité doit être abritée par une couche de crème prise, du fromage blanc « campagne », gras, doux, à gros caillé...*

***Ainsi, bien sûr, des fromages :*** *seul votre crémier sait encore se procurer ce que la tradition fromagère fait de mieux en sa diversité, le chouchouter dans ses caves et en garnir, triomphant, ses étagères au moment exact – ni la veille, ni le lendemain – où il sera au zénith de sa saveur. J'aurai, jusque sur mon lit de mort, une pensée émue pour mon crémier qui, alors que je lui demandais ce qui conviendrait le mieux à un Vosne-Romanée 1954, me déclara : « Il s'agit de ne pas rater ça ! », interrompit toutes ses activités pour goûter avec moi une bonne douzaine de crus fromagers, et finit par me confier, les larmes aux yeux, un petit chambertin confit dans le marc et amolli jusqu'au cœur, que je transportai le jour même à Grenoble où avait lieu mon dîner. Lorsqu'on a affaire à des hommes si grands, on ne voit simplement plus ce qui a nom « pasteurisé », pire encore « UHT », et on jette sur l'allégé un regard de commisération : la santé est dans la mesure, pas dans la privation. D'ailleurs, lorsque vous aurez goûté une fois ce que j'évoque ici, vous ne retournerez plus jamais à vos pratiques d'hier.*

~

**Poursuivons dans la simplicité bucolique avec :**

# La salade de champignons

**Automne-hiver – Pour vous tout seul.**

Là encore, le gros du travail est d'émincer. Il faut d'abord couper la partie terreuse de la queue de vos aimables thallophytes : votre instinct de castration y trouvera son compte. Puis passer les champignons sous l'eau courante, un par un, en les frottant légèrement pour ôter la terre et le sable.

Séchez, coupez les gros en deux dans la hauteur et, hardi petit ! Émincez en lamelles fines qu'il faut arroser immédiatement avec le jus d'un demi-citron pressé. La moitié du petit oignon haché très fin – prendre le hachoir électrique ou y aller du couteau –, la moitié de votre bouquet de persil (les feuilles seulement, bien sûr !) ciselé très fin, une grosse pincée de sel, quelques tours de moulin à poivre, une généreuse rasade d'huile d'olive. Mélangez bien et laissez macérer 10 minutes à température ambiante – *dix* minutes : plus, ça partirait en eau, moins, ce serait trop dur. Et hop !

Votre marché :
- 200 g de champignons de Paris, bien blancs et serrés sur leur queue (le champignon de Paris est un légume timide : plus il est fermé sur soi, meilleur il est)
- 1 citron
- 1 petit oignon
- 1 bouquet de persil plat (le frisé n'a aucun goût, le laisser aux mammifères inférieurs)

Pour la sauce :
- huile d'olive VPPF
- sel, poivre du moulin

~

***Du champignon de Paris et des herbes***

*La chair du champignon de Paris noircit au contact de l'air aussi vite qu'une rosière rougit devant un gros dégoûtant. Le citron empêche cette oxydation. L'artichaut, la pomme, la banane, la poire ont les mêmes pudeurs.*

*J'insiste : ciseler les herbes. Le hachoir électrique les met en bouillie et gâte leurs parfums volatils. Pour ciseler, le plus commode est de mettre les feuilles dans un verre, de se munir de forts ciseaux et de tailler dans le tas jusqu'à la finesse désirée. Avec un peu de doigté on rassemble les feuilles en bouquets et on cisèle en minces lanières (basilic, menthe), en rognures (persil, coriandre), en tout petits tronçons (ciboulette).*

~

**Nous parvenons au quasi-cru complexe** en confectionnant :



# La salade de céleri aux crevettes

**Automne-hiver – Pour deux personnes.**

Achetez un beau céleri en branches que vous avez choisi pour ses feuilles d'un vert printanier et ses tiges courtes, fermes et luisantes. Éliminez sans pitié les branches extérieures, dures et filandreuses, pour ne conserver que le cœur, c'est-à-dire les petites tiges attendrissantes garnies de feuilles à peine formées, le tout d'un jaune pâle ravissant. Détaillez le cœur en tronçons, ciselez les feuilles.

Le *salto mortale* que constitue l'association d'ingrédients végétaux et animaux se fait ainsi : mélangez dans un saladier le céleri et ses feuilles, la pomme pelée et coupée en dés immédiatement citronnés (voir « *Du champignon de Paris* »), les raisins trempés une heure à l'eau tiède et égouttés, les crevettes, et enfin votre sauce battue à la fourchette.
C'est l'une de mes salades favorites.
Vous pourrez, lorsque vous en serez un peu fatigué, remplacer le céleri par du fenouil émincé fin. Dans ce cas, préférez l'huile d'olive.

Votre marché :

- 1 céleri en branches
- 1 pomme reinette
- 1 citron
- 50 g de raisins de Smyrne
- 100 g de crevettes de Norvège, roses et tendres, achetées chez le poissonnier (voir « L'honnête commerçant » – ne tombez jamais dans la conserve ou le surgelé de généraliste pour ce délicat crustacé)

Pour la sauce :

- 1 c.s. de crème double et 2 c.s. de yaourt
- ou de l'huile d'olive
- sel fin, poivre du moulin

~

**L'été, jamais avant, jamais après,** vous vous régalerez d'une simple :

# Salade de tomates

**Elles ne sont bonnes que de juin à octobre,** avec une pointe voisine du paradis en août. Elles sont de Montfavet, de Provence, Marmande, jamais belges ou hollandaises – ces dernières n'étant qu'un amas de fibres colorées dépourvues de toute saveur.

Vous les choisirez rouges, très fermes, satinées, toutes joufflues de soleil et parfumées. J'aime aussi beaucoup, pour la salade, les tomates encore un peu vertes. Je ne vous donne pas de quantités, c'est selon l'appétit.

Si vous avez le temps, pelez. Plongez 10 secondes dans l'eau bouillante, puis passez sous l'eau froide : la peau s'en ira avec une facilité déconcertante. Autrement contentez-vous de les laver et de les essuyer.

Dans tous les cas, ôtez le pédoncule, coupez en deux horizontalement et, à l'aide de votre pouce recourbé en pied-de-biche, ôtez les graines qui baignent au fond des alvéoles dans une eau de végétation sans intérêt. Cette opération apparemment fastidieuse a ses petits plaisirs : nous tripotons dans le tiède et l'humide, et ce n'est pas sans réminiscences diverses (vous entrevoyez ici dans la cuisine une légère perversité, qui peut tourner à la manie obsessionnelle si l'on n'y prend garde). Coupez ensuite en morceaux la chair émouvante ainsi mise à nu, en jetant la partie dure voisine du pédoncule.

Le meilleur : du sel, du poivre, de l'huile d'olive et c'est tout, et l'on sert *illico* pour que ça ne parte pas en eau (la tomate, en effet, n'aime guère attendre : comme le concombre dont elle est cousine, le sel la fait abondamment suer et ce n'est pas ici bienvenu). Vous pouvez si vous le voulez ajouter quelques herbes : la tomate aime par-dessus tout le basilic ciselé, mais aussi la cébette du Midi (un compromis végétal entre l'oignon nouveau et le poireau nain), l'ail, le persil plat, la coriandre.

**Encore un *salto mortale*,** celui qu'accomplissent ces tomates que nous évoquions dans leur simplicité virginale lorsqu'elles deviennent :

## Tomates à la mozzarella ou à la ricotta

Il suffit de disposer sur une assiette, en rosace, sans les éplucher ni les épépiner, des rondelles de ces « pommes d'or » que tint un jour Pâris dans sa main avec les conséquences funestes que l'on sait : la guerre de Troie (cette thèse, qui ruine évidemment celle – historique – qui fait apparaître la tomate en Europe au retour des massacres espagnols en Amérique du Sud, a l'avantage d'expliquer parfaitement l'étymologie du mot italien. Elle m'est personnelle et sans doute de fantaisie. Peu importe). Sel abondant, poivre et au centre tranches de *mozzarella di buffala* (la seule consommable) comme à Naples, de *ricotta fresca* comme en Sicile, de broccio (brousse de brebis corse) : pour tout cela voir son honnête crémier. Parsemez de feuilles de basilic, arrosez d'huile d'olive VPPF et servez *illico*.

~

**En saladier vous pouvez confectionner des :**

## Tomates au thon et/ou aux œufs durs

Vous observerez que ce titre supporte bien la double conjonction chère aux structuralistes de seconde zone. Il désigne un plat de l'ordinaire popu qui, convenablement mené, est un simple régal.
Si vous voulez le « et », commencez par les œufs durs, un ou deux par personne selon l'appétit. Je ne suis pas sûre que vous sachiez les faire correctement. Sortez du froid une heure avant (c'est valable quelle que soit l'utilisation de l'œuf), couvrez juste d'eau froide et comptez 8 minutes à partir de l'ébullition. Ainsi le jaune n'est pas farineux et ne noircit pas. Plongez tout de suite dans l'eau froide, où ça attendra d'être écalé, ce qui est

un jeu d'enfant grâce à la condensation produite par le passage du chaud au froid.

Autrement : des tomates en gros dés avec leur peau mais débarrassées de leur graines *(voir p.24)*, une boîte de thon blanc (dit germon), entier, à l'huile d'olive, et pas mal de basilic ciselé gros. Une cébette émincée fin ajoute un piquant délicieux, comme aussi de petites olives noires de Nice si on aime, ou quelques filets d'anchois. Cela est le « ou ».

Le « et » consiste à ajouter les œufs durs coupés en quatre. Vous voyez, ce n'est rien à faire. Dans les deux cas il faut saler, poivrer, arroser d'huile d'olive VPPF et servir aussitôt.

~

**La tomate étant un légume – ou un fruit, c'est selon –** abondant et peu coûteux, et de plus l'un de ceux que j'aime passionnément (vous le retrouverez très souvent dans la suite de cet opuscule), voici une préparation presque constamment bafouée, mais qui atteint au sublime lorsqu'elle est exécutée comme il faut :

# La vraie salade niçoise

C'est un plat convivial à plus d'un titre. Invitez donc deux ou trois confrères et lancez-vous dans un débat sur quelques aspects de l'anthropologie structurale, notamment les passages cru-pourri (que je ne pratique pas)-cuit ; cueillette-chasse-agriculture-élevage, etc. Ça vous mettra tous dans le bain et allégera la tâche fastidieuse – il faut l'avouer – qui vous attend.

Asseyez-vous avec vos copains autour d'une table. Chacun aura sa poubelle et son bol. Posez les fèves en tas au milieu. Piapiatez et écossez gaiement.
Tout en dégustant un côtes-de-Provence bien frais soigneusement sélectionné par le compétent marchand de liquides du quartier, mettez sur le feu une casserole d'eau salée et précipitez-y les fèves lorsqu'elle est à pleins bouillons. Dès la reprise desdits, égouttez vos légumineuses et passez-les sous le robinet d'eau froide. Cette opération s'appelle « blanchir » : vous noterez qu'on n'est pas vraiment dans le cuit.

Disposez comme précédemment poubelles, bols, un couteau

d'office pour chacun et, au centre, la passoire pleine des fèves blanchies. Il va falloir ôter la peau épaisse qui protège la tendre chair d'un vert jade adorable. Une petite incision sur l'extrémité et la fève glissera hors de son enveloppe, tel un nouveau-né lors d'un accouchement réussi. Il faut le coup de main pour un geste exactement dosé, ça vient vite. Encore une lampée de côtes-de-Provence. Passez aux tomates. Routine ! *(voir p.24)*. D'autant plus que vous n'ôtez pas la peau mais seulement les graines et que vous coupez en gros dés insouciants. Les cébettes seront dépouillées de leur première peau, lavées, leur vert raccourci. Ensuite, vous en émincerez très fin quatre ou cinq.

Votre marché (disons que vous êtes quatre) :
- 2 kg de fèves (veillez à ce que les cosses soient bien vertes et bien pleines. Tâtez.)
- 1 kg de tomates du Midi
- 1 botte de cébettes, ou à l'extrême rigueur d'oignons nouveaux
- 1 grosse boîte de thon blanc (dit germon), entier, à l'huile d'olive VPPF
- 1 grosse poignée de petites olives violettes de Nice
- 1 pot de filets d'anchois allongés, sans câpres, à l'huile d'olive VPPF ou, mieux, d'anchois au sel

Pour la sauce :
- huile d'olive VPPF
- sel fin, poivre du moulin

Dans un grand saladier vous disposerez vos tomates, vos fèves, sel, poivre, et vous touillerez rapidement avec une bonne lampée d'huile d'olive. Vous disposerez sur le dessus le thon, les cébettes, les olives et quelques anchois. Si ce sont des anchois au sel, ôtez queue et arêtes et rincez les filets à grande eau froide courante, puis épongez. Voilà. Vous serez déjà saouls et bientôt au comble de la félicité.

~

**Puisque nous sommes en été,** et vous en bonne compagnie, profitons-en pour confectionner :

## L'anchoïade

**Toujours pour quatre personnes** (par plaisir et à cause des servitudes du cru).

Cuisez d'abord les œufs durs selon la méthode que je vous donnais tantôt *(voir p.25)*. Faites ensuite votre sauce. Videz les

Votre marché :
- 8 œufs
- 1 grand pot d'anchois au sel
- 1 fougasse bien blonde, bien croûteuse et craquante
- 2 poivrons rouges charnus
- 1 céleri en branches
- 8 carottes jeunes avec leurs fanes
- 1 botte de radis bien fermes au feuillage bien vert
- 1 concombre
- 1 botte de cébettes ou d'oignons nouveaux
- 8 tout petits artichauts violets
- 1 citron
- l'huile d'olive VPPF la plus goûteuse qui soit

anchois dans l'évier et passez-les à grande eau froide, afin d'éliminer l'essentiel du gros sel. Il vous faudra ensuite ôter la queue et l'arête de chaque petite bête, en séparant les filets (vous comprenez qu'il vaut mieux être plusieurs), que vous rincerez encore. D'aucuns trempent l'anchois, je trouve ça inutile : bien rincé, il reste salé juste ce qu'il faut pour une sauce bien goûteuse.

Épongez les filets au papier absorbant, jetez-les dans le bol du mixeur en ajoutant à peu près deux fois leur volume d'huile d'olive, et mixez : vous aurez une sauce bien liée, consistante et mousseuse, que vous verserez dans une jatte. Dans le Midi, on met à tiédir au bain-marie, j'aime autant à température ambiante.

Trempez une lichette de fougasse dans cette anchoïade pour vous donner du courage et préparez les crudités. Surveillez vos comparses : veillez à ce qu'ils ne se gavent pas et travaillent sérieusement de l'économe et du couteau d'office.

Lavez les poivrons, ouvrez en deux dans la longueur, ôtez pédoncules, graines et peaux blanches, coupez en lanières assez épaisses, toujours dans la longueur. Dégagez le cœur du céleri, lavez, coupez en longs bâtonnets, en conservant les feuilles tendres. Épluchez les carottes, lavez, laissez un peu de fane. Parez les radis (ça veut dire : ôtez les racines et la plus grande partie des fanes), lavez. On n'est jamais trop propre. Pelez le concombre et taillez-le en longs bâtonnets. Ôtez la première peau des oignons. Lavez les petits artichauts, coupez-les en quatre et citronnez immédiatement pour que ça reste joli.

Disposez les crudités dans un grand plat (une faïence de Moustiers va très bien) les œufs écalés au milieu. Rompez la fougasse et allez-y : trempez vos diverses bouchées dans la jatte. Il y a des taches partout et tout le monde est content.

Arrosez ça d'un petit blanc du Midi bien frais, poursuivez avec un bon fromage blanc fermier, un peu granuleux, des fraises et de la crème. C'est un merveilleux déjeuner d'été.

~

**Allez ! un dernier chef-d'œuvre du cru convivial :**

# Le taboulé

... qui nous vient du Liban et qu'on massacre dans la plupart des cas, y compris chez les traiteurs les plus chics. Ne jamais en acheter tout préparé, sauf si l'on connaît un excellent libanais. Voici ma façon, toujours collective – seul, vous seriez vite dans le porridge :

**Été, bien sûr –**
**Toujours pour quatre personnes.**

Votre marché :

- 100 g de blé concassé fin ou boulgour (en épicerie orientale ou en maison de régime)
- 4 belles tomates du Midi
- 1 concombre
- 4 oignons nouveaux
- 1 bouquet de persil plat
- 1 bouquet de menthe
- 1 gros citron bien juteux
- huile d'olive VPPF
- sel fin, poivre du moulin

Pelez et épépinez les tomates *(voir p.24)*. Pelez le concombre et les oignons. Ensuite, chacun prend un couteau d'office et une planche et coupe en dés minuscules sa tomate et sa part de concombre. Si le concombre a trop de graines, coupez-le en deux dans sa longueur et ôtez-les en raclant avec une petite cuillère avant de détailler en dés.

Émincez très fin les oignons, lavez le persil, séparez-en toutes les feuilles et ciselez menu ; faites de même avec les feuilles de trois ou quatre brins de menthe.

Prenez un grand saladier, jetez-y le boulgour (d'aucuns utilisent de la semoule à couscous précuite. Il n'existe pas de mots assez durs pour stigmatiser une telle faute de goût), et toutes vos préparations. Ajoutez le jus du citron, une généreuse lampée d'huile, du sel et du poivre. Brassez bien le tout et laissez gonfler 3 ou 4 heures. L'idéal : le matin pour midi, le midi pour le soir. Entre les deux, allez vous aérer pour une fois ! Le boulgour va lentement s'imprégner des sucs et des parfums, amollir son cœur coriace, mais rester croquant.

Après ça, des petites côtes d'agneau grillées à point, et vous aurez fait un charmant repas, très sain par-dessus le marché.

Jetez les restes : comme toutes les préparations crues, le taboulé n'est pas bon le lendemain.

~

**Le melon**

*Vous avez fait des orgies de tomates et vous avez envie de changer un peu votre salade. Vous aimez le melon, auquel vous êtes abonné depuis toujours (évidemment, ça ne demande aucun travail).*

*J'espère que vous savez le choisir : lourd avant toute chose, ferme, parfumé, le pédoncule détachable. J'espère aussi que vous savez l'accompagner : de Parme authentique ou de serrano, deux jambons secs d'Italie et d'Espagne, coupés aussi fin qu'une feuille de papier à cigarettes. J'en profite pour vous signaler que ces mêmes jambons sont également exquis avec des figues bien mûres, pelées – les grosses vertes sont meilleures que les violettes, qu'on trouve hélas plus couramment. Il y a une tradition bourgeoise qui veut qu'on remplisse de porto la cavité du melon, je trouve ça détestable : ça tue et le melon, et le porto. Essayez-le avec du poivre, qui exalte sa saveur.*

~

**Il se peut que vous baviez devant les poivrons rebondis,** luisants, d'un vert franc, d'un jaune d'or ou d'un rouge magnifique, sans trop savoir qu'en faire. Ce légume est en son meilleur l'été, mais on le trouve assez bon toute l'année. Je l'adore *sott'olio*, ce qui nous amène au quasi-cuit simple.

## Les poivrons sous l'huile

Je vous conseille d'acheter un poivron de chaque couleur (rouge, vert, jaune). C'est un plat qui se conserve quelques jours et, même d'une solitude farouche, vous en viendrez à bout avant terme, croyez-moi.

J'espère que vous avez un four muni d'un grill (ou salamandre). Autrement, renoncez : on peut faire à la

Votre marché :
- 1 poivron par personne
- huile d'olive VPPF
- sel

flamme mais vous vous brûleriez atrocement. Ou achetez le four *ad hoc*. Ça vaut le coup.

Placez vos poivrons tels quels, très près du grill. Restez à proximité : dès qu'une face cloque et grésille, tournez d'un quart de tour. C'est vite fait. Il faut surveiller afin que ça n'aille pas jusqu'à brûler. Vous aurez au début une légère angoisse, ce n'est pas grave.

Dès que vos poivrons sont uniformément grillés, sortez-les du four et mettez-les dans votre cocotte. Couvrez : la vapeur formée par le refroidissement va décoller la peau. Occupez-vous d'autre chose pendant quelques heures. Puis ôtez le couvercle. Ce n'est pas beau à voir, tout ratatiné et triste. Prenez un plat pas trop grand, un peu creux. Ouvrez chaque poivron en deux et recueillez l'eau intérieure dans le plat : c'est délicieusement parfumé. Ôtez le pédoncule, toutes les graines, les filaments blancs, et pelez à partir de ce qui fut le pédoncule. La peau vient toute seule et la chair se dégage, intacte, ravissante, entre le cru et le cuit, ferme et tendre à la fois. Séparez-la en lanières assez larges et disposez artistiquement selon les couleurs dans le plat. Sel. Arrosez largement d'huile d'olive. Laissez mariner une heure avant de déguster, en « sauçant » avec du bon pain frais. C'est une manière des Italiens, les rois du légume.

**Vous pouvez confectionner des courgettes sous l'huile** en les coupant en longues tranches minces avec leur peau, en les cuisant dans une large poêle, lentement et à fond, à l'huile d'olive, avant de les éponger sur du papier absorbant, de les ranger dans un plat, de les arroser, froides, d'huile crue, et de les saupoudrer de sel.

**Même technique avec les aubergines.** Mais vous devrez, avant de les cuire, en faire dégorger les tranches une heure au sel fin et bien les éponger. Il ne faut rien mettre de tout cela au réfrigérateur : l'huile figerait.

~

**Puisque j'ai mentionné l'aubergine, voici une recette qui nous vient de Turquie, la Sublime Porte :**

# Le caviar d'aubergines

Voilà encore un plat affreusement galvaudé ! Ma manière, qui se contente d'un simple four et d'un minimum d'ingrédients, donne d'excellents résultats.

*Votre marché :*

- *4 aubergines bien brillantes et bien fermes, le pédoncule encore vert et piquant*
- *2 gousses d'ail*
- *1 citron*
- *sel, poivre du moulin*
- *huile d'olive VPPF*

**Été – Pour quatre personnes.**

Pratiquez une longue entaille dans la peau de chaque aubergine et posez-les (entaille au-dessus) sur la grille, à mi-hauteur du four que vous ferez chauffer sérieusement (th. 8, 250 °C).

Au bout de 40 à 45 minutes, l'aubergine s'est affaissée, ridée, elle est devenue une pauvre chose brunâtre. Sortez du four, laissez tiédir, puis écartez la fente de l'aubergine, prenez le pédoncule de la main gauche et, à l'aide d'une cuillère à soupe, raclez la chair le long de la peau racornie.

Mettez dans un saladier, écrasez à la fourchette (jamais de mixeur pour l'aubergine, qui deviendrait amère), battez, toujours à la fourchette, avec le jus du citron, une forte rasade d'huile, l'ail épluché et pressé, le sel et le poivre. Ça devient mousseux et léger. Servez ainsi, encore tiède, ou frais. Mais ne mettez jamais au réfrigérateur qui a tendance à tuer les parfums. Servez en entrée ou pour accompagner des petites côtelettes d'agneau, du thon ou de l'espadon grillés... Nous voilà dans le cuit, un cuit simple certes, mais indéniable.

~

**Vous constatez qu'en été vous avez l'embarras du choix.**
Ça se prolonge jusqu'en octobre : on trouve le poivron, l'aubergine, la courgette, la tomate de Marmande, le melon du Poitou en même temps qu'arrivent les prémices de l'hiver. J'y reviens, parce qu'on manque d'imagination l'hiver, et qu'à l'étal la marchandise est moins évidemment appétissante et variée. C'est pourtant le moment où il

faut entretenir le plus soigneusement les vieilles molaires en broyant la fibre vitaminée dont le système a besoin. Vous savez comme je prends soin de votre santé et de votre plaisir : c'est pourquoi voici encore trois ou quatre manières de varier vos menus lorsque le frimas s'est installé. Ce sont des salades roboratives. Pour commencer :

## Le fenouil – brousse

**De l'automne au printemps – Pour deux personnes.**

*Votre marché :*
- *2 petits bulbes de fenouil bien blancs, serrés et sans taches (les ronds sont toujours plus savoureux). Regardez le pied, qui doit être intact : un pied coupé est le fait d'un commerçant sans scrupules, et le signe d'un légume qui traîne depuis longtemps à l'étal.*
- *200 g de brousse de brebis ou de ricotta fraîche authentique*

*Pour la sauce :*
- *4 c.s. d'huile d'olive VPPF très fruitée*
- *sel, poivre du moulin*

Coupez le fenouil en quatre dans sa hauteur et lavez-le en écartant les feuilles. Éliminez la feuille extérieure, toujours filandreuse, et les grosses branches. Gardez par contre les petites branches centrales avec leur feuillage vert et parfumé.

Coupez en lamelles transversales en éliminant le trognon au fur et à mesure, versez dans un saladier, et recouvrez de la brousse coupée en cubes. Assaisonnez, remuez à la fourchette et servez aussitôt. C'est d'une ravissante blancheur, ce n'est rien à faire, et c'est très savoureux.

~

**Passons à la carotte,** pleine de bonnes vitamines qui maintiennent l'œil vif, la cuisse rose et le caractère aimable.

## La carotte – orange – noix

**Hiver – Pour deux personnes.**

Pelez vos carottes, lavez-les et râpez-les dans un saladier à l'aide de la râpe moyenne (ça veut dire : à trous assez petits), électrique si vous la possédez (je ne saurais trop vous le recommander : mécanique, la râpe fatigue et développe une

Votre marché :
• 8 carottes moyennes (ne vous laissez jamais refiler les grosses, elles sont ligneuses)
• 2 oranges navels, ou maltaises en janvier
• 1 poignée de cerneaux de noix
• 1 bouquet de ciboulette, ou de cerfeuil, ou encore de coriandre fraîche
Pour la sauce :
• 2 c.s. d'huile de noix très fruitée
• sel fin, poivre du moulin

musculature asymétrique du plus vilain effet). Sel, poivre, huile. Remuez bien.

Avec un bon petit couteau bien effilé, pelez les oranges à cru, c'est-à-dire en taillant au-delà de la peau dans la chair vive. Coupez en quatre, ôtez le cœur blanchâtre, les pépins, et taillez transversalement en tranches dont vous recouvrez les carottes. Ajoutez les noix, et couronnez le tout d'environ 2 c.s. de vos herbes ciselées. C'est frais, exquis et revigorant.

~

**Voici une salade qui traîne partout** dans un état plus ou moins lamentable, mais qui, revue par moi, est un délice parfait :

# L'endive – roquefort – poire – noix

**Automne-hiver – Pour deux personnes.**

Votre marché :
• 2 endives bien blanches et fermées, sans trace de vert (Nord)
• 1 poignée de cerneaux de noix
• 1 belle poire beurré hardy ou doyenné-du-comice (mes préférées), mûre à point : la chair doit fléchir sous le pouce près de la queue – vérifiez discrètement : le commerçant n'aime pas.
Pour la sauce :
• 100 g de roquefort de chez votre excellent crémier
• 4 c.s. de crème fleurette
• poivre du moulin

Confectionnez votre sauce : émiettez le roquefort à la fourchette, touillez-le avec la crème et le poivre.

Ôtez au petit couteau pointu le trognon des endives : c'est ce cône qui est amer. Lavez, essuyez et coupez en tranches pas trop fines, que vous jetez dans un saladier. Pelez la poire, ôtez le cœur, coupez la chair en petits cubes. Évitez de tout manger ce faisant. Ajoutez au saladier.

Sans attendre, car la poire laissée à elle-même noircit, versez la sauce sur la salade, remuez soigneusement, parsemez des cerneaux de noix et servez. C'est parfait, et vous verrez la triste mine de votre convive, s'attendant à trouver une ignominie dans son assiette, s'illuminer.

~

**J'allais oublier une plante herbacée,** providence des pauvres depuis des millénaires et qui a fait depuis peu une entrée en force sur les tables chic : la lentille. On ne la trouve pratiquement jamais fraîche, il faut donc l'acheter sèche, impérativement « verte du Puy », et la faire tremper une heure à l'eau tiède. Nous sommes dans le cuit simple avec :

## La salade de lentilles

**Toutes saisons – Pour deux personnes.**

Versez les lentilles sur une table et ôtez avec patience les petits cailloux qui s'y peuvent trouver : rien n'est plus désagréable en effet que de mâcher un caillou. Trempez comme je vous l'ai expliqué plus haut.

Égouttez ensuite, rincez à l'eau froide. Puis posez dans une casserole avec : 2 litres d'eau, les deux oignons pelés et piqués chacun d'un clou de girofle, le laurier, le thym et quelques branches de persil. Amenez à ébullition et cuisez à tout petits bouillons entre 30 et 45 minutes.

Votre marché :
- 200 g de lentilles
- 2 oignons
- 2 échalotes grises ou roses
- 1 bouquet de persil plat
- 1 c.s. de vinaigre de vin rouge
- 3 c.s. d'huile d'olive VPPF
- 2 clous de girofle, 1 feuille de laurier, 1 branche de thym
- sel, poivre du moulin

Goûtez : les lentilles doivent rester légèrement *al dente*.

Égouttez, jetez les oignons et les herbes et laissez tiédir.

Préparez la vinaigrette comme de coutume *(voir p. 19)* : sel, poivre, vinaigre puis huile, et ajoutez les échalotes pelées et très finement hachées – l'échalote grise est la meilleure, mais on ne la trouve qu'à l'automne. Rabattez-vous autrement sur l'échalote rose.

Mêlez intimement lentilles et sauce dans un saladier. Ciselez les feuilles du persil lavé et épongé. Mélangez encore et servez. Ces lentilles tièdes accompagnent délicieusement un confit de canard grillé, ou n'importe quelle cochonnaille. Évitez toute transaction malsaine (type droit d'aînesse) avec votre convive. Ça peut avoir des conséquences horribles et vous dégoûter pour toujours de ce plat rustique, bon marché et délicieux.

~

**Voilà. Vous avez quelques façons d'entamer vos repas ou d'en faire de légers.** Vous savez à peu près ce qui concerne le cru végétal : la saison, la manière, les alliances. C'est bien. Il va falloir continuer, c'est-à-dire entrer le cœur résolu et la main ferme dans les cultures du cuit, où nous avons déjà fait de timides incursions. Ce sera par les pâtes et le riz qui font si souvent votre ordinaire (mais il faut voir sous quels aspects), pour parvenir aux légumes (qui sont ce que vous ignorez le plus farouchement) dont la variété et les saveurs, révélées par la cuisine, peuvent constituer le comble du plaisir. Allons-y, et lisez attentivement tous mes conseils.

# La conquête du cuit : Les céréales

Je vous sais capables, lorsque vos compagnons de vie battent la campagne et que vous n'avez personne sous la main pour s'occuper de vous, de vous bourrer de coquillettes trop cuites au gruyère prérâpé, au concentré de tomates ou, pire encore, au ketchup. Transformez vos misérables tentatives de survie en vrai plaisir solitaire. En toutes saisons, vous avez accès aux splendeurs modestes des pâtes, et je vous sauverai de la dépression en commençant par là.

***Le choix des pâtes***

*Sèches, vos pâtes seront obligatoirement de* grano duro, *et de la meilleure marque importée d'Italie. Fraîches, elles sortiront à peine de la main amoureuse du spécialiste local. Un jour, me rendant à un déjeuner assez loin de chez moi et songeant au dîner que j'allais offrir le soir même à de chers amis, je passai devant la vitrine discrète mais engageante d'un comestible italien, se proclamant spécialiste de la pâte fraîche farcie. Je vis en effet, disposés avec goût sur de petites assiettes, quantité de tortellinis, agnolottis, raviolis et cannellonis de la plus belle facture. J'entrai, et demandai des* agnolotti al magro. *L'accorte patronne me lança d'un ton badin : « C'est pour midi ? » Je répondis : « Non, pour ce soir. » Elle répliqua alors, me toisant avec une sévérité bonhomme : « Eh bien, madame, revenez cet après-midi. Au-delà de deux heures avant cuisson, on ne peut plus parler de pâtes fraîches. Vous trouverez vos agnolottis à dix-huit heures exactement. » Je rougis de confusion, me le tins pour dit, revins à dix-huit heures et traverse désormais Paris chaque fois que je veux de la* pasta fresca.

## La cuisson des pâtes

**Je vous conseille,** pour l'appétit raisonnable qui est le vôtre, 100 grammes de pâtes sèches ou 200 grammes de pâtes fraîches. Davantage vous rendrait gras(se) et vilain(e), sauf en cas de dépense énergétique exceptionnelle.

Il faut une très grande casserole et beaucoup d'eau. Quand cela bout à gros bouillons, jetez une poignée de gros sel gris de Guérande (le meilleur), une tombée d'huile d'olive VPPF (qui évitera à l'eau de déborder une fois les pâtes dedans), puis les pâtes, et gardez un feu d'enfer.

Remuez un peu à la cuillère de bois, pour éviter qu'elles ne collent entre elles. Fraîches, vos pâtes cuiront en un clin d'œil (suivez à la lettre le conseil du spécialiste). Sèches, elles demanderont un peu plus de temps, entre 7 et 10 minutes. Dans l'un et l'autre cas il faudra goûter fréquemment afin d'éprouver la consistance sous la dent. La perfection est atteinte lorsque sous le moelleux de surface persiste une résistance presque imperceptible : c'est l'*al dente* (en v.f. « à la dent ») cher aux Italiens, spécialistes mondiaux, faut-il vous le rappeler ?

À cet instant précis vous saisirez le récipient d'une main ferme et en précipiterez le contenu dans une passoire déjà préparée dans l'évier, que vous agiterez rapidement pour en chasser l'eau (pas toute, cela est impossible, comme de dire la vérité). C'est donc humide encore que le précieux légume se retrouvera dans sa casserole. Voilà. Il n'y a plus qu'à verser la sauce que l'on tient prête, à brasser prestement, à servir et à déguster aussitôt. Vous aurez compris que la confection des pâtes ne supporte pas la moindre distraction et qu'il s'agit d'être intégriste, sévère et impitoyable quant à la fraîcheur et à la qualité des produits.

~

**Pour les sauces,** nous irons comme de coutume du simple au complexe, en commençant par :

## La spaghetatta

Votre marché :

- 100 g de spaghettinis
- 3 gousses d'ail
- 3 c.s. d'huile d'olive VPPF très fruitée
- gros sel
- poivre du moulin

**Toutes saisons –**
**Pour vous tout seul.**
C'est d'une facilité qui fait rire, c'est bon en toutes saisons, ça coûte quelques centimes et ça ne prend que le temps de cuisson des pâtes, qu'il faut choisir toutes

fines et de *grano duro*. C'est la façon en vogue dans la péninsule, vraisemblablement à cause de la récession économique, et celle qu'on adopte quand on n'a plus rien, mais vraiment plus rien à la cuisine et dans son porte-monnaie.

Mettez en train la cuisson de vos pâtes.
Versez l'huile dans une petite casserole avec l'ail en lamelles fines, épluché bien sûr et débarrassé de son germe central s'il n'est pas nouveau.

Chauffez, pas trop fort (si ça fume, c'est cuit, si j'ose dire), et quand l'ail est d'un doré soutenu versez le tout sur vos pâtes égouttées. Quelques tours de moulin à poivre, *e basta* ! Mangez bien brassé, sans fromage. En plus c'est bon.

~

**À peine moins simples et guère plus coûteux, voici :**

# Les tagliatelle al pesto

**Toutes saisons –**
**Pour vous tout seul.**

**L'hiver,** prélevez une forte c.s. de votre pot de *pesto*, diluez cette pâte verte dans l'huile ou la crème, et mettez le tout à tiédir.

**L'été,** placez toutes les feuilles de votre bouquet de basilic avec l'ail pelé dans un mortier, ajoutez les pignons, une poignée de parmesan râpé, et pilez avec constance jusqu'à ce que ça forme une bouillie, que vous diluez avec un peu d'eau de cuisson de vos pâtes et l'huile d'olive. Battez au fouet : ça s'allège et devient mousseux. Vous pouvez aussi tout flanquer dans votre mixeur et ça se fera tout seul.

Votre marché, l'hiver :
- 1 pot de pesto à l'huile d'olive de chez le meilleur comestible italien de votre ville
- 1 bonne lampée d'huile d'olive VPPF très fruitée, ou 2 grosses c.s. de crème double non pasteurisée, ou encore de mascarpone

Du printemps à l'automne :
- 1 bouquet de basilic
- 2 gousses d'ail
- 1 poignée de pignons
- 1 modeste lampée d'huile d'olive

Et toujours :
- 200 g de tagliatelles fines, fraîchement pétries, ou 100 g de tagliatelles fines, sèches
- 1 beau morceau de parmesan
- sel fin
- poivre du moulin

Dans tous les cas, mélangez à fond à vos pâtes égouttées et servez poivré et largement garni de parmesan fraîchement râpé par vos soins. C'est une sauce divine, et un jeu d'enfant.

~

**Vous pourrez confectionner de l'automne au printemps :**

## Les tortellini al magro alla salvia

Vous devez être en accointances avec un artisan au-dessus de tout soupçon, à qui vous demanderez une portion de tortellinis (ou de raviolis, ou d'agnolottis) frais, *al magro*. Ce sont de petits chaussons de pâte farcis de ricotta et d'épinards.

Demandez le temps de cuisson à l'artisan et suivez scrupuleusement ses recommandations : il sait.

Vous assaisonnerez avec la sauce suivante : dans une petite casserole, mettez à fondre 50 grammes de beurre (cru, en aucun cas pasteurisé). Hors du feu ôtez la mousse qui s'est formée, et versez le beurre dans une autre casserole en prenant garde de ne pas y mêler le dépôt blanchâtre, que vous jetez. Cela s'appelle un beurre « clarifié ». Ajoutez une douzaine de feuilles de sauge fraîche. Maintenez un feu imperceptible pour que le beurre ne cuise pas, et laissez infuser quelques minutes. Arrosez de ce beurre vos tortellinis égouttés, poudrez de parmesan frais avec largesse et poivrez. C'est au-dessus de tout, et vous resterez sans voix.

~

**Lorsque viennent le printemps et ses légumes** tendres comme la rosée, c'est le moment de déguster un plat digne d'Aphrodite, à qui il fait penser irrésistiblement tant il est joli et appétissant.

## Les paglia e fieno ai legumi

**Printemps, donc – Faites ça pour deux :** invitez l'objet de vos désirs les plus ardents.

Préparez vos légumes avant l'arrivée de l'objet : effilez les haricots verts et les pois gourmands, écossez les petits pois, pelez les carottes et laissez-leur un petit bout de fane, ôtez la première peau des oignons en leur laissant un peu de vert.

Mettez à bouillir une casserole d'eau salée. Jetez-y les carottes et les petits pois, à la reprise de l'ébullition comptez 4 minutes, ajoutez les haricots verts, comptez 2 minutes, ajoutez les pois gourmands, encore 2 minutes et ôtez du feu. Égouttez et passez sous l'eau froide : cela conservera à vos légumes leurs éclatantes couleurs.

Dans une petite casserole, mettez à fondre à feu très doux les petits oignons dans le beurre. Couvrez. L'objet arrive sur ces entrefaites.

Pendant qu'il se débarrasse, mettez à bouillir une grande casserole d'eau avec un jet d'huile d'olive, et remuez un peu vos oignons en secouant leur casserole. Installez l'objet, abreuvez-le de champagne, quittez-le gracieusement pour quelques minutes.

Mettez la crème à chauffer dans une casserole moyenne et jetez du gros sel et vos pâtes dans l'eau bouillante. Si ça déborde, ne jurez pas, restez stoïque : il sera toujours temps de nettoyer votre cuisinière plus tard.

La crème frémit, jetez-y vos légumes égouttés. Goûtez vos pâtes, elles sont à point. Égouttez à fond. Versez dans un plat ravissant, ajoutez les oignons et leur beurre, la crème et les légumes, quelques feuilles de basilic. À table, remuez sobrement à l'aide de deux fourchettes, poivrez sournoisement le contenu des assiettes. Servez un peu de parmesan fraîchement râpé si vous voulez (ici je préfère sans). Vous pouvez continuer au champagne, qui ira très bien avec tout ce primesautier. Après un tel chef-d'œuvre, inutile de penser à une suite : vous passerez immédiatement aux occupations attendues.

~

*Votre marché :*

- *200 g de « paille », c'est-à-dire de très fines tagliatelles fraîches aux œufs*
- *200 g de « foin », c'est-à-dire les mêmes, mais verdies par des épinards*
- *1 poignée de haricots verts extra-fins*
- *1 poignée de pois gourmands*
- *250 g de petits pois à écosser*
- *quelques carottes pas plus grosses que mon petit doigt, avec leurs fanes*
- *4 oignons nouveaux*
- *200 g de crème double*
- *1 bouquet de basilic à petites feuilles*
- *1 noix de beurre cru*
- *sel, poivre du moulin*

**L'été est enfin arrivé au milieu de vos débordements,** et vous allez pouvoir offrir à vos pâtes une sauce tomate, non pas telle que vous vous en contentez d'ordinaire, mais telle qu'elle doit être. Et tout d'abord, dans leur simplicité crue :

# Les penne au fromage frais

**Été – Pour deux personnes** (je suppose que vous entretenez une liaison coupable avec l'objet).

Votre marché :
- 200 g de petites penne (« plumes ») de grano duro

Pour la sauce :
- 2 belles tomates du Midi ou 4 roma charnues
- 2 gousses d'ail, 1 oignon nouveau
- 250 g de ricotta fresca ou de brousse de brebis, ou de chèvre frais (c'est le meilleur ici)
- 1 bouquet de basilic
- 1 tombée d'huile d'olive VPPF
- sel, poivre

Pendant que l'objet gazouille et dresse un charmant couvert, mettez une grande casserole d'eau à bouillir. Pelez et épépinez les tomates selon la méthode que vous pratiquez désormais les yeux fermés *(voir p.24)*, et coupez la chair en dés menus que vous versez dans une casserole. Ajoutez l'ail passé au presse-ail, l'oignon haché menu avec un peu de son vert, une forte pincée de poivre et l'huile. Mélangez.

L'eau bout à ce stade : jetez-y le gros sel puis les *penne*. Ajoutez à votre sauce le fromage en gros dés, et mettez le tout à tiédir à feu très doux. Lavez, séchez et ciselez le basilic. C'est le moment de goûter vos pâtes, sans doute à point. C'est le cas, égouttez et brassez-les avec la sauce et le basilic. Goûtez. Ajoutez du sel si nécessaire. Froid c'est aussi délectable. Attention à votre indépendance : l'objet risque de s'installer à demeure.

~

**Voici enfin l'un des fondements de la *pasta italiana* :**

# La véritable sauce tomate

Cette sauce merveilleuse et commode se conserve très bien quelques jours au réfrigérateur en récipient couvert. Faites-en donc une bonne quantité, pour quatre portions, par exemple.

Attention aux récipients oxydables, car l'aimable légume est acide ! Prenez garde aussi à la cuisson, qui demande pas loin d'une heure, et entamez largement avant de mettre la *pasta* au feu. Pour accompagner cette recette populaire, vous pouvez vous livrer à la fantaisie la plus débridée : spaghettis, spaghettinis, macaronis, pappardelles, et même tortellinis et raviolis (qui demandent, vous le savez déjà, une cuisson plus longue parce que farcis). La sauce tomate aime toutes les pâtes, elle est très sympathique et vous mettra d'excellente humeur.



Prenez un kilo de tomates du Midi bien mûres, que vous pelez, épépinez et coupez en gros morceaux. Toute cette tendreté attendra dans la passoire.

Pelez ensuite deux gros oignons blonds ou blancs, émincez-les très fin en rondelles ou en lamelles, comme vous voudrez. Détaillez en fins bâtonnets une branche de céleri bien lavée.

Dans votre sauteuse (appellation technique d'une casserole basse et large), mettez à feu doux, dans 2 c.s. d'huile d'olive VPPF, l'oignon et le céleri à fondre. Remuez de temps en temps à la cuillère de bois, ça ne doit pas prendre couleur mais aller à la transparence nacrée.

Ajoutez alors la chair des tomates, quelques branches de persil plat (le frisé, j'insiste, est une hérésie), une feuille de laurier, une pincée de thym et une d'origan, deux gousses d'ail pressées et du sel. Cela va mijoter tranquillement. Vous pouvez vaquer à autre chose (par exemple rouvrir vos vieux Pavese pour vous mettre dans l'ambiance), bien qu'il vous faille remuer le fond à la cuillère de bois, de temps à autre, pour que ça n'attache pas. Ne couvrez pas. Il faut une consistance assez épaisse, qui s'obtient grâce à l'évaporation.

C'est prêt. Vous verserez en dôme sur vos pâtes après avoir retiré la feuille de laurier et le persil, à ce stade lamentablement défiguré. Poivrez et saupoudrez de parmesan selon votre goût. J'espère que vous me ferez l'honneur de m'inviter à goûter cette réussite populaire, dont on se lasse difficilement.

**Noël est passé,** la Saint-Sylvestre aussi. Fauché comme vous l'êtes après ces ruineuses célébrations, vous vous préparez à manger le pain dur de l'imprévoyant, à peine amolli de vos larmes. C'est maigre. Ma vigilante tendresse ne vous laissera pas sombrer dans ces extrêmes, grâce à cette recette bien-aimée des pauvres italiens qu'est :

# Le risotto alla milanese

Commençons par la base : le *risotto bianco.*
**Toutes saisons – Pour une personne** (autrement, multipliez).

Votre marché :
- 100 g de riso superfino Arborio, de la vallée du Pô (sans cela, point de risotto)
- 1 os à moelle, de veau ou de bœuf, que vous donnera votre honnête boucher
- 1 grosse noix de beurre
- 1 oignon moyen
- 25 cl de bouillon de poule, que vous pouvez fabriquer avec un très bon concentré, en respectant les proportions et le mode d'emploi, mais c'est évidemment meilleur avec du vrai bouillon de volaille (ou encore d'un jarret de veau poché, ou même d'un bon vieux pot au feu)
- 15 cl de vin blanc d'Italie, sec (un Grigio sera parfait)
- 1 bon morceau de parmesan d'excellente qualité
- sel, poivre du moulin

Coupez votre moelle crue en menus morceaux, et faites-la fondre à feu doux en cocotte, avec le beurre. Pelez l'oignon, hachez-le finement, et mettez-le à fondre doucement dans la graisse. Il ne faut pas que ça prenne couleur, mais que ça aille à la transparence. Profitez-en pour mettre à chauffer votre bouillon dans une casserole.

Poussez le feu sous la cocotte, versez le riz non lavé (afin qu'il conserve tout son amidon), et remuez vivement à la cuillère de bois jusqu'à ce que le grain, imprégné de graisse, devienne presque translucide. Ajoutez alors le vin blanc, attendez son absorption qui sera rapide bien que vous ayez baissé le feu à nouveau.

Incorporez ensuite le bouillon, en deux ou trois fois, en remuant à la cuillère et en attendant chaque fois qu'il soit bien absorbé. Ne couvrez pas. Il faut plus ou moins de bouillon, cela dépend de la qualité du riz.

Profitez de la cuisson lente pour relire Gramsci. Cela nourrira votre haine des riches et avec les calories de votre risotto vous serez prêt à passer à l'action révolutionnaire.

Au bout de 20 à 25 minutes votre risotto sera cuit, encore ferme (*al dente*) et d'une consistance crémeuse tout à la fois. Goûtez pour vérifier. À cet instant salez si nécessaire, poivrez, ajoutez une bonne cuillerée de parmesan fraîchement râpé. Mélangez le tout à la fourchette, délicatement, et servez saupoudré de parmesan. Ce plat modeste est une perfection. Seuls les incultes croient que les Italiens ne connaissent que l'huile d'olive. Au sud, certes, les vaches périssent dans les terres arides et on n'a pas le choix. Mais au nord, même pauvre, on connaît le beurre.

~

***Pour avoir un bon bouillon de volaille***

*Achetez quelques abattis de volaille. Dans une grande casserole, recouvrez-les largement d'eau froide et ajoutez un peu de gros sel gris de Guérande, des grains de poivres mélangés (blanc, noir, rose et vert si vous voulez), quelques branches de persil plat, un oignon pelé et coupé en quatre, une carotte pelée et une branche de céleri lavée en menus morceaux, une feuille de laurier, une branchette de thym et une de romarin. Mettez à bouillir à feu moyen une heure, en écumant (c'est-à-dire en ôtant à l'écumoire) la mousse grise et peu appétissante qui se forme en début de cuisson. Voilà. Il suffit de passer au chinois, d'écraser le solide afin d'en extraire tous les sucs, de jeter ce solide, et vous avez un excellent bouillon, parfait pour le risotto.*

~

**Il existe un nombre infini de risottos.** Je vous en donne quelques variantes. Et d'abord :

## Le risotto al safrano

C'est à la lettre le *risotto bianco* *(voir p.44)*, mais vous ajouterez à l'ultime louche de bouillon une forte dose de safran en filaments de la meilleure qualité. Cela donne un risotto très parfumé, d'une couleur merveilleuse.

~

## Le risotto aux champignons sauvages

... qui embaume l'automne, est particulièrement savoureux avec les trompettes-des-morts ou les cèpes. Ne lavez pas ces champignons : coupez la partie terreuse et essuyez le reste dans un torchon.
Comptez 200 grammes par personne. Cuisez les trompettes-des-morts entières ou les cèpes en lamelles exactement de la même façon : au beurre, à la poêle, à feu assez vif, en remuant souvent jusqu'à ce qu'ils aient perdu toute leur eau et que commence un léger rissolement. Vous pouvez à la dernière minute ajouter un hachis très fin d'une échalote grise et d'une cuillerée à soupe de persil plat, ainsi qu'une gousse d'ail pressée. Sel, poivre. Mêlez cela délicatement, à la fourchette, au *risotto bianco*.
Hors saison, vous pouvez acheter chez votre italien des *funghi porcini secci*, ou cèpes secs, que vous faites gonfler à l'eau tiède une dizaine de minutes. Passez sous l'eau pour ôter les saletés et épongez soigneusement avant de les cuire exactement comme les champignons frais.

~

**L'été, j'adore :**

## Le risotto al basilico

Il suffit d'ajouter, en fin de cuisson du *risotto bianco*, un beau bouquet de basilic finement ciselé. J'aime bien corser d'une gousse d'ail nouveau pressée, qui a l'avantage supplémentaire d'éloigner les vampires.

~

***Le riz.*** *Je l'avoue, j'ai un penchant pour le risotto (vous l'avez remarqué, sans doute). Mais ce n'est qu'un des multiples avatars de cette antique céréale. Il existe huit mille variétés de riz. Beaucoup de gens, hélas, ne connaissent que l'incollable ou le précuit. C'est horrible, et l'un des méfaits de la civilisation industrielle. Jetez à la poubelle vos vieilles réserves et ayez en permanence :*
- *du* superfino Arborio *du* Pô *pour les risottos et les riz au lait ou les gâteaux de riz. C'est le seul qu'il ne faut pas laver : on l'utilise précisément pour la qualité de son amidon, qui lie mais ne colle pas ;*
- *du Basmati ou du Surinam pour les cuissons à l'eau, les salades et en particulier les curries et autres plats orientaux ;*

*– du long de Madagascar ou de Camargue pour les cuissons à l'étouffée.
Si vous n'avez pas assez de placards, déménagez sans tarder.*

~

**Voilà encore de la cuisine des pauvres,** et toujours italienne, pour changer agréablement des pâtes et du riz :

# Les gnocchi verdi

**De l'automne au printemps – Pour trois ou quatre personnes** (seul, ça ne vaut pas le coup).

Votre marché :

- 2 litres de lait entier, cru de préférence
- 4 c.s. de vinaigre « cristal » ou le jus d'1 citron
- 1 livre d'épinards frais
- 2 œufs
- 50 g de farine + 1 poignée pour rouler les gnocchis
- 1 beau morceau de parmesan
- 125 g de crème double
- 1 petite noix de beurre
- sel, poivre, muscade
- 1 grand morceau de gaze (chez le pharmacien)

Vous vous demandez : que vient faire le pharmacien là-dedans ? Votre perplexité est légitime et je réponds : aider à la confection du fromage blanc maison, parfait pour cette recette de bonne femme.

Commencez justement par le faire, ce fromage blanc, en mettant sur feu doux une large casserole contenant le lait auquel vous aurez mélangé l'acide de votre choix et une forte pincée de sel. Le temps de lire une pièce philosophique de Leopardi, c'est fait : ça floconne dans un liquide jaune pâle. Garnissez votre chinois de l'accessoire pharmaceutique et versez le tout : le petit-lait, s'égouttant, va laisser se former un fromage blanc compact et délicieux. Si vous êtes trop moderne pour ces tours de main un peu antiques, achetez 250 grammes de ricotta fraîche, ou de brousse, mais c'est moins bon.

Pendant que ça refroidit, ôtez avec patience les tiges de vos épinards, lavez, égouttez et mettez à faner sur feu vif en casserole. C'est fait en un clin d'œil. Égouttez encore, pressez à la paume ou avec le dos d'une cuillère : il faut un épinard compact et sec, que vous hachez grossièrement au couteau.

Mélangez fromage blanc et épinards à la fourchette, salez si nécessaire, poivrez, muscadez de quelques râpures, et mettez en casserole à chauffer 4 minutes dans le beurre. Hors du feu, mélangez vivement et à fond les œufs battus à la fourchette, la farine et environ 50 grammes de parmesan râpé (une grosse cuillerée à soupe). Laissez refroidir et placez au moins une heure au réfrigérateur : vous aurez une pâte compacte.
Ne vous découragez pas : vous entrevoyez la lumière.

Prenez un torchon, couvrez-le de farine tamisée dans votre chinois. Plongez aussi les mains dans une assiette pleine de farine. Prélevez une grosse cuillerée à café de la pâte, roulez rapidement dans vos paumes, rangez sur le torchon fariné. Ça a une tendance un peu torve à coller. Ne vous laissez pas impressionner.

Mettez la crème à chauffer et faites bouillir à frémissements une large sauteuse pleine d'eau salée. Jetez-y un à un vos gnocchis, poussez le feu afin que le frémissement se maintienne. Les boulettes sont cuites lorsqu'elles remontent à la surface, ce qui est rapide. Égouttez, arrosez de la crème bouillante et réduite par l'évaporation, et servez avec un grand bol de parmesan. Vous avez beaucoup travaillé, mais vous serez propulsé au ciel, tel le prophète Élie.

~

**Je sens que vous tâtez avec angoisse vos poignées d'amour**, parce que vous avez abusé de tous ces plats nourrissants. Avant de passer aux légumes, je ne résiste pas à la tentation de vous donner une dernière recette céréalienne, délectable, dont je suis personnellement capable de me gaver sans retenue.

## La polenta

**Toutes saisons** – Voyez grand : **pour quatre personnes** (ou vous tout seul, si vous êtes capable de mes excès). Il vaut mieux avoir un comparse : c'est simple mais long.

*Votre marché :*

- 200 g de semoule de maïs fine
- 1/2 litre de lait
- 1 noix de beurre
- 50 g de parmesan fraîchement râpé
- sel, muscade

Dans une grande casserole, mettez à bouillir le lait avec autant d'eau salée. Jetez-y la semoule en pluie et cuisez 30 minutes, à petits bouillons, en remuant avec constance. Ça doit former une bouillie très consistante. Si la semoule devenait trop épaisse, ajoutez un peu d'eau bouillante en cours de cuisson. Attention au feu : la polenta a une fâcheuse tendance à consteller les vêtements, la cuisinière, le sol et les murs en éclatant lorsqu'elle bout trop fort.

En fin de cuisson, ajoutez le beurre, le parmesan et quelques râpures de muscade. C'est une perfection avec les plats en sauce, comme la daube. C'est aussi merveilleux avec une simple sauce tomate *(voir p. 42)* et du parmesan.

Vous pouvez enfin l'étendre chaude sur une planche, sur un centimètre d'épaisseur et, lorsqu'elle est froide, la découper en gros losanges et la poêler à l'huile d'olive ou au beurre. Ou encore la poser sur un plat grassement beurré, la recouvrir de véritable sauce tomate *(voir p. 42)* et de larges rondelles de *mozzarella di buffala*, y semer un peu d'origan et de poivre, et mettre le tout à gratiner un quart d'heure à four préchauffé (th. 7, 220 °C). Tout cela est une merveille de la civilisation. Autrefois, dans le comté de Nice, les femmes portaient la polenta à leurs hommes, dans les vignes, enveloppée d'un torchon blanc. La sieste qui s'ensuivait était sans doute plaisante et justifiait amplement le confortable montant de calories qu'on venait de s'envoyer.

~

# Les légumes

Nous voici parvenus, avec une aisance déconcertante, à un chapitre dont le seul énoncé vous faisait hier frémir d'horreur craintive. Nous commencerons par ce que vous préférez, le lourd et le nourrissant – c'est-à-dire la pomme de terre –, pour aller à pas de colombe vers le subtil plus saisonnier, qui demande une main légère, un grand discernement dans le goût et une technique des plus précises. Autant vous le dire tout de suite, la pomme de terre n'est pas cet accompagnement anonyme, insipide ou ignoblement gras (la pomme dite « vapeur » ou les frites) que vous avalez sans réfléchir dans vos gargotes habituelles. Aussi prendrai-je la question à son début :

***The right pomme de terre in the right place***

*On ne dit pas « des pommes de terre » : ce serait comme s'arrêter à l'appellation de « mammifères » pour désigner des êtres humains. Certes la bintje, la roseval, la ratte, la belle de Fontenay, la charlotte sont toutes des pommes de terre, mais aussi différentes l'une de l'autre qu'un cachalot d'une souris.*

*Le choix dépend de la saison, de la manière et du but recherché. Ainsi, l'on préférera la bintje pour la purée, parce que sa chair farineuse se délite à la cuisson et se lie parfaitement ; la belle de Fontenay ou la BF15 pour les gratins, parce qu'elles sont denses mais fondantes ; la ratte, la charlotte ou la roseval sont la perfection en robe des champs, avec leur chair parfumée, très typée, que la cuisson laisse ferme. On attendra les pommes de terre nouvelles pour les pommes « vapeur » – c'est-à-dire cuites à la vapeur – ou les pommes sautées au beurre... Et si l'on a le privilège de trouver les merveilleuses pommes de terre de l'île de Ré – que les grands restaurateurs s'arrachent à prix d'or au marché noir, ce qui nous en prive –, l'on connaîtra des plaisirs célestes en les dégustant cuites à la vapeur dans leur peau juste lavée, avec du beurre au sel de Guérande.*

*Jamais, au grand jamais, de ces farineux anonymes vendus tout épluchés et même précuits, de frites congelées ou de conserves : c'est pure barbarie.*

*Avec la pomme de terre – je parle du genre –, on est forcément dans le cuit.*

*Trois données de base : la pomme de terre noircit affreusement dès que sa chair crue rencontre l'air. La peler donc au dernier moment. La pomme*

*de terre ne se réchauffe pas : elle deviendrait une affreuse chose rance. Sa cuisson doit commencer à l'eau froide.*
*Il existe presque autant de façons de cuire les pommes de terre que d'individus sur la planète. J'avoue que ce n'est pas ma passion majeure – je n'aime pas les frites, par exemple, donc je n'en fais jamais et je ne vous en parle pas. Je suis pour la partialité en cuisine.*

~



## La pomme de terre en robe des champs

Dite encore « en robe de chambre », elle est on ne peut plus savoureuse si vous choisissez des rosevals dont la peau rouge et fine protège une chair qui va du rose à l'ambre, des charlottes ou des rattes à saveur de noisette. Ce sont des pommes de terre de petit calibre : vous en prévoirez donc quatre ou cinq par personne.
Lavez soigneusement sous le robinet d'eau froide, posez en casserole, couvrez d'eau froide avec une poignée de gros sel gris de Guérande et comptez 15 à 20 minutes à partir de l'ébullition. Lorsqu'une pointe de couteau traverse facilement le milieu du tubercule, c'est à point.
Égouttez et servez aussitôt avec un ou plusieurs des accompagnements suivants :
- de la crème double, additionnée ou non de ciboulette ciselée ;
- du beurre salé au sel de Guérande ;
- du beurre cru doux écrasé à la fourchette avec de l'estragon ciselé ;
- du fromage blanc fermier bien gras, battu à la fourchette avec du persil plat ciselé et des cébettes émincées très fin, du sel, du poivre et, si vous aimez, une ou deux gousses d'ail pressées.

Chacun pèle ses pommes de terre et assaisonne à son choix. Ce peut être un repas à soi tout seul : voyez Van Gogh.
Ce que je préfère : rattes ou charlottes, beurre salé et sardines grillées... Mais j'aime aussi les rosevals avec du fromage blanc : en Alsace on appelle ce plat un *bibelekass*.

~

# La pomme de terre sautée

Choisissez des « primeurs », de petit calibre, donc nombreux.
Grattez la peau très fine au couteau d'office, ou à l'aide d'un de ces « scratchs » destinés à la vaisselle, que vous garderez à ce seul usage. Lavez. Séchez dans un torchon. Mettez un gros morceau de beurre dans votre cocotte et roulez-y, quand c'est fondu, vos pommes de terre.
Laissez ensuite cuire à couvert, en « vannant » (ça veut dire en secouant) souvent, jusqu'à ce que ce soit doré de tous côtés. Salez. C'est merveilleux : une chair fondante dans une coque craquante imprégnée de beurre. Attention : menez toute la cuisson à feu doux, vous savez comme le beurre roussit facilement et tout serait gâté.
L'hiver, vous prendrez des belles de Fontenay ou des BF15, vous les pèlerez, les laverez, les couperez en grosses rondelles que vous sécherez très soigneusement : autrement, ça colle. Et vous les ferez « sauter » à cru, à la poêle, dans un bon morceau de graisse d'oie. C'est aussi très, très bon, et très, très nourrissant. Quelle que soit la saison, comptez 30 à 45 minutes : ces cuissons demandent de la patience.

~

**À mon goût, on atteint au summum de ce tubercule avec :**

# La purée de pommes de terre

**Automne-hiver – Pour quatre personnes.**
Une bonne purée demande un peu de doigté et beaucoup de rigueur dans la conception. Épluchez vos tubercules, lavez-les et plongez-les dans une grande casserole où attend de l'eau salée au gros sel.
Portez à ébullition et laissez frémir jusqu'à la tendreté, ce qui prendra entre 20 et 30 minutes. Vérifiez en perçant un tubercule d'un couteau, qui ne doit rencontrer aucune résistance.
Pendant ce temps, vous aurez mis à tiédir la crème fleurette ou le lait.
Égouttez les pommes de terre et passez au plus vite au

moulin à légumes grille moyenne (il ne faut jamais mixer : les pommes de terre deviendraient gluantes et collantes), au-dessus d'un récipient où attend le beurre. « Montez » ensuite la purée avec la crème ou le lait en soulevant la masse à la cuillère de bois jusqu'à la consistance désirée, ni trop épaisse, ni trop fluide. Ajoutez quelques râpures de muscade. Tout cela doit être mené rondement afin d'éviter le refroidissement. Ne travaillez pas trop : cela rendrait la purée élastique. Voilà. Il ne faut pas lésiner sur la matière grasse, pour une fois, mais elle est crue et reste donc digeste...

*Votre marché :*
- *1 kg de bintjes (la purée est l'un des rares cas où elles sont indiquées), de taille moyenne*
- *1/4 litre environ de crème fleurette (ou de lait si vous avez des problèmes de poids, mais cru et entier tout de même)*
- *50 à 100 g de beurre cru, tenu hors du réfrigérateur*
- *noix de muscade*
- *1 poignée de gros sel gris de Guérande*

Avec une tranche de foie de veau dorée au beurre à feu doux, salée et poivrée en fin de cuisson, c'est à mourir. Mais c'est grandiose avec toutes les viandes, rôties, grillées, en sauce, en ragoût, etc. Les gens de Lombardie vont même jusqu'à en faire l'accompagnement du *bollito misto*, leur pot-au-feu. C'est dire ! Et jetez je vous prie, pour n'y plus jamais revenir, les ersatz en flocons qui encombrent trop d'étagères de cuisines françaises.

~

**Moins grandiose dans le classicisme,** mais tout aussi savoureuse :

## La purée de pommes de terre à l'huile d'olive

Vous faites le même marché que précédemment, et vous confectionnez votre purée de la même façon, à ceci près que vous remplacez le beurre par 4 c.s. à soupe d'une bonne huile d'olive VPPF très fruitée. C'est puissant et original, et on ne peut mieux avec les viandes grillées ou le poisson, en particulier le haddock poché.

**Allez, une troisième variation dans le registre purée de pommes de terre** (vous remarquez que la générosité accompagne presque immanquablement la gourmandise) :

## L'aligot

Ça nous vient d'Aveyron et c'est grand avec de la saucisse grillée – d'Auvergne naturellement – du boudin noir ou encore une bonne andouillette AAAAA (Association amicale des Amateurs d'Andouillette authentique), tirée à la main et à la ficelle, la seule, l'unique, la reine des andouillettes.

**Hiver – Pour quatre personnes** (notez que la pomme de terre voit grand : c'est en effet frustrant de mettre en œuvre de telles confections pour soi tout seul).

Votre marché :
- 1 kg de bintjes
- 50 g de beurre
- 50 g de graisse de lard fondue (chez votre honnête charcutier)
- 1 gousse d'ail
- 1/4 de litre de crème fleurette
- 300 g de tomme fraîche de Laguiole

Vous savez désormais faire une purée : eh bien, faites comme d'habitude, à ceci près que vous mettez la casserole qui contient les tubercules moulinés dans un bain-marie bouillant et que vous montez la dite purée dans l'ordre avec le beurre et la graisse, la gousse d'ail pressée, la crème.

Enfin, d'un seul coup d'un seul, vous versez la tomme en fines tranches et vous brassez avec force jusqu'à ce que le mélange soit complet et que votre aligot « file ». Ça représente pas mal de calories, mais vous en aurez dépensé quelques-unes au brassage, et vous n'êtes pas obligé de vous bourrer d'aligot tous les jours.

~

**L'hiver et ses frimas vous plongent dans la dépression la plus noire. C'est le moment ou jamais de vous octroyer un :**

## Gratin dauphinois

Ce grand classique, qui est la simplicité même, ne vous décevra pas dans ma recette et vous fera oublier toutes les tambouilles ignobles qu'on ose baptiser de ce nom.

**Hiver – Pour six personnes**
(pour vous tout seul, divisez par deux, ça ira parfaitement).

Votre marché :
- 1,2 kg de pommes de terre BF15 ou, mieux, de pommes de terre du Vercors
- 1/2 litre de lait entier
- 500 g de crème épaisse
- 1 grosse noix de beurre
- sel fin, poivre du moulin

Épluchez et lavez les tubercules. Coupez-les en rondelles de 2 millimètres d'épaisseur environ. Faites ça à l'œil, n'allez pas jusqu'à prendre votre double-décimètre, mais attention : ni trop fin – ça deviendrait de la bouillie, ni trop gros – ça manquerait de moelleux.

Beurrez grassement un plat long et ovale, dit « à gratin », en terre de préférence, c'est mieux pour ce type de cuisson et la rusticité sied aux recettes du terroir. Disposez vos rondelles avec goût, arrosez du lait chaud, salé et poivré.

Donnez un bouillon sur le feu, en interposant une plaque coupe-feu entre la flamme et votre plat, qui risquerait sans cela de se fendre.

Ôtez du feu, répartissez en surface 300 grammes de crème. Mettez tout ça au bain-marie au four, à chaleur moyenne (th. 5, 120 °C) 2 bonnes heures, voire 3.

De temps à autre vous crèverez la croûte dorée qui se forme et verserez un peu des 200 grammes de crème que vous avez gardés en prévision et que vos pommes de terre vont continuer à absorber : le dessus ne brûlera pas, et l'aimable légume sera imprégné jusqu'au cœur de l'onctuosité pâle qui lui convient. La dernière demi-heure n'y touchez plus, laissez dorer.

Servez ce simple chef-d'œuvre avec une bonne salade bien croquante à l'huile de noix et au vinaigre de Xérès (mâche ou batavia), en accompagnement si vous y tenez de petites côtelettes d'agneau bien grillées, d'un foie de veau à l'anglaise encore rose ou d'un bon vieux rosbif.

Ceci est un plaisir de puristes. Si on aime – je ne préfère pas –, on peut frotter le plat d'ail avant de le beurrer. Il est des individus qui ajoutent un quelconque fromage râpé. Ceci est l'horreur absolue. Suivez mon conseil : laissez à ce plat sa simplicité virginale, vous vous en trouverez bien. Et piquez une sieste pour achever de jouir de cette apothéose du féculent.

**Puisque nous sommes en hiver, restons-y :** c'est une saison où l'on est facilement découragé et tenté de céder, par voie de conséquence, à la lugubre routine. Un peu d'imagination, et la diversité légumière viendra égayer de ses modestes attraits la sinistre saison. Et tout d'abord, dans sa blancheur neigeuse :

# La purée de céleri-rave

**Hiver – Pour trois personnes.**

Épluchez le légume, par trop méconnu, et coupez en tronçons grossiers. Lavez. Dans la casserole versez le lait, autant d'eau, une petite poignée de gros sel. Portez à grand feu, à ébullition jetez-y le légume et laissez bouillonner 15 minutes environ, jusqu'à ce qu'un couteau traverse un tronçon sans rencontrer de résistance notable. Égouttez.

*Votre marché :*
- *1 boule de céleri-rave, bien lourde et bien dense*
- *1/2 litre de lait*
- *1 petit pot de crème double*
- *gros sel, poivre, muscade*

Dans le bol de votre mixeur, mettez tout ensemble le légume, la crème, du poivre et quelques râpures de noix de muscade. Tournez jusqu'à liaison parfaite. Avec les miracles de la technique moderne ça prend quelques secondes : tant mieux, cela doit rester chaud. Vous voilà avec une purée onctueuse, d'un fort parfum, qui sera le complément idéal d'une côte de veau, par exemple, choisie bien persillée et lentement rôtie au beurre. Si vous en avez sous la main, quelques champignons des bois (trompettes-des-morts, girolles, mousserons...) convenablement essuyés (les champignons sauvages ne se lavent pas) puis émincés grossièrement, enfin fondus tranquillement au beurre avec une pointe d'ail, du sel et un nuage de persil plat haché fin pour finir, transformeront ce simple mets en régal.

**N.B. :** la purée de céleri peut, à la rigueur, se réchauffer au bain-marie. Les champignons et la côte de veau seront préparés au dernier moment. Ils ont un temps de cuisson à peu près équivalent.

~

**Encore une recette pour achever de régresser dans le mou, l'onctueux, le doux et le rassurant, avec :**

# La purée de carottes

... qui vous rappellera votre enfance et votre maman.

**Hiver – Pour deux personnes** (vous et votre maman).

La méthode est on ne peut plus simple : pelez, lavez, mettez à l'eau bouillante salée jusqu'à la tendreté (environ 25 minutes), égouttez.

Votre marché :
- 1 livre de carottes moyennes (ne vous laissez pas refiler les grosses, ligneuses et coriaces)
- 2 grosses c.s. de crème double
- gros sel, 1 morceau de sucre, poivre blanc

Mixez avec la crème, le sucre et le poivre. Pour plus de détails, reportez-vous à la recette de la purée de céleri *(voir p.56)*. C'est si facile que vous pouvez en même temps sucer votre pouce. Pour peu que vous serviez ça avec une viande blanche juste rôtie, vous plongerez dans les émois de jadis et votre maman écrasera une larme devant tant de délicatesse. J'adore cette purée avec une andouillette AAAAA, mais dans votre cas ça risque d'être un peu brutal.

~

**Voici une façon plus vigoureuse de déguster des carottes d'hiver,** qui conviendra particulièrement à l'agneau rôti ou grillé, et aussi, si vous le voulez, à une dorade. Cette racine potagère sert en effet à se vautrer dans le sucré comme à se requinquer dans les surprises de l'aigre-doux, et se marie à des saveurs très différentes. C'est le protée du légume.Voici donc :

# Les carottes à l'ail

**Hiver – Pour deux personnes** (un intime est préférable, vu le parfum consistant).

Votre marché :
- 1 livre de petites carottes
- 1 dizaine de gousses d'ail
- 1 pincée de thym et 1 de romarin
- 1 c.s. d'huile d'olive
- sel fin, poivre du moulin

Pelez les carottes et coupez-les en rondelles épaisses. Pelez les gousses d'ail, coupez-les en deux dans leur longueur et ôtez le germe. Mettez l'huile à chauffer dans une poêle, ajoutez carottes et ail que vous roulerez bien dans le gras et que vous laisserez cuire 10 minutes à feu doux en remuant de temps en temps.

Ajoutez ensuite le sel, le poivre, le thym et le romarin. Encore 10 minutes, toujours en remuant de-ci de-là.
À la fin c'est doré, odorant et diablement appétissant.



**Au printemps,** vous pouvez faire ainsi rissoler de petites carottes entières avec de l'ail nouveau, du thym et du romarin frais. Ce sera exquis et ravissant pour peu que vous ayez gardé un petit bout de fanes vertes. Pour ces primeurs attendrissantes, je penche vers le beurre plutôt que l'huile d'olive ; il faut dans ce cas redoubler d'attention sur la douceur de la cuisson.

~

**Revenons à l'hiver et aux moyens de lutter contre la dépression qui guette tout un chacun,** faute de lumière et d'imagination. Le froid autorise les calories, profitez-en pour vous bourrer de gratins, pas de ces gratins pâteux où vous vous vautrez d'ordinaire, non : des plats onctueux, parfumés, délicats, dont :

# Le gratin de potiron

**Hiver – Pour quatre personnes.**

Faites ça à la paresseuse, c'est-à-dire sans vous presser, en menant par exemple la première opération au retour du marché, pour achever avant de passer à table.

Ôtez d'abord en raclant pépins et filaments, puis pelez. Pour ce faire, coupez le bloc en tranches et ôtez l'écorce au couteau, en éliminant tout ce qui est dur et blanchâtre (pensez au melon, dont le potiron est un cousin coriace). Débitez la chair en gros morceaux.

Votre marché :

- 1 kg de potiron musqué de préférence, mais c'est aussi très bon avec n'importe quelle courge, citrouille, etc.
- gros sel, poivre, muscade
- 1 bouquet garni (persil, 1 feuille de laurier, 1 branche de thym)
- 2 gousses d'ail
- 20 cl de crème double
- 100 g de comté fraîchement râpé

Mettez à bouillir une bonne casserolée d'eau avec le gros sel, le bouquet et l'ail non épluché, mais légèrement écrasé du plat du couteau, qui développera ainsi tout son parfum. Jetez-y le potiron et comptez 12 minutes à partir de la reprise de l'ébullition, qui doit rester vive. Égouttez en passoire, et ôtez le bouquet et l'ail. Voyez, c'est tout simple, vous avez achevé la première préparation et vous pouvez vaquer l'âme en paix.

Au moment de passer à la seconde, allumez votre four (th. 7, 220 °C), et pressez un peu du dos d'une cuillère à soupe cette chair tendre qui a tendance à s'imbiber d'eau : vous aurez ainsi un légume parfaitement égoutté. Versez la chair dans un plat à gratin, poivrez et muscadez, écrasez grossièrement à la fourchette et égalisez. Étalez enfin en couches régulières la crème puis le fromage.

Enfournez, et laissez gratiner jusqu'à ce que le plat soit d'un beau doré, ce qui prend environ 20 minutes. C'est délicieux pour accompagner toutes les viandes blanches, qu'elles soient grillées, rôties ou mijotées.

**Par un soir d'été un peu frais,** vous pouvez faire selon la même méthode un gratin de courgettes qui vous ravira tout autant, à ceci près qu'on ne pèle pas, qu'on coupe en grosses rondelles et que cela cuit en 8 minutes seulement dans l'eau bouillante salée.

~

**Encore un gratin, celui-ci courant et presque toujours malmené, mais dont voici une façon parfaite :**

## Le gratin de chou-fleur

**Hiver – Pour trois ou quatre personnes.**
Vous n'échapperez pas à la préparation, réduite ici à un strict minimum.

Retirez toutes les feuilles, coupez le trognon de façon que le chou-fleur tienne debout, et enfin creusez en cône ce trognon sur environ 5 centimètres de profondeur, car c'est en lui que se concentre l'essentiel de l'odeur assez désagréable du blanc légume.

Mettez dans une grande casserole un peu d'eau (c'est-à-dire 2 ou 3 centimètres) à bouillir, avec le gros sel.

Votre marché :

- 1 chou-fleur serré, ferme, blanc pur, aux tiges courtes (on en trouve toute l'année, comme le « Merveille des quatre saisons », mais le plat qui nous occupe est vraiment d'hiver)
- 50 g de beurre
- 30 g de farine
- 1/4 de litre de lait entier
- 2 grosses c.s. de crème double
- 100 g de comté fraîchement râpé
- gros sel
- sel fin, poivre, muscade

Posez le chou-fleur tout debout et couvrez hermétiquement dès la reprise de l'ébullition : ainsi les bouquets cuisent à la vapeur, conservant leur pureté immaculée et la finesse de leur goût. La cuisson prend de 15 à 20 minutes. Sortez ensuite le légume, laissez-le égoutter et refroidir un brin.

Pendant ce temps, confectionnez votre béchamel. C'est simple. Dans une casserole moyenne mettez le beurre à fondre sur feu très doux, puis jetez-y la farine, poussez un peu le feu et remuez vivement à la cuillère de bois, jusqu'à ce que la masse soit brûlante, ce qui prend quelques secondes. Versez ensuite le lait, et tournez sans cesse jusqu'au premier bouillon. On raconte ici ou là que la béchamel aurait une tendance torve à se mettre en grumeaux. Ce n'est pas vrai, vous le vérifierez avec ma méthode.

Ôtez du feu, ajoutez sel, poivre, muscade et crème double, mélangez tout cela à fond. Ajoutez enfin la moitié du fromage.

Il ne vous reste plus qu'à allumer le four (th. 7, 220 °C), à ranger dans un plat à gratin les bouquets du chou-fleur dont vous jetez le reste du trognon, à verser votre sauce sur toute la surface, et à l'en parsemer de fromage.

Environ 20 minutes plus tard, vous sortirez du four ce chef-d'œuvre simple qui accompagnera à merveille les viandes blanches, mais aussi les poissons gras simplement grillés (sardines, maquereaux, saumon) ou les œufs, brouillés par exemple.

~

**Voici un petit gratin tout simple qu'adorent les Lyonnais** – amateurs éclairés – et qu'ils confectionnent avec un légume modeste et souvent méprisé, cousin de l'artichaut et, il faut l'avouer, assez peu engageant à l'étal.

# Le gratin de cardons

**Hiver – Pour deux personnes.**

Ne gardez que les branches du centre : les autres sont creuses et dures. Séparez-les et épluchez-les au couteau d'office : la peau se détache en longs filaments. Coupez-les en tronçons de 5 centimètres et plongez-les immédiatement dans de l'eau froide à laquelle vous aurez ajouté le jus du citron : le cardon noircit affreusement au contact de l'air, il faut donc l'en préserver.

Préparez le « blanc » de cuisson : jetez dans une grande casserole 10 grammes de farine et délayez peu à peu avec 2 litres d'eau froide. Ajoutez une petite poignée de gros sel et le vinaigre. Faites bouillir en remuant de temps en temps et cuisez-y les cardons 45 minutes. Égouttez. Allumez le four (th. 7, 220 °C).

Votre marché :

- 1 kg de cardons sans taches (il y a énormément de perte, mais ce n'est pas cher)
- 1 citron
- 10 gr (1 c.s. rase) de farine + 25 g
- 3 c.s. de vinaigre blanc
- 50 g de beurre + 15 g pour le plat
- 1/4 de litre de crème fleurette
- gros sel, sel fin, poivre, muscade

Confectionnez la sauce : mettez, sur feu doux, 50 grammes de beurre dans une petite casserole, ajoutez au beurre fondu 25 grammes de farine et tournez jusqu'à ce que le mélange blanchisse. Ajoutez la crème et cuisez, toujours à feu doux, jusqu'au premier bouillon. Salez, poivrez et muscadez.

Beurrez le plat à gratin, rangez les cardons et versez la sauce. Faites dorer au four 15 minutes. Vous avez vu ? Pas un mot de trop, la précision froide. Ça, c'est de la technique ! Ça va avec le tempérament lyonnais. Ce sont des gens réservés, qui ne se déboutonnent qu'à table.

~

**Abandonnons les gratins,** dont la facilité d'exécution a apaisé vos angoisses, et abordons, pour achever l'hiver, quelques légumes méprisés qui, convenablement entrepris, révèlent d'étonnantes qualités. Et tout d'abord :

# Les choux de Bruxelles aux marrons

**Hiver – Pour trois personnes.**

*Votre marché :*

- *1 livre de choux de Bruxelles, bien pommés, bien durs, petits et sans feuilles jaunes*
- *250 g de marrons sous vide (je renonce moi-même à l'immense patience qu'exige le marron frais pour devenir comestible) d'excellente qualité*
- *125 g de lard de poitrine fumé, en dés, avec la couenne*
- *1 c.s. de graisse d'oie*
- *gros sel, poivre*

Il suffit de couper le petit trognon des choux, de les laver et de les plonger dans une grande casserolée d'eau bouillante salée.

À la reprise de l'ébullition, égouttez. Ça s'appelle « blanchir », bien que ça ravive plutôt les couleurs, et ça sert à éliminer l'âcreté des petits belges.

Prenez ensuite votre cocotte et mettez-y à feu doux les lardons à rissoler. Quand c'est doré pâle, ôtez les lardons à l'écumoire, posez-les sur un papier absorbant et jetez le gras de la cocotte, pour le remplacer par la graisse d'oie. Vous avez ainsi le beurre (les sucs de cuisson des lardons) et l'argent du beurre (la graisse d'oie est d'une saveur bien plus subtile que le lard fondu), et de plus vous restez à peu près svelte.

Roulez vos petits belges dans cette graisse fondue, ajoutez les lardons et cuisez 15 minutes bien couvert, à tout petit feu, à l'étouffée. Ajoutez alors les marrons en mélangeant délicatement afin de ne pas les briser, poussez un peu le feu afin qu'en 5 minutes le tout soit légèrement rissolé. Un nuage de poivre pour finir. Servez pour accompagner une pintade, un faisan, un lapin, un canard rôtis par exemple, ou encore un magret, un confit d'oie ou de canard, etc. Ce n'est rien et c'est divin.

**Encore une recette de « petits belges » et vous allez comprendre que l'effacé légume mérite mieux que les bouillons de cantine et l'ostracisme auquel vous le vouez :**

# Les choux de Bruxelles fricassés

**Hiver – Pour quatre personnes.**

Parez vos choux de Bruxelles comme je vous l'ai appris *(voir p. 62)* et blanchissez-les à l'eau bouillante salée. Égouttez.

Épluchez vos oignons et émincez-les fin. Dans une cocotte, mettez à fondre la graisse d'oie et jetez-y vos oignons. Laissez-les aller à la transparence nacrée en remuant de temps en temps sur feu très doux. Profitez-en pour peler et laver vos carottes, que vous couperez en gros tronçons.

Votre marché :
- 1 kg de choux de Bruxelles
- 300 g d'oignons blonds
- 2 c.s. de graisse d'oie
- 1 livre de petites carottes bien saines
- 1 c.c. de sucre en poudre
- 1 verre de vin blanc sec
- 1 pincée de thym, 1 feuille de laurier
- sel, poivre du moulin

Saupoudrez les oignons avec le sucre, laissez dorer un peu et ôtez-les à l'écumoire, pour les « réserver » (les laisser attendre, c'est ainsi que l'on dit en cuisine) sur une assiette. Faites sauter à leur place les carottes jusqu'à ce qu'elles dorent un peu, elles aussi.

Ajoutez alors dans la cocotte les oignons réservés, le jus qu'ils ont rendu et les choux de Bruxelles, le laurier, le thym et un peu de sel. Cuisez à feu moyen en remuant de temps en temps jusqu'à ce que les jus se soient évaporés. Versez alors le vin blanc, couvrez, et mitonnez à feu très doux environ 20 minutes, jusqu'à la tendreté.

C'est parfait avec du boudin, des saucisses ou du lard grillés, et c'est encore meilleur réchauffé. En plus, ça ne coûte que quelques centimes.

~

**Le sucré-salé se pratiquait en grand dans l'Europe médiévale, et surtout à la Renaissance.** Voilà une façon allemande d'accommoder le chou rouge, qui m'a réconciliée avec un peuple que je jugeais auparavant d'une inculture culinaire effrayante, et avec un légume que je méconnaissais :

# Le chou rouge en compote

**Hiver – Pour trois ou quatre personnes.**

Il faut d'abord, armé d'un fort couteau, couper le trognon, poser le chou debout et le couper en quatre. Lavez ensuite ces quartiers dans beaucoup d'eau fortement vinaigrée, égouttez et « parez » au couteau : retirez tout le trognon, émincez les quartiers en lamelles de un centimètre de large environ, en éliminant les grosses côtes. Vous avez alors un gros tas.

Votre marché :
- 1 chou rouge bien pommé, lourd, dense, sans feuilles noires, d'un incarnat profond et luisant
- 2 belles pommes reinettes (Canada par exemple, ou Boskop)
- 2 c.s. de graisse d'oie
- 2 c.s. de vinaigre de vin
- 1 c.s. de gelée de groseille
- sel, poivre, vinaigre blanc pour laver

Vous prenez donc votre grande cocotte, où vous mettez à fondre la graisse d'oie. Posez-y le tas, et par-dessus les pommes en quartiers, pelées et épépinées. Versez le vinaigre de vin, la gelée, le sel et mélangez le tout à la cuillère de bois.

Ça va mijoter couvert, 2 heures à tout petit feu. Découvrez alors, vous manquerez vous évanouir sous la puissance du fumet, qui va se répandre dans tout le quartier.

Laissez cuire encore 30 à 60 minutes, à découvert et à petits bouillons, afin que le liquide en excès s'évapore et que le chou achève de compoter. Poivrez pour finir. C'est réellement parfait avec une oie rôtie, ou une saucisse de Morteau pochée, tout simplement.

~

**Voici un accompagnement idéal pour les viandes rôties, le bœuf en particulier.** Le brocoli, de la famille du chou, est déjà évoqué par Pline avec émotion et reconnaissance. Vous aurez donc dans votre assiette, comme toujours, cette association de nature et de culture sans laquelle la nourriture n'est qu'un pénible devoir, mais aussi un exemple des prémices de l'histoire naturelle et morale de l'Occident.

# Les brocolis au beurre

**Été pour le brocoli calabrais** (le meilleur)**-printemps pour le brocoli-asperge** (pas mal quand même) – **Pour quatre personnes.**

Une heure avant le repas, détachez au couteau les bouquets avec un petit bout de tige et plongez-les dans de l'eau froide ; ainsi les délicats légumes seront au plus beau de leur couleur.

Votre marché :
- 1 kg de brocolis bien verts et sans taches
- 30 g de beurre
- 1 petit bouquet de cerfeuil
- sel, poivre du moulin

Ajoutez les petites feuilles vertes de la grosse tige centrale. Pelez celle-ci, coupez-la en fins bâtonnets.

Mettez à bouillir une casserole d'eau salée, égouttez les brocolis et leurs feuilles, jetez-les avec les bâtonnets dans le bouillonnement. Comptez 4 minutes après la reprise de l'ébullition, égouttez sans violence afin de ne pas briser les petites fleurs des bouquets.

Prenez ensuite la sauteuse, faites-y fondre le beurre à feu doux, roulez-y les brocolis, toujours avec douceur. Salez, poivrez et parsemez de pluches de cerfeuil, dont le vert tendre adoucira celui, éclatant, du légume. On fait difficilement plus simple et délicieux.

Si vous préférez la mollesse consolatrice de la purée, faites chauffer 200 grammes de crème épaisse et laissez-la réduire à feu doux pendant que cuisent les brocolis.

Égouttez les légumes à fond, puis mixez-les avec la crème. Vous aurez une purée onctueuse, d'un jade précieux, et vous muscaderez un soupçon pour plus de finesse encore.

~

**Encore un légume méprisé,** que l'on mange sempiternellement en vinaigrette ou dans le pot-au-feu, alors qu'il est exquis ainsi :

# Les poireaux à l'étuvée

**Toutes saisons,** mais c'est un légume bienvenu l'hiver, pour changer – **Pour deux personnes.**

Il faut jeter la partie vert sombre et fibreuse, inconsommable, la première peau blanche et les racines. Attention ! Le poireau

Votre marché :
- 1 livre de poireaux, petits, fermes, d'un vert et blanc francs, avec des racines denses
- 30 g de beurre doux
- 1 morceau de sucre
- sel (le poivre est inutile avec les poireaux)

adore entasser de la terre dans ses enroulements. C'est pourquoi vous devez l'inciser à la jonction du blanc et du vert, afin de le laver à fond entre chaque feuille. C'est l'unique difficulté ! Coupez ensuite en rondelles obliques de un centimètre de large environ.

Mettez le beurre à fondre dans une sauteuse, posez les poireaux, ajoutez sel, sucre et 3 décilitres d'eau. Couvrez et cuisez à feu doux 10 minutes.

Découvrez et cuisez encore, 10 minutes environ, jusqu'à ce que toute l'eau s'évapore et que les poireaux soient enduits d'un jus épais et blond.

Remuez de temps en temps, ne laissez surtout pas dorer, et servez avec un foie de veau poêlé au beurre, par exemple, ce foie merveilleux qui adore les saveurs sucrées et un peu poivrées, ce qui est le cas de notre légume.

~

**Le printemps arrive à pas de colombe...** c'est maintenant, à la fin des giboulées de mars, au moment où toute la nature bourgeonne autour de vous et que vous-même sentez une sève plus vive agacer votre corps fatigué, que le légume est le plus émouvant, parce que jeune et fondant comme un tendron. Vous bénéficiez désormais d'un sérieux progrès en cuisine, vous étant fait la main tout l'hiver sur quelques roboratives recettes de cuit. Cette main, vous allez maintenant la faire toute légère pour accommoder comme il leur sied les primeurs du printemps. Commencez par les asperges, qui sont l'emblème même de cette charmante saison, avec :

## Les asparagi alla parmigiana

**Printemps – Pour deux personnes.**
La préparation est légèrement fastidieuse et doit être menée avec soin, car notre légume est très fragile.

Pelez à l'économe en partant de la base de la tête vers le bas.

*Votre marché :*

- *1 kg d'asperges lisses, courtes, franches de couleur, les écailles bien fermées à la pointe, cassantes et de calibre égal – mes préférées sont les grosses vertes du Midi, mais on trouve plus facilement les Argenteuil, blanches à pointes violettes, à saveur moins prononcée*
- *150 g de parmesan*
- *125 g de beurre*
- *sel, poivre*

Des asperges vertes, seule la partie supérieure est comestible ; les blanches se mangent entières, à condition de bien éliminer à l'épluchage l'écorce fibreuse. Ensuite, égalisez la hauteur, réunissez en bottes et ficelez sans trop serrer.

Choisissez une casserole étroite et haute, de façon que vos bottes y tiennent debout. Mettez-y de l'eau salée à bouillir, posez les asperges, dont le pied cuira dans l'eau et les têtes à la vapeur dégagée par l'ébullition. Comptez 7 à 10 minutes. Vérifiez en plongeant un couteau d'office à la base de la tête : cela doit être tendre mais pas mou.

Retirez de l'eau avec précaution pour ne rien casser, égouttez sur un torchon et posez sur un plat chaud les pointes vers le centre.

Ôtez la ficelle. Saupoudrez les têtes avec le parmesan et arrosez de beurre fondu. Poivrez, servez très chaud. C'est une manière italienne, évidemment.

**Mais maintenant que vous savez cuire l'asperge** – et c'est le plus important – vous pouvez choisir une vinaigrette (3 c.s. de vinaigre de Xérès, 9 c.s. d'huile de noix, sel, poivre) ou une mayonnaise allégée au blanc d'œuf, que vous ferez ainsi :

Travaillez dans un bol, à la cuillère de bois, un jaune d'œuf à température ambiante avec une c.c. de moutarde forte de Dijon.

Ajoutez ensuite, goutte à goutte, une bonne huile d'olive VPPF que vous mélangez parfaitement à mesure.

Lorsque la mayonnaise commence à prendre consistance, vous pouvez verser davantage d'huile à la fois, mais prenez bien soin de mélanger à fond avant d'en ajouter.

Lorsque vous en avez un demi-bol bien ferme, salez, poivrez et mélangez délicatement le blanc d'œuf battu en neige solide. C'est inratable et délicieux.

**N.B. :** n'utilisez jamais, sous aucun prétexte, de vinaigrette ou de mayonnaise prêtes à l'emploi. C'est immonde de goût, bourré de conservateurs et autres agents de sapidité, et grotesquement coûteux.

~

**En mai arrivent les petits pois,** qu'il faut choisir la cosse brillante et bien verte, l'intérieur ferme et plein. Associés à d'autres légumes nouveaux, ils font de délicats ragoûts – plat unique pour un repas léger ou compagnons d'un poulet ou de veau simplement rôtis. Voici par exemple :

## Le sauté de légumes nouveaux

... que j'ai goûté dans un restaurant de mon quartier, chez une cuisinière géniale dans sa simplicité et son enjouement, et à qui « je dois tout », comme disait Paul Claudel d'Arthur Rimbaud.

**Printemps – Pour deux à quatre personnes** (selon qu'on le sert en plat ou en accompagnement).

Votre marché :

- 150 g de haricots verts, petits, fermes et cassants
- 150 g de petits pois
- 1/2 laitue de jardin, bien pommée et bien verte
- 150 g d'oignons nouveaux bien blancs et verts
- 150 g de navets nouveaux bien blancs et fermes
- 1 gousse d'ail nouveau
- 300 g de carottes nouvelles, avec un peu de tiges vertes
- 25 g de beurre doux
- 5 cl de vin blanc sec
- 50 g de crème double
- quelques feuilles de basilic
- sel, poivre et une pincée de sucre

Ce pur sanglot demande de la précision et se prépare une heure avant de passer à table : le légume de printemps ne souffre aucun délai.

Prenez votre meilleur couteau d'office et votre économe, et attaquez chaque légume dont vous ferez un petit tas séparé.

Effilez les haricots verts en ôtant à la main un tout petit bout à chaque extrémité (les variétés de nos marchés, en réalité, n'ont plus de fils).

Écossez les petits pois. Ôtez les feuilles extérieures de la laitue, son trognon et les grosses côtes, lavez le cœur et les feuilles parées à grande eau, égouttez et coupez en lanières de un centimètre de large environ.

Ôtez les racines et la première peau des oignons, ainsi que la plus grande partie du vert. Pelez les navets au couteau, car ce légume a une peau double que n'atteint pas tout à fait l'économe, gardez une petite feuille à chacun, lavez. Pelez la gousse d'ail et émincez-la fin. Grattez les carottes au couteau ou au « scratch », et gardez un tout petit bout de tige. Lavez-les. Voilà. Le plus dur est fait, mais vous en avez profité pour écouter *Le Sacre du printemps* et vous êtes de très bonne humeur.

Mettez le beurre à fondre en cocotte, à feu doux, roulez-y carottes, oignons, navets et ail, ajoutez la laitue, le sucre, le sel, 8 cl l'eau et le vin. À ébullition, couvrez et laissez 12 minutes ainsi, à feu doux.

Pendant ce temps, blanchissez haricots verts et petits pois 3 minutes à l'eau bouillante salée (3 minutes à partir de la reprise de l'ébullition, évidemment !), égouttez, passez sous l'eau bien froide afin de stopper la cuisson et de conserver les couleurs, et égouttez encore. Ajoutez dans la cocotte après les 12 minutes que je vous indiquais.

Poursuivez encore 3 minutes à couvert. Versez la crème, cuisez encore 2 minutes, à découvert cette fois. Poivrez, mélangez, parsemez de basilic ciselé et servez. C'est enivrant de fraîcheur et de délicatesse, avec juste assez de fermeté pour agacer la dent.

**La culture du cuit, c'est cela :** un traitement adapté à chaque ingrédient, des associations harmonieuses, l'expérience des saisons. Je sais que vous avez déjà pris goût à ces simples chimies, qui transforment une terne subsistance en plaisir quotidien.

~

**Cauchemar des petits enfants, délice des gastronomes, voici l'épinard** que vous ne connaissez sans doute que surgelé, ce qui ne lui convient pas du tout. Voici une méthode qui transforme ce que vous preniez pour un herbacé dégoûtant – qui peut se consommer cru, en salade – en merveilleux légume :

# Les épinards au beurre

**Printemps-été-automne – Pour quatre personnes.**

Le premier pas est l'épluchage, un peu fastidieux : équeutez feuille à feuille, c'est-à-dire ôtez les tiges en tirant la queue vers la feuille. Il faut ensuite laver ce gros tas vert (un kilo d'épinards ressemble à un kilo de plumes : on n'en voit pas la fin) dans l'évier plein d'eau, deux ou trois fois pour éliminer totalement la terre dont ce légume hydrophile est toujours maculé. Je vous entends d'ici maugréer, mais je reste sereine : le résultat nous réconciliera bientôt.

*Votre marché :*

- *2 kg d'épinards, vert clair ou foncé, peu importe, mais la feuille d'une couleur uniforme, bien ferme et gorgée d'humidité (ce légume fermente vite : si vous n'êtes pas absolument sûr de l'honnêteté de votre commerçant, plongez discrètement la main dans le tas. Si c'est tiède, la fermentation a commencé, le légume n'est pas frais et vous changerez de commerçant ou de menu.)*
- *100 g de beurre*
- *1 gousse d'ail*
- *sel, poivre du moulin*

Égouttez. Si les feuilles sont épaisses, vous cuirez vos épinards à grande eau bouillante salée, 2 minutes après la reprise de l'ébullition, puis vous les égoutterez et les presserez, une fois tièdes, entre vos deux mains pour extraire l'eau qui s'obstine à demeurer. Si les feuilles sont tendres vous les mettrez, saupoudrées de sel, à fondre telles quelles dans une grande casserole, à bon feu, sans couvrir et en remuant. Les feuilles s'affaissent très vite. Ne cuisez pas davantage, égouttez et pressez.

Faites fondre le beurre en casserole, jetez-y les épinards et remuez-les avec une fourchette où vous aurez piqué la gousse d'ail, que vous jetterez ensuite.

Servez bien chaud, tout vif et frais. C'est une merveille avec toutes les viandes et tous les poissons. Gardez le triomphe modeste.

**Allez, un dernier conseil pour finir :** si vous voulez gardez à vos épinards le vert éclatant qui les caractérise, plongez-les après la précuisson quelques secondes dans de l'eau glacée, et égouttez ensuite à fond. C'est valable pour tous les légumes verts (petits pois, haricots, pois gourmands...), souvenez-vous-en.

~



**Voici l'été et son cortège de légumes somptueux,** dont je considère l'humble courgette comme l'un des plus beaux fleurons. On la trouve toute l'année, mais elle n'est à son sommet que l'été, mûrie au soleil, en plein champ, petite, dense, lourde, la peau lisse, le pédoncule solide encore. Je l'adore juste lavée, avec sa peau, coupée en cubes simplement sautés à l'huile d'olive, fermes, tendres et dorés, parsemés ensuite de basilic et saupoudrés de sel et de poivre. Ou bien en grosses rondelles, pochées 3 minutes à l'eau bouillante salée, bien égouttées, arrosées d'un filet d'huile d'olive et d'un jus de citron, et poivrées, comme on fait en Italie. Mais je n'ai même pas besoin de vous décrire ces façons en détail, tant vous avez progressé. Nous en sommes au cuit complexe ! Voici donc une préparation savoureuse, plat complet ou pique-nique idéal :

# Le gâteau de courgettes au basilic

**Été – Pour deux ou quatre personnes** selon qu'il s'agit du plat principal ou de l'entrée.

Votre marché :
- 1 livre de petites courgettes
- 3 gousses d'ail
- 4 œufs
- 2 c.s. de chapelure blanche
- 50 g de parmesan râpé par vos soins
- 1 bouquet de basilic
- 4 c.s. d'huile d'olive VPPF
- sel, poivre, muscade

Une heure avant le repas, lavez et essuyez vos courgettes. Ôtez le pédoncule et coupez en rondelles très fines : avec la petite machine *ad hoc* ce n'est rien à faire.

Dans une grande poêle, chauffez 3 c.s. d'huile et tournez-y les courgettes une minute à feu vif. Puis laissez cuire à feu très doux 30 minutes en tournant souvent, afin qu'elles ne dorent pas. Allumez le four (th. 8, 250 °C).

Épluchez l'ail et pressez-le sur les courgettes 5 minutes avant la fin de leur cuisson. Ajoutez aussi le sel et mélangez bien. Battez les œufs en omelette.

Hors du feu, ajoutez la chapelure, les œufs, le parmesan, et ciselez une vingtaine de feuilles de basilic. Le poivre enfin et quelques râpures de muscade. Tout doit être bien mélangé.

Huilez au pinceau un moule à manqué avec l'huile restante. Versez-y le mélange, égalisez. Et laissez au four une quinzaine de minutes, jusqu'à un beau doré.

Démoulez et servez. C'est délicieux chaud avec une romaine bien croquante assaisonnée d'huile d'olive, de sel, de poivre et d'une poignée de pignons à peine grillés à la poêle sèche. Froid, c'est parfait pour un pique-nique. Le basilic adore la courgette et *vice versa* : c'est un roman d'amour auquel vous succomberez.

~

**La courgette me mène à l'aubergine** qui, elle, malgré les apparences, n'est pas une courge mais un rejeton de la famille des solanacées et une cousine de la tomate. On la trouve toute l'année, mais elle est à son meilleur l'été, mûrie au soleil, surtout si on la choisit ferme, dense, de couleur franche et le pédoncule encore vert fermement attaché. J'adore la recette suivante, qui satisfait en outre mon penchant prononcé pour tout ce qui vient du lait, en particulier les fromages frais – ne sont-ils pas l'un des premiers témoignages de la culture culinaire, voilà huit mille ans ?

## Les aubergines à la brousse

**Été de préférence – Pour deux personnes.**
Si vous voulez, vous pouvez procéder en deux temps.

La première opération consiste à précuire le légume : allumez votre four (th. 8, 250 °C), laissez chauffer et enfournez l'aubergine préalablement incisée d'un couteau décidé sur toute sa longueur, sur le dessus. Cuisez ainsi 10 minutes. Sortez du four, laissez un peu refroidir pour ne point vous brûler, achevez d'ouvrir en deux le légume et creusez la chair, à la petite cuillère, jusqu'à un centimètre de la peau. Prenez garde de ne pas percer. Réservez le tout.

La seconde opération est aussi risiblement simple. Hachez fin au couteau, sur une planche, la chair d'aubergine que vous avez ôtée, écrasez la brousse dans une jatte, à la fourchette, ajoutez-lui la chair hachée, les jaunes, une bonne cuillerée à soupe de persil ciselé, une cuillerée à soupe de chapelure, la moitié du parmesan râpé, du sel, du poivre, une forte pincée de cannelle et une autre de muscade. Mélangez à fond, garnissez les aubergines réservées, égalisez la surface et saupoudrez du reste de chapelure et de parmesan.

Votre marché :

- 2 belles aubergines de 500 g chacune ou, mieux, une grosse ronde de Nice (pour l'esthétique)
- 250 g de brousse de brebis (ou de broccio corse)
- 2 jaunes d'œufs
- 1 bouquet de persil plat
- 2 c.s. de chapelure blonde très fine
- 50 g de parmesan
- sel, poivre, muscade, cannelle en poudre
- huile d'olive VPPF

Hop ! Il n'y a plus qu'à achever la cuisson dans un four préchauffé (th. 7, 220 °C), sur une plaque où vous aurez passé un pinceau chargé d'huile d'olive. Ce qui prendra de 30 à 45 minutes, jusqu'à ce que ce soit bien doré.

Avec une romaine à l'huile d'olive, cela fait un repas délicieux, parfait pour un soir d'été.

~

**Dans le registre aubergines-fromage,** voici un plat que ratent systématiquement les gargotes prétendument italiennes de l'Hexagone, mais qui, convenablement exécuté, est une merveille. D'ailleurs, à l'origine des affreuses préparations qui traînent partout, il y a presque toujours un chef-d'œuvre du patrimoine culinaire. Il s'agit alors de revenir à l'authentique. Revenons donc à la lettre des :

## Melanzane alla parmigiana

**Été – Pour quatre personnes** (à moins, ça ne vaut pas le coup : c'est un tout petit peu long à confectionner). Invitez un bon copain qui vous racontera ses sempiternels déboires sentimentaux en vous donnant un coup de main. Ça fait passer le temps et distrait juste ce qu'il faut pour alléger le côté fastidieux.

Votre marché :

- 1 kg de petites aubergines
- 1 kg de tomates bien mûres et parfumées
- 1 oignon
- 1 branche de persil plat, 1 feuille de laurier, 1 branche de thym
- 1 gousse d'ail
- 1 belle mozzarella di buffala
- 100 g de parmesan
- sel, poivre du moulin
- huile d'olive VPPF



Lavez les aubergines, ôtez le pédoncule et coupez dans la longueur en tranches de 1 à 2 centimètres d'épaisseur. Mettez-les dans une passoire, saupoudrez de sel fin et laissez dégorger.

Pelez, épépinez et concassez gros la chair des tomates *(voir p.24)*.

Demandez à votre copain de peler et d'émincer finement l'oignon. Ainsi il aura une raison valable de pleurer.

Dans une sauteuse, faites fondre doucement l'oignon avec une cuillerée à soupe d'huile. Quand il est transparent (et surtout pas doré), ajoutez les tomates, du sel, le persil, le thym, le laurier et la gousse d'ail un peu écrasée du plat du couteau après épluchage. Laissez mijoter à feu modéré, à découvert, en remuant de temps en temps pour que ça n'attache pas, jusqu'à ce que cela forme une sauce épaisse, ce qui prend environ une heure. Ôtez ensuite l'ail et le bouquet garni.

Vos aubergines doivent suer à mort en ce moment. Épongez-les à fond sur du papier absorbant, qui boira et l'eau et le sel. Mettez une bonne lampée d'huile dans une large poêle et faites frire les tranches d'aubergines, à feu moyen, jusqu'à ce qu'elles soient bien souples et dorées, ce qui prend environ 3 minutes par face. Épongez encore au papier absorbant. Vous voyez le bout de vos peines.

Préchauffez votre four (th. 8, 250 °C). Prenez un plat à gratin. Versez-y un peu de sauce tomate, rangez dessus une couche d'aubergines, poivrez, une couche de très fines tranches de mozzarelle, une couche de parmesan râpé fin, et ainsi de suite, comme on dit dans Tchekhov. Il faut, pour finir, une couche de sauce tomate, une couche de mozzarelle et un nuage de parmesan.

Ça dore au four entre 20 et 30 minutes. Votre copain, ayant eu le temps de se ressaisir, pourra converser avec vous sur les voyages de Stendhal en Italie. Ça ira très bien avec le plat que vous attendez en bavant de concupiscence. Arrosez ça d'un pinot Grigio, ce sera parfait.

**Vous allez penser que je suis vraiment popote,** conservatrice, réactionnaire même avec mon goût pour les bons vieux plats archi-connus dont on ne rencontre en général que des versions galvaudées, mais vous changerez d'avis après avoir goûté :

# Ma ratatouille

**Été – Pour quatre à six personnes** (faites-en beaucoup : c'est aussi bon chaud que froid, et ça se conserve au frais deux jours).

Je sens d'ici vos pulsions régressives vers le surgelé ou la conserve, contemplant la montagne de légumes qu'il va vous falloir traiter. Calmez-vous. Il n'y a pas de quoi en faire un plat – ou plutôt si, bon, bref, vous comprenez, quoi. Vous avez besoin d'une heure et demie en tout.

Votre marché :
- 1 kg de tomates bien mûres et fermes
- 4 beaux oignons blonds
- 1 livre de petites courgettes
- 1 livre de petites aubergines
- 3 poivrons rouges et verts (2+1 ou 1+2, c'est mathématique)
- 1 feuille de laurier, 1 branche de thym
- 2 gousses d'ail
- 4 c.s. d'huile d'olive VPPF
- sel, poivre

D'abord, tomates : pelez, épépinez *(voir p.24)*, coupez la chair en gros morceaux, versez en passoire.

Ensuite, oignons : pelez, émincez fin, essuyez-vous les yeux. Versez l'huile dans une grande cocotte, mettez-y les oignons à fondre doucement, en remuant parfois, jusqu'à transparence. Ne pas dorer.

Pendant ce temps, courgettes : lavez, ôtez les pédoncules, coupez en rondelles de 2 centimètres d'épaisseur. Aubergines : *idem*.

Poivrons : lavez, ouvrez en deux, ôtez les graines et les filaments, le pédoncule, émincez fin.

Bon. Les oignons sont fondus. Ajoutez les poivrons, remuez bien, laissez ramollir en remuant de temps en temps, ce qui prend environ 10 minutes que vous pouvez mettre à profit en pensant au triste destin de Christophe Colomb (si vous n'avez aucun souvenir, voyez Paul Claudel qui sait des tas de choses là-dessus), à qui nous devons ce piment géant et doux.

Ajoutez les aubergines, mélangez de temps en temps, laissez-les s'attendrir en poussant un peu le feu. Vous avez 10 minutes encore pour songer à l'obscurantisme qui nous fit attendre Bonaparte pour les goûter, alors que les Africains s'en régalaient déjà à l'aube de l'ère.

Ajoutez les courgettes, que nous ne connaissons que depuis la Libération alors qu'elles étaient la banalité même en Inde bien avant Jésus-Christ. Vous n'avez que 5 minutes.

Versez enfin les tomates, le sel, le laurier, le thym, l'ail pressé. Les conquistadores, vous savez déjà. Vous avez 10 minutes à feu vif pour faire la synthèse, admettre le fait que nous autres Occidentaux ne sommes que des nouveaux riches, en tirer toutes les conséquences morales et prendre de bonnes résolutions de modestie et de tolérance.

C'est prêt. Poivrez pour finir. Vous êtes plus intelligent qu'il y a une heure. Vous mangez chaud, en légume pour accompagner un poisson ou une viande grillés ou, un peu plus tard, tiède ou froid en entrée. Vous avez honte d'avoir douté de moi. C'est bien fait et n'y revenez plus.

~

**Vous avez noté que nous sommes revenus aux tomates,** l'unique héritage qui absout un peu les massacres perpétrés par les conquistadores du XVIe siècle au Pérou et au Mexique, d'où ils la ramenèrent dans nos contrées et dont on ne saurait plus se passer. Il y a d'innombrables recettes de tomates cuites. J'en ai choisi une, ma préférée :

## Les tomates farcies au basilic

C'est facile, pas cher, vite fait et très savoureux. Invitez donc un végétarien : il sera enchanté.

**Été – Pour deux personnes, donc.**

Une heure avant dégustation, comme on dit d'un vin, vous allumez le four (th. 7, 220 °C).

Vous lavez vos tomates et leur coupez un chapeau d'environ un centimètre d'épaisseur, en conservant le pédoncule. Ôtez ensuite à la petite cuillère la pulpe centrale en prenant bien garde de ne pas percer les précieuses solanacées. Jetez les graines, les parties dures, et coupez la chair en petits morceaux dans un saladier.

Mêlez le riz cru lavé et égoutté, les feuilles de basilic ciselées, le parmesan râpé, la gousse d'ail pressée, la moitié de l'huile, du sel et du poivre (salez bien : le riz et la tomate aiment ça). Garnissez de cette farce les coques réservées, posez les chapeaux.

Choisissez un plat à gratin de juste contenance et rangez assez serré vos farcis. Arrosez avec le reste de l'huile et autant d'eau. Voilà, c'est fait, ça cuit au four une petite heure et ça se mange en un clin d'œil.

~

Votre marché :

- 4 belles tomates d'une demi-livre chacune
- 4 c.s. de riz long de Camargue ou de Madagascar
- 1 beau bouquet de basilic
- 50 g de parmesan
- 1 gousse d'ail
- 2 c.s. d'huile d'olive VPPF
- sel, poivre du moulin

# Les sauces

Vous ignorez sans doute que les légumes, dans leur inépuisable générosité, peuvent être la base de sauces délicieuses...
Je vous ai déjà donné la recette de la véritable sauce tomate *(voir p. 42)*. Voici maintenant :

## Le coulis de tomates crues

Une merveille de saveur, de légèreté et de santé, à vous requinquer *illico* le plus cholestérolique des mauvais mangeurs.
**Été, bien entendu – Pour deux à quatre personnes,** c'est selon, et de toute façon ça ne vous fera pas de mal même si vous engouffrez le tout tout seul, en égoïste.

Votre marché :
- 1 kg de tomates bien mûres et fermes
- 1 oignon nouveau
- 1/2 bouquet de persil plat, ou de cerfeuil, ou de basilic, ou même de menthe (quelques feuilles seulement dans ce cas)
- 2 gousses d'ail
- 1 citron non traité
- 4 c.s. d'huile d'olive VPPF
- sel, poivre du moulin

Ayez un zesteur : si vous n'en avez pas, faites-en l'emplette.

Épluchez et épépinez les tomates, selon la méthode désormais éculée *(voir p. 24)*. Coupez la chair en dés que vous mettez à égoutter en passoire.

Pendant ce temps, pelez l'oignon en ôtant le vert, lavez, séchez et effeuillez les herbes, pelez l'ail, raclez avec l'outil tout neuf le zeste de la moitié du citron.

Dans le bol de votre mixeur jetez tout cela, ainsi que l'huile, pas mal de sel et le poivre fraîchement moulu. Ajoutez la chair des tomates que vous aurez pressée légèrement afin d'en extraire l'excès d'humidité. Mixez : en quelques secondes vous obtiendrez un coulis fruité et parfumé. Vous pouvez en arroser toutes sortes de poissons grillés ou pochés, de légumes bouillis encore croquants, d'œufs pochés, ou même de pâtes à peine sorties de l'eau. Mon usage préféré : avec de la morue pochée, pour changer de l'aïoli dont nous reparlerons.

~

**Aussi délectable et encore plus beau s'il se peut :**

# Le coulis de poivrons rouges

**Toutes saisons,** mais c'est meilleur l'été – **Pour quatre personnes.**

C'est enfantin. Lavez et ouvrez vos poivrons en quatre. Ôtez les pédoncules, les graines et les filaments blancs. Coupez en morceaux, grossièrement.

Dans une grande cocotte, faites bouillir 10 centilitres d'eau avec une pincée de sucre et du sel. Posez les poivrons, couvrez et cuisez 15 minutes à feu moyen à partir de la reprise de l'ébullition. Égouttez.

Laissez refroidir, puis jetez la chair dans le bol du mixeur avec du poivre moulu par vos soins. Mixez, évidemment.

*Votre marché :*
- *1 kg de poivrons rouges, bien luisants et fermes, le pédoncule vert franc*
- *4 c.s. d'huile d'olive VPPF ou (meilleur encore à mon goût) 200 g de crème double*
- *sel, poivre, sucre en poudre*

Passez ensuite à travers un chinois pour retenir toute parcelle de peau, désagréable à la dent. Mélangez ensuite l'huile d'olive (vous aurez un coulis rouge vif) ou la crème (ça donnera un rose admirable).

Si vous voulez une sauce chaude, vous réchaufferez au bain-marie, dans une petite casserole. Voilà. C'est tout. Vous serez propulsé dans le jardin d'Éden d'avant la faute qui gâcha tout, pour peu que vous en arrosiez un poisson, des œufs pochés, ou que vous y trempiez de petites côtes d'agneau rôties, ou encore le reste de poulet froid que vous rongez d'ordinaire tout seul, lugubrement, debout dans un coin sombre. Vous commencerez à entrevoir que la cuisine éduque peu à peu votre sens esthétique en même temps que vos sensations, et vous ne comprendrez pas comment vous avez pu si longtemps vivre sans elle. Enfin, si on peut appeler ça vivre.

~

**On rencontre des gens à qui l'ail fait faire la grimace.** Cela échappe à mon entendement. L'ail a toutes les qualités : il guérit ulcères et plaies, hypertension, hydropisie, parasitismes intestinaux, maladies pulmonaires, coqueluche, toux et extinction de voix, etc., tout vous dis-je, à l'exception peut-être du mal de Pott et du mauvais caractère. Il éloigne les vampires et les fâcheux, rapproche les amoureux et contribue puissamment à la gaieté des réunions amicales où l'on partage dans la bonne humeur ses effluves parfumés. Enfin, cuisiner sans ail est tout bonnement impensable sous presque toutes les latitudes (ceux qui sont concernés par le « presque » sont de pauvres gens, victimes de l'injustice du sort).



Voici deux sauces dont je me régale à longueur d'année, et auxquelles je dois ma bonne mine et mon allant.

## La crème d'ail nouveau

**Été, de mi-juin à mi-août – Pour deux personnes.**
Voici la friandise de l'été. En plus, ce n'est rien à faire.

Votre marché :
- 2 têtes d'ail nouveau
- 2 c.s. d'huile d'olive VPPF
- 125 g de crème double
- sel, poivre

Vous pelez vos gousses d'ail, dont la blancheur tendre et humide se cache sous de multiples peaux, et les posez en compagnie de l'huile d'olive dans une petite casserole, que vous mettez à feu imperceptible 20 minutes environ. Remuez de temps à autre, délicatement, et veillez surtout à ce que ça ne dore pas, mais à ce que ça confise tout doucement.

Faites chauffer la crème. Versez-la avec l'ail dans le bol du mixeur, avec un peu de sel, quelques tours de poivre, et mixez quelques secondes. C'est fait.

Ce sera grandiose avec l'agneau rôti, gigot, épaule ou côtelettes, mais aussi dorade ou bar cuits au grill dans leurs écailles. Vous pouvez aussi en tartiner du pain de campagne grillé, ou une fougasse toute fraîche.

Je vous préviens : on a tendance à se gaver de cette sauce divine. Si vous dépassez les quantités que je vous donne, vous allez droit à la flatulence et à l'haleine chargée. Faut-il vous rappeler que l'on doit en tout conserver la mesure ?

~

**Le reste de l'année, vous pouvez aisément vous consoler de tout avec :**

## L'aïoli

**Toutes saisons –**
**Pour deux à quatre personnes.**

Votre marché :
- 6 gousses d'ail bien charnues
- 1 œuf à température de la pièce
- 1/4 de litre d'huile d'olive VPPF de la meilleure qualité
- sel, poivre du moulin

Vous allez enfin amortir votre mortier ! Vous y placez en effet les gousses d'ail pelées, coupées en deux dans la longueur et débarrassées du germe central s'il y en a un. Pilez avec constance : elles doivent être en pommade.

Ajoutez alors le jaune de l'œuf en touillant à l'aide d'une cuillère en bois, puis versez quelques gouttes d'huile, que vous mélangez à fond : toute la technique est là. Vous verserez d'abord l'huile parcimonieusement, puis plus généreusement à mesure que l'aïoli « monte ». Entretenez un mouvement lent et régulier.

Salez et poivrez pour finir. Si par hasard, et malgré toutes mes recommandations, votre sauce se dissociait – cela arrive l'été, par temps lourd et orageux –, prenez un grand bol, travaillez-y un autre jaune d'œuf et incorporez votre émulsion ratée c.c. par c.c. Il y a de ces petits trucs rassurants... C'est une merveilleuse sauce pour accompagner un plat provençal du même nom (nous y reviendrons avec la morue), mais aussi de simples pommes de terre en robe des champs ou d'autres légumes bouillis.

**N.B. :** toutes les histoires de tourner dans le même sens, de menstrues dangereuses et de pleine lune ne sont que billevesées.

~

**Cette sauce-ci, d'origine anglaise, est un chef-d'œuvre avec les poissons pochés, grillés, et surtout fumés :**

## La sauce au raifort ou horse-radish

(Littéralement : « radis de cheval »)
**Automne-hiver-printemps – Pour quatre personnes.**

Avant tout, mettez au froid un saladier, la crème et les pales

Votre marché :
- 1 pot de 125 g de raifort au naturel
- vinaigre de cidre
- moutarde anglaise en poudre
- 125 g de crème fleurette
- sucre en poudre, sel, poivre blanc

à blancs d'œufs du batteur : c'est la condition absolue pour réussir une crème fouettée.

Égouttez le raifort, qui est un radis noir très fort de goût (une force de cheval), et mettez-le dans un bol. Diluez-le avec 2 c.s. de vinaigre, puis ajoutez 2 c.c. de sucre, 1 c.c. arasée de moutarde anglaise – si vous n'en trouvez pas, remplacez par 2 c.c. de moutarde de Dijon, à la rigueur –, une forte pincée de sel et quelques tours de moulin à poivre. Réservez cette base qui ne l'est point (réservée).

Sortez le nécessaire à crème fouettée du réfrigérateur. Battez, contemplez la fleurette dans sa métamorphose, cessez au moment où, toute gonflée d'air, elle devient assez ferme pour conserver le dessin net que les pales lui impriment. N'insistez pas, elle virerait au beurre, ce qui n'est pas le but recherché.

Versez la base épicée dans cette crème et mélangez avec délicatesse, à la cuillère de bois, en soulevant la masse de bas en haut, jusqu'à ce que l'amalgame soit parfait. Servez ainsi, bien froid. Vos préjugés sur la perfide Albion vont en prendre un coup !

~

# Les soupes

Je ne suis pas une obsédée de la soupe, mais comment négliger tout à fait ce registre de la cuisine du végétal lorsqu'on sait qu'il fit l'ordinaire de nos ancêtres des siècles durant ? En voici donc quelques-unes, qui ne sont pas la mort en matière d'épluchage et peuvent constituer une entrée charmante ou spectaculaire lorsque vous recevez un plein wagon d'amis. Surtout celle-ci :

## La soupe de potiron

**Par grand froid** (vu le nombre de calories) –
**Pour huit personnes à tout le moins.**
Si votre four est minuscule, renoncez et à la soupe de potiron,

et aux grandes tablées amicales. C'est dommage dans les deux cas, mais lisez, vous songerez ensuite à changer d'existence et d'outillage.

Votre marché :
- 1 potiron de 4 kg
- 3 grosses tranches de pain
- 50 g de beurre
- 100 g de comté râpé par vos soins
- 3 litres de crème fleurette
- sel, poivre, muscade

Coupez un large chapeau au potiron : vous aurez une soupière avec son couvercle. Ôtez toutes les graines. Coupez le pain en petits cubes, faites-les griller dans le beurre, à feu modéré, sur toutes les faces, jusqu'à ce qu'ils soient dorés.

Dans votre soupière végétale, disposez des couches successives de croûtons et de comté, salez, poivrez et muscadez avec largesse. Remplissez de crème fleurette. Ajustez le « couvercle » et mettez au four (th. 7, 220 °C) pendant deux bonnes heures, le potiron posé sur une plaque.

Au moment de servir, raclez avec précaution la chair jusqu'à l'écorce à l'aide d'une grande cuillère, et mélangez-la dans la « soupière ». Servez à la louche vos convives ravis par tant de rusticité.

~

**Vous avez compris mes réticences devant la soupe.**
C'est comme pour le couscous au beurre rance, ça ne se discute pas (voyez Roland Barthes et son commentaire sur Fourier). Un potage froid m'excite davantage qu'une garbure, c'est vrai (si vous ne savez pas ce qu'est une garbure, cherchez dans le dictionnaire), particulièrement quand il fait torride.

## Le gaspacho

... est non seulement froid, mais cru. Il est bon d'y revenir de temps à autre, d'autant plus que ces régressions sont une mine de vitamines sans quoi la santé s'effondre.

**Été – Pour quatre personnes.**
Faites ça une heure seulement avant de déguster : c'est mieux pour les vitamines, et on peut ne pas mépriser la diététique (c'est mon cas, malgré les apparences).

Pelez et épépinez les tomates selon la bonne vieille méthode

Votre marché :
- 6 grosses tomates
- 1 beau concombre
- 1/2 poivron rouge
- 1/2 poivron vert
- 1 bouquet de cerfeuil
- 1 gousse d'ail
- 1 c.c. de vinaigre balsamique
- 4 c.s. d'huile d'olive VPPF
- sel, poivre du moulin

*(voir p.24)*, coupez la chair en gros morceaux, à l'exception de deux tomates que vous détaillez en tout petits cubes et que vous réservez dans un bol.

Pelez le concombre, ouvrez-le dans sa longueur et raclez les graines à l'aide d'une petite cuillère. Gardez-en un quart que vous détaillerez en petits cubes et réserverez dans un second bol. Coupez le reste en grossiers morceaux.

Les poivrons lavés, débarrassés de leur pédoncule, des graines et des filaments blancs, seront, eux, entièrement réservés (petits cubes, bols). Mettez les quatre petits bols au frais.

Jetez sans brutalité inutile les gros morceaux de tomates et de concombre dans le bol de votre mixeur, ajoutez une bonne quantité de sel et de poivre, l'ail pelé et émincé, le vinaigre et l'huile, et mixez jusqu'à ce que ce soit bien homogène.

Mettez ce velouté d'un rose exquis au frais.
Vous servirez en tasses, où vous aurez disposé des glaçons, parsemé des dés de légumes et de pluches de cerfeuil.
C'est librement inspiré d'un potage espagnol, en plus suave.

~

**Allez, une dernière et je m'arrête.** Voici une curiosité orientale que je mange de temps à autre avec ma belle-sœur polonaise, qui me l'a fait connaître. J'adore ma belle-sœur. Et cette chose (est-ce un potage ? une soupe ? un consommé ? Je reste perplexe...) est vraiment délicieuse.

## Le quelque-chose-de-liquide-au-yaourt

**Automne-hiver – Pour deux** (ma belle-sœur et moi).

Je cuis mes œufs mollets, c'est-à-dire en partant de l'eau froide jusqu'à 5 minutes après l'ébullition. Je les plonge aussitôt dans de l'eau glacée afin d'en stopper la cuisson et de les écaler facilement après quelques minutes.

Je décortique les noix et je les concasse grossièrement au couteau. Je pèle et ouvre en deux le concombre dans sa longueur, et j'en racle les graines à la petite cuillère. Je concasse la chair grossièrement et la mixe avec la moitié des pluches de cerfeuil, du sel et du poivre. Je verse dans un saladier.

Mon marché :

- 1/2 litre de yaourt bulgare (ça fait plus oriental) au lait entier
- 2 œufs à température ambiante
- 1 vingtaine de noix Franquette
- 1 beau concombre
- botte de cerfeuil
- sel, poivre du moulin

Je prends dans mon réfrigérateur un petit bac à glaçons que je mixe (pas le bac, les glaçons). Je verse cette glace pilée dans le saladier, puis le yaourt. Je brasse à fond et j'allège à l'aide du fouet. Je goûte et rectifie le sel si nécessaire. Je mets au froid en attendant ma belle-sœur qui est toujours en retard.

Lorsqu'elle est là, je répartis le contenu du saladier dans deux assiettes à soupe. Je pose un œuf poché au centre de l'assiette, je saupoudre de noix et je parsème les pluches du cerfeuil restant. On aime beaucoup ça et on pousse des oh ! et des ah ! parce qu'on est très expansives toutes les deux.

~

**Voilà. J'en ai fini des légumes pour cette fois.** Vous êtes maintenant d'une santé florissante, bourré de vitamines et goûtant chaque jour les plaisirs du divers. Vous montrez une aisance désinvolte dans le cuit végétal et les commerçants de votre quartier commencent à vous estimer.
C'est le moment de passer aux protéines, dont vous manquez certainement si vous lisez cet ouvrage comme un roman, ce que je ne vous conseille pas. D'autant plus que pour l'animal nous suivrons notre méthode de routine : du simple au complexe, du cru au mariné, du mariné au cuit.
C'est-à-dire de la sauvagerie à la civilité.

# L'animal aquatique

Pensons à l'aube de l'humanité : en même temps que la cueillette, dont nous avons eu quelques aperçus et conséquences au chapitre précédent, nos ancêtres australopithèques pratiquaient la pêche et la chasse il y a déjà deux millions d'années, en Afrique. Le cœur se serre d'évoquer dans quelles misérables conditions. Après un million cinq cent soixante dix mille ans d'efforts soutenus pour améliorer l'outillage, *Sapiens* (autant dire papa) pouvait se nourrir exclusivement de chair, ce qui révèle un progrès technique époustouflant tout en n'étant pas idéal pour la santé.

C'est à lui que nous dédierons les recettes de ce chapitre, qui commencent par le genre aquatique. J'ai longtemps réfléchi à ce début (aquatique ? terrestre ?), et j'ai fini par préférer l'aquatique, parce qu'il est antérieur au terrestre, parce qu'il m'évoque le ventre de ma maman où j'étais si bien, et parce que ses cuissons sont toujours courtes et simples.

Il faut, à l'instar de *Sapiens*, déguster les produits de la mer juste sortis de son sein, et à la bonne saison. Car, comme tout ce qui se mange, le genre aquatique a ses saisons, que je vous indique dans ma sollicitude affectueuse. Jamais de surgelé pour tout cela, jamais, jamais ! Les plus délicats mollusques et crustacés, les meilleurs poissons se voient ainsi transformés en blocs caoutchouteux ou en bouillie aqueuse. Il est des « progrès » qu'il faut savoir refuser. D'ailleurs, songez encore à *Sapiens* (on n'y songe jamais assez) : les développements foudroyants de son intelligence, qui menèrent ses descendants à la pointe Bic en quatre cent trente et un mille neuf cent cinquante ans seulement, ne sont-ils pas une preuve de ce que la chair dont il était si friand est bonne pour les neurones ? En particulier la chair aquatique, dont vous ne manquerez pas de faire une cure pour améliorer votre système.

# Du simple au complexe, du cru au mariné, du mariné au cuit :

# Les mollusques, crustacés et autres fruits de mer



***Les sympathiques lamellibranches***

*Ces mollusques, protégés par une coquille à deux valves, sont assez nombreux : les plus courants sont les huîtres, plates ou creuses, que l'on ne trouve plus à l'état sauvage et qui sont délicieuses toute l'année bien que plus grasses en hiver ; les moules d'Espagne ou de bouchot, elles aussi élevées en parcs, qu'il faut déguster d'avril à octobre ; les palourdes, meilleures au printemps ; les coques et tellines, que l'on trouve dans le sable, doivent être lavées à plusieurs eaux parce qu'elles en sont souvent pleines ; les Saint-Jacques sont grasses et délicieuses d'octobre à avril, comme les vanneaux dits encore pétoncles, qui sont des Saint-Jacques en miniature. Tout cela se mange cru depuis l'aube de l'humanité, où les dégustations de coquillages sauvages ont laissé des montagnes de restes fossilisés dans les endroits les plus saugrenus ; ou cuit, depuis peu, c'est-à-dire quelques milliers d'années.*

*Des mollusques lamellibranches, mes favoris dans la catégorie du cru sont les huîtres (ah ! les belons délicates, les grasses spéciales de claires à peine sorties de l'eau !) et les grosses moules d'Espagne à la chair iodée et consistante, que je mange dans leur naturel.*

~

**Mais saviez-vous que la coquille Saint-Jacques, la princesse des lamellibranches, peut aussi se déguster crue ?** Eh bien, faites donc :

# Un tartare de Saint-Jacques

**D'octobre à avril – Pour deux personnes.**

Votre marché :

- 8 coquilles Saint-Jacques
- 1 échalote
- 1 citron
- 1 bouquet de ciboulette
- 2 c.s. d'huile d'olive VPPF
- sel, poivre du moulin

Demandez à votre honnête poissonnier d'ouvrir et de parer vos mollusques. De retour à la maison, lavez-les soigneusement (la chair feuilletée de la noix contient souvent du sable), et séparez corail et noix. Épongez au papier absorbant.

Chauffez 1 c.s. d'huile dans un petit plat, et mettez-y les coraux à raidir, à feu modéré, 2 minutes de chaque côté. Ça ne doit pas prendre couleur. Ôtez du feu, laissez refroidir sur un papier absorbant.

Pendant ce temps, pelez et hachez très fin l'échalote, pressez le jus du citron, et hachez finement au couteau, sur la planche, les noix crues. Versez le tout dans un saladier, ajoutez le reste d'huile, une bonne c.s. de ciboulette finement ciselée, du sel, du poivre et enfin les coraux grossièrement hachés. Mélangez délicatement. Goûtez pour vérifier l'assaisonnement.

C'est très joli présenté en petits dômes moulés à la cuillère à soupe, sur un lit de verdures – feuilles de chêne ou Lola Rossa par exemple – préalablement tournées dans le sel, le poivre et l'huile d'olive VPPF.

Servez aussi du bon pain grillé tout chaud. Et n'attendez pas plus d'une heure (au frais) pour déguster.

~

**La cuisson du mollusque véloce qu'est la Saint-Jacques est si rapide qu'on reste dans le quasi-cru.** Sa chair suave tourne au coriace pour peu qu'on la laisse au feu une minute de trop : c'est probablement sous cette seule forme que vous la connaissez, hélas, mais ce déplorable état de fait va changer.

Règle absolue : ne cuire qu'au moment de passer à table.
Commencez par :

# Les Saint-Jacques aux carottes

**D'octobre à avril – Pour deux personnes.**

Lavez et épongez les mollusques au papier absorbant. Épluchez, lavez et taillez les carottes en longs copeaux à l'aide du couteau économe : vous aurez des sortes de tagliatelles. Jetez le cœur, trop dur. Pelez le gingembre, râpez-en la valeur d'une noisette.

Dans une petite cocotte, mettez la moitié du beurre, les tagliatelles de carottes, le sucre, une pincée de sel, quelques tours de poivre, de l'eau à fleur des légumes. Allez à l'ébullition. Couvrez et laissez sur feu doux 8 minutes.

4 minutes après le début de cette cuisson (profitez de ce court répit pour boire un coup de graves avec votre *alter ego*), mettez le reste du beurre dans une poêle, à feu modéré, et cuisez les mollusques 1 minute de chaque côté. Ajoutez du sel, du poivre, le gingembre, le vin blanc, et laissez une minute et demie à feu vif. Ôtez les Saint-Jacques à l'écumoire et réservez-les sur une assiette.

À ce moment-là, les carottes sont cuites. Égouttez-les et jetez-les dans la poêle (sans brutalité inutile) avec la crème. Faites bouillir 2 minutes à feu d'enfer, ajoutez les bêtes pour encore un bouillon. Parsemez de vos herbes et servez.
Vous pleurerez de joie, comme Pascal, pour cette merveille absolue qui ne vous aura pris qu'un quart d'heure de préparation à peine. Et vous aurez acquis une immense supériorité sur *Sapiens* en consommant des légumes avec la chair.

Votre marché :

- 6 coquilles Saint-Jacques ouvertes et parées sous vos yeux par votre honnête poissonnier
- 2 carottes moyennes
- 1 petit morceau de gingembre
- 30 g de beurre
- 1/4 de verre de vin blanc sec (celui que vous servirez avec votre plat : un graves ira très bien)
- 3 c.s. de crème double
- quelques branches de persil plat ou de coriandre, de quoi obtenir 1 c.s. de feuilles ciselées
- 1/2 morceau de sucre, sel fin, poivre du moulin

**Vous voyez que ces coquilles,** que vous n'avez connues jusqu'ici que noyées sous un flot épais de béchamel farineuse et gratinée, exaltent les plus humbles légumes et en font un plat de roi. Autre exemple :

# Les Saint-Jacques aux épinards

**D'octobre à avril – Pour deux personnes.**

Lavez et séchez les mollusques selon la vieille routine *(voir p. 90)*. Équeutez les épinards, lavez-les à grande eau, égouttez : vous savez déjà *(voir p. 70)*. Pelez la gousse d'ail et enlevez lui son germe central. Pelez et épépinez les tomates *(voir p. 24)*. Coupez la chair en petits dés et réservez en passoire.

Votre marché :

- 8 coquilles Saint-Jacques, ouvertes et parées sous vos yeux
- 1 livre d'épinards bien frais et tendres, à petites feuilles de préférence
- 1 gousse d'ail
- 2 tomates (du Maroc à partir de novembre)
- 50 g de beurre
- quelques brins de persil plat
- sel, poivre du moulin

Mettez les épinards poudrés de sel à feu vif dans une sauteuse. Remuez de temps en temps. Dès qu'ils sont fanés, égouttez et pressez. Faites fondre la moitié du beurre dans une poêle, pressez-y l'ail avec le petit outil *ad hoc*, posez les mollusques et cuisez-les à feu moyen (afin que le beurre ne brûle pas) 2 minutes de chaque côté.

Pendant ce temps, mettez les épinards à réchauffer en casserole avec le reste du beurre.

Voilà. C'est fait : posez les mollusques au centre des assiettes, salez et poivrez, entourez-les d'un cordon d'épinards, passez très vite les dés de tomates dans la poêle où ont cuit les Saint-Jacques, jetez-les sur les susdites, parsemez-les de quelques feuilles de persil plat et servez *illico*. Vous serez légèrement essoufflé, car les derniers moments ne souffrent aucun délai, mais ravi, tant c'est délectable.

~

**Je pourrais continuer à ce train-là des heures** sur le terrain des coquilles Saint-Jacques, mais je me réfrène : votre bourse est plate – il faut dire qu'elles ne sont pas données – et vous devez faire des économies. Comme vous êtes déjà victime de l'addiction aux lamellibranches (ça vient très vite), voici une bonne vieille recette de moules qui vous fera du bien à tous points de vue, et que vous ne connaissez sans doute que sous une forme lamentablement galvaudée :

## Les moules marinière

**D'avril à octobre – Pour deux personnes.**

Le plus fastidieux est de gratter et d'ébarber les moules : confiez cela à votre comparse, et priez-le de laver ensuite à l'eau courante. Vous, vous vous consacrerez à une tâche plus noble, celle de préparer le fond.

Votre marché :
- 1 kg de moules de bouchot (dont le prix est risible)
- 1 échalote
- 25 g de beurre
- 10 cl de vin blanc sec
- 1 bouquet de persil plat
- poivre du moulin

Pour ce faire, vous pelez l'échalote et la hachez menu, puis la faites fondre dans le beurre, à feu doux, dans une vaste casserole, en remuant de temps en temps. Lorsque l'échalote est nacrée et transparente, ajoutez le vin, quelques tours de poivre, et laissez cuire 10 minutes à petit feu.

Surveillez votre comparse. Veillez à ce qu'il nettoie parfaitement les moules, à ce qu'il les lave sans les laisser tremper, ce qui les rendrait fades, et à ce qu'il jette tous les mollusques dont la coquille serait ouverte : ils sont impropres à la consommation.

Lorsque votre fond est prêt, jetez les moules dedans et poussez le feu au plus vif. Secouez de temps en temps. Retirez dès que les coquilles béent.

Versez dans un grand plat creux. Parsemez d'1 c.s. environ de persil ciselé. Dégustez immédiatement avec de bonnes tartines grillées et beurrées. Votre comparse vous pardonnera vos récentes avanies.

**Vous pouvez aussi, comme les pauvres gens de la baie de Naples,** confectionner un plat complet qui ne vous coûtera guère plus :

# Les vermicelli con le cozze

... ou vermicellis (ce qui ne signifie pas « vermicelles » mais plutôt spaghettinis, c'est-à-dire fins spaghettis) aux moules.
**De juin à octobre – Pour quatre personnes** (la misère se partage, comme l'opulence).

*Votre marché :*

- *2 kg de moules de bouchot*
- *1 tout petit oignon et 1 moyen*
- *15 cl de vin blanc sec*
- *1 kg de tomates bien mûres et fermes*
- *2 gousses d'ail*
- *350 g de vermicellis ou de spaghettinis de grano duro*
- *1 bouquet de persil plat*
- *6 c.s. d'huile d'olive VPPF*
- *sel fin, poivre du moulin*

Faites trier, nettoyer et laver les moules par vos amis, comme indiqué dans la recette précédente.

Pendant ce temps, préparez le fond : pelez et hachez très fin le petit oignon, mettez-le dans votre plus grande casserole à fondre dans 1 c.s. d'huile. Quand il est transparent, ajoutez le vin blanc, du poivre, et laissez cuire doucement 10 minutes (vous remarquez que c'est une technique identique à celle des moules marinières : seuls les ingrédients changent, avec les usages du pays).

Enchaînez immédiatement avec la procédure désormais routinière qui consiste à peler, épépiner et concasser les tomates *(voir p.24)*.

Dans une sauteuse faites fondre l'oignon moyen pelé et haché fin dans 3 c.s. d'huile. Lorsqu'il est transparent, ajoutez l'ail pelé et coupé en rondelles, la chair des tomates et du sel. Cela va cuire 30 minutes à découvert, à feu modéré, et vous remuerez de temps en temps.

Le fond est prêt : jetez-y les moules, poussez un feu d'enfer et ôtez du feu dès qu'elles sont ouvertes. Confiez à vos amis le soin de décoquiller toutes les moules et de les remettre dans leur jus, dans une casserole couverte afin qu'elles restent tièdes et goûteuses.

La sauce tomate n'est pas loin de s'achever. Mettez à bouillir une grande casserole d'eau salée, jetez-y les pâtes, remuez et cuisez à feu d'enfer 8 à 10 minutes : elles doivent être un peu plus tendres que l'habituel *al dente*. Si la sauce est cuite, éteignez le feu et couvrez la sauteuse.

Profitez de ce léger répit pour laver, sécher et ciseler à peu près 2 c.s. de persil, et verser dans le plat de service les 2 c.s. d'huile restantes.

Dès que les pâtes sont cuites, il faut de la prestesse : égouttez-les, mettez-les dans le plat de service, tournez-les dans l'huile ; versez la sauce tomate par-dessus ; égouttez les moules, versez-les sur la tomate, saupoudrez de persil, poivrez.

Servez aussitôt, après avoir mêlé le tout à table en brassant vigoureusement. Cela se mange sans parmesan (c'est trop cher pour les Napolitains). Et tout le monde s'émerveillera de l'ingéniosité des pauvres à transformer en régal de si humbles produits.



~

**Pour illustrer le groupe des mollusques gastéropodes,** c'est-à-dire ces bêtes au pied musclé, à la coquille simple que sont les bigorneaux, les patelles et les bulots, voici une recette de base, qui vous permettra ensuite toutes les fantaisies :

# Les bulots au court-bouillon

**Toutes saisons – Pour quatre personnes.**

Ne vous laissez pas décourager par l'air peu engageant du gastéropode qui, il faut l'avouer, souffre d'une physionomie ingrate.

Votre marché :

- 2 kg de bulots
- 2 oignons
- 1 carotte
- 1 gousse d'ail
- 1 bouquet garni (quelques branches de persil, thym, 1 feuille de laurier)
- 80 g de gros sel gris de Guérande
- poivre en grains

Attaquez d'abord le court-bouillon. Dans une très grande casserole, faites bouillir 20 minutes à petits bouillons un litre et demi d'eau, les oignons et la carotte pelés et grossièrement coupés en morceaux, l'ail pelé

et écrasé, le bouquet garni, le sel et beaucoup de poivre.
Pendant cette cuisson, lavez les pauvres bêtes disgracieuses dans plusieurs eaux en vous efforçant d'éliminer le sable. Puis jetez dans le court-bouillon et cuisez une heure à tout petit feu les coriaces gastéropodes. Vaquez.
Égouttez. Servez tiède ou frais, jamais froid (le réfrigérateur durcit et gâte les parfums), le jour même. J'adore cette chair consistante et rustique avec un aïoli *(voir p. 81)*. Et notez qu'elle entre parfaitement dans votre plan de festivités à bas prix.

~

**Avec les céphalopodes, lointains cousins des escargots,** nous entrons dans l'ultime catégorie des mollusques, et la plus touchante, car nous nous y reconnaissons une visible parenté. Comment, en effet, ne pas s'attacher aux grands yeux expressifs de la pieuvre (ou poulpe), à sa démarche timide, aux nuages d'encre et au mimétisme grâce auquel elle espère – souvent en vain, hélas – se dissimuler, à sa recherche éperdue d'une petite maison qui protège des prédateurs son corps démuni ? Comment ne pas s'émouvoir des rendez-vous que se donnent par millions les calmars (ou encornets) au temps des amours, si aveuglés par la passion que le requin ou le filet de l'homme les ravagent par tonnes sans qu'ils semblent le remarquer ? Ma nièce, qui a onze ans et à qui je dois l'essentiel de ce que je connais de la mer, me prie de ne pas m'énerver et de ne pas céder aux vertiges de l'anthropomorphisme. N'empêche, ce n'est pas sans larmes que je prépare :



## Les calmars à l'origan

**Toutes saisons – Pour quatre personnes.**
Ayez une personne de confiance sous la main, gratifiez-la d'un verre de pinot Grigio bien frais. Ce qui suit est un peu pénible et doit être confectionné 2 heures au moins avant le repas. Gratifiez-vous également.
Séparez des poches les têtes munies de tentacules. Occupez-vous d'abord des têtes, afin de ne plus voir les yeux pleins de reproches des malheureux céphalopodes : coupez-les au ras des yeux, ôtez le petit bec corné qui se révèle en dessous, lavez

Votre marché :

- 1,5 kg de calmars (tout petits, ils sont meilleurs)
- 2 c.s. de vinaigre de Xérès ou 1 c.s. de vinaigre balsamique
- 1 cœur de céleri bien frais, jaune tendre, aux feuilles intactes
- 1 poivron rouge charnu
- 1 bouquet d'origan frais ou 1 c.s. d'origan sec
- 4 c.s. d'huile d'olive
- sel, poivre du moulin

ce qui reste, une couronne de tentacules. Ôtez des poches tout ce qui s'y trouve : masses glaireuses, laiteuses, os (lamelle dure et transparente), sable. Vous pouvez, pour plus de commodité, ouvrir la poche dans sa longueur, mais c'est plus joli de la garder intacte. Sous l'eau courante, ôtez la fine peau rose et gris qui recouvre la poche : ça part tout seul, il suffit de frotter doucement. Égouttez le tout.

Le plus dur est fait. Requinquez-vous d'un autre verre, avec votre assistant(e). C'est d'un cœur allègre que vous couperez en rondelles d'un centimètre de large (ou en lanières si vous les avez ouvertes) les poches des calmars.

Dans une poêle antiadhésive, jetez ces rondelles et les tentacules et, à feu vif, faites-les suer en tournant sans arrêt. Cela va rendre beaucoup d'eau. Quand il n'y a plus de liquide, c'est cuit, et d'un rose délicat. Versez alors le vinaigre et tournez encore jusqu'à complète évaporation, puis mettez cette chair parfumée dans un saladier. Pendant que ça refroidit, dressez le couvert. Après, vous ne seriez plus en état (la bouteille de pinot se vide dangereusement).

Avec ce qui vous reste de lucidité, lavez le cœur du céleri et le poivron dont vous ôterez les graines et le pédoncule après l'avoir coupé en quatre. Détaillez tout cela – les feuilles tendres du céleri aussi – en minces lamelles, que vous ajouterez aux calmars refroidis.

Versez l'huile, un peu de sel, beaucoup de poivre, effeuillez quelques branches d'origan ou saupoudrez des feuilles sèches.

Mélangez à fond et laissez mariner au frais une heure au moins. Vous aurez le temps d'achever le pinot, de vous livrer à quelques distractions de votre choix avec votre comparse, et vous accueillerez vos invités dans l'humeur convenant à ce plat, qui, vous l'avez certainement remarqué, allie le cru, le mariné, le cuit, et représente par le fait même un résumé de civilisation.

*Les crustacés et leur cuisson*

*Les crustacés, avec leur carapace rébarbative, leur regard obtus et, pour certains, leurs pinces coupantes, sont des animaux moins touchants que les mollusques. On trouve dans cette catégorie le crabe, l'araignée, la langouste, le homard, la langoustine et la crevette (grise, rose ou bouquet, gamba). Le crabe, l'araignée, la langouste et le homard doivent passer directement de l'état de vivant à celui de cuit, ce qui rend leur préparation un peu pénible quelle que soit l'antipathie qu'ils inspirent. Il faut les choisir lourds, préférer l'araignée au crabe parce que sa saveur est plus subtile, préférer le crabe femelle quand on ne trouve pas l'araignée parce que sa chair est plus abondante que celle du mâle (la femelle a une languette ventrale plus large : examinez en saisissant la bête par derrière, pour éviter les pinces dont les réflexes sont très rapides si le crabe est en bon état). Chez la langouste qui, contrairement au homard, n'a pas de pinces, c'est la queue qui est plus large chez la femelle. La langoustine et la crevette, que l'on achète mortes en général et qu'il faut choisir bien brillantes et fermes, tête solidement attachée au corps, sont d'une manipulation moins pénible, vous vous en doutez.*
*Je ne vous donnerai pas beaucoup de recettes de crustacés : je préfère déguster cette espèce savoureuse mais d'une préparation déprimante dans d'excellents restaurants spécialisés.*



**La meilleure façon de cuire le crabe, l'araignée, la langouste et le homard, à mon goût, est dite « à la nage ».**

C'est extrêmement simple : dans votre faitout, versez 2 litres d'eau froide, ajoutez-y deux poireaux lavés et fendus, deux oignons et deux carottes pelés et coupés grossièrement, une poignée de poivre gris en grains, 80 grammes de gros sel gris de Guérande, un bouquet garni (faut-il répéter ? 3 branches de persil plat, 1 feuille de laurier, 1 branche de thym). Faites bouillir le tout à couvert 15 minutes

Plongez ensuite vos crustacés vivants et laissez-les cuire à petits bouillons : une langouste de 500 grammes demande 15 minutes, un homard de un kilo 35 minutes, un crabe ou une araignée de 20 à 25 minutes.

Je vous conseille de saisir le crustacé d'une main ferme, par derrière comme font les judas, et de l'autre main d'appliquer le couvercle sur le faitout, le temps que la bête meure, ce qui prend quelques secondes. Je vous conseille également, s'il s'agit d'un crabe, de l'« endormir » sous l'eau froide du robinet le temps de préparer la nage, et de ne l'en sortir qu'au moment de l'occire. Ainsi il restera bien plein.

Servez frais, mais pas réfrigéré, avec une mayonnaise à l'huile d'olive pour le crabe ou l'araignée et, pour la langouste et le homard, un simple filet d'huile d'olive et quelques gouttes de citron. Il faudra auparavant couper en deux, dans la longueur, homard et langouste et leur ôter la partie noire de l'estomac, ou séparer le coffre et la carapace du crabe et de l'araignée.
Me voilà toute attristée par l'évocation de ces cruautés de gourmet, et fatiguée par la dépense musculaire qu'elles exigent. Je passerai donc directement aux crevettes et aux langoustines, bêtes plus maniables et relevant de préparations moins barbares (et encore, je vous ai fait grâce des procédés où l'on tronçonne vifs leurs cousins plus charnus).



~

**Vous invitez une personne du sexe (peu importe lequel) à dîner.** Vous savez ce que c'est : la forme et tout. Elle prétendra ne grignoter que deux feuilles de salade nature et le quart d'un blanc de poulet grillé, mais vous la verrez se jeter comme une bête sur :

# Le curry de crevettes

**Toutes saisons – Pour deux personnes.**
Ça se prépare en deux temps, comme toute recette destinée à des visées malhonnêtes ; il faut en effet une époustouflante maestria pour séduire tout en cuisinant.

Avant l'arrivée de la personne, lavez et trempez le riz 10 minutes, puis égouttez-le : il cuira plus rapidement. Pelez et coupez les oignons en fines lamelles. Chauffez l'huile dans une sauteuse et mettez-y à fondre les oignons à feu doux, en remuant souvent afin que ça ne prenne pas couleur. Allez à la transparence laiteuse.

Pendant ce temps, pelez et râpez le gingembre à la râpe moyenne ; pelez et coupez la mangue en petits dés (il suffit

Votre marché :
- 200 g de crevettes roses décortiquées, de chez votre honnête poissonnier
- 200 g de riz Basmati
- 4 oignons doux ou 8 oignons nouveaux
- 2 c.s. d'huile d'arachide
- 1 morceau de gingembre frais de 15 cm environ
- 1 grosse mangue un peu verte et ferme
- 1 boîte de lait de coco au naturel (chez l'épicier exotique du coin ou en épicerie fine)
- 2 fortes c.s. de curry de Madras ou de Ceylan, force moyenne
- 1 citron vert
- 1 bouquet de coriandre fraîche
- 2 pots de yaourt entier type « bulgare »
- sel

d'entailler la chair jusqu'au noyau, horizontalement et verticalement, puis de couper le long du noyau). Ouvrez la boîte de lait de coco.

Les oignons sont cuits. Ajoutez le curry, remuez une minute, ajoutez le gingembre, les dés de mangue. Remuez à fond, ajoutez du lait de coco en quantité suffisante pour obtenir un appareil onctueux mais pas trop liquide, consistant mais pas trop épais.

Cuisez à feu très doux 15 minutes, à couvert, en remuant de temps en temps. N'hésitez pas à ajouter du lait de coco si besoin est. Éteignez le feu et laissez en attente, à couvert.

Remplissez d'eau une vaste casserole, jetez-y une poignée de gros sel. Pressez le citron. Effeuillez la coriandre juste avant que la personne n'arrive.

Au coup de sonnette, allumez sous la casserole. Recevez la personne, conversez, etc. Au moment opportun, vous disparaîtrez dans votre cuisine, en la laissant cuver l'alcool dont vous l'aurez abreuvée, se remettre du rouge ou rectifier sa cravate.

L'eau bout. Jetez-y le riz. Rallumez sous la sauteuse. Quand ça bouillotte, ajoutez le jus de citron, les crevettes et remuez. Gardez sur feu très doux le temps que le riz achève de cuire (environ 5 minutes) et que vous versiez vos yaourts dans une jolie coupe.

Garnissez un légumier du riz égoutté, un plat creux du curry parsemé de coriandre. Servez avec le yaourt.

C'est voluptueux. Le gingembre, la coriandre et les épices sont réputés aphrodisiaques. Même si ce n'est pas vrai, la personne tombera.

**Voici une salade adorable bien qu'assez onéreuse,** mais l'argent n'est rien pour ce qui n'a pas de prix : vous-même ou les élus de votre cœur.

# La salade de langoustines

**De l'automne au printemps – Pour vous et l'élu(e).**

Une heure avant de passer à table, mettez à gonfler vos raisins dans le rhum. Dans une grande casserole, versez 2 litres d'eau, ajoutez le gros sel, l'oignon et la carotte pelés et grossièrement concassés, quelques grains de poivre. À l'ébullition, plongez les langoustines, laissez frémir 10 minutes, égouttez et passez aussitôt sous l'eau froide.

Décortiquez les queues de dix langoustines, laissez-les en attente.

Dans un saladier faites votre sauce : versez la crème, que vous détendez avec un peu de lait afin qu'elle soit bien souple mais pas liquide, ajoutez du sel et du poivre, et pressez les têtes des langoustines au-dessus du saladier : il en sort une sorte de jus exquis.

Dégagez le cœur tendre du céleri, avec ses petites feuilles. Lavez, épongez, coupez en menues lamelles, versez dans le saladier. Pelez les pommes, ôtez le cœur et coupez en dés, versez sur le céleri et tournez vigoureusement dans la sauce : celle-ci, enrobant les dés de pommes, les empêche de s'oxyder et de noircir.

Égouttez les raisins, ajoutez-les dans le saladier avec les queues de langoustines et quelques tours de poivre. Remuez encore, et décorez avec les deux crustacés entiers réservés. Servez aussitôt. C'est vraiment délicat.

*Votre marché :*

- 12 belles langoustines
- 1 poignée de raisins de Smyrne
- 20 cl de rhum blanc
- 100 g de gros sel gris de Guérande
- 1 oignon
- 1 carotte
- 4 c.s. de crème double et un peu de lait
- 1 pied de céleri en branches
- 2 petites pommes (belle-de-mai, à la chair blanche et fondante, reine des reinettes ou clochard)
- sel, poivre du moulin

~

***Les autres fruits de mer***

*Ce sont les oursins (ou plutôt les oursines [?], puisqu'on ne mange de ces bêtes piquantes que les ovaires, à la petite cuillère, comme un œuf à la coque).*

*Ce sont aussi les algues et les végétaux poussant sur les rivages : j'adore la salicorne, encore appelée criste-marine ou perce-pierre (à cause de son courage et de son obstination à survivre dans les roches les moins hospitalières). Il faut la traiter exactement comme les haricots verts, c'est-à-dire l'effiler et la mettre dans l'eau bouillante non salée (elle l'est déjà) quelques minutes. C'est un délicieux légume pour presque tous les poissons.*

# Du cru au mariné et au cuit, évidemment : Le poisson frais



***L'immense diversité de la gent poissonnière***

*Autant vous le dire tout de suite : les habitants de la mer à qui va ma plus profonde affection sont les cétacés – grâce à la comptine : « c'est assez, dit la baleine qui cache à l'eau son dos fin », vous garderez les plus connus en tête, bien que l'orque, le marsouin, le mésoplodon et le globicéphale ne soient point négligeables – et les requins, dont ma nièce est un fervent défenseur. Ces animaux marins à l'œil brillant d'astuce et à la bonhomie souriante sont des trésors vivants et ne devraient être chassés en aucun cas. Boycottez leurs sous-produits, comme vous boycottez déjà, je l'espère, le honteux marché des tortues de mer. Quant aux autres, ces vertébrés aquatiques qui nous occupent ici, ce n'est pas de nous avoir précédés sur cette planète de plusieurs millions d'années ni de peupler un territoire beaucoup plus vaste que le nôtre qui les rendent bien intelligents. On a généralement sur le sujet des idées toutes faites. Si je vous demande par exemple de dessiner un poisson, vous allez automatiquement produire à peu de chose près ceci :*

*Eh bien vous vous trompez : il en est certes de fuselés (ce sont des téléostéens ou poissons osseux, les plus courants), mais il en est d'autres, et non des moindres, qui sont aplatis (la sole, le turbot, la raie – cette dernière faisant partie des sélaciens, poissons cartilagineux, les plus archaïques des vertébrés vivants, raison de plus pour ne pas la traiter n'importe comment), d'autres encore à tête énorme et repoussante (la baudroie, le saint-pierre), à un point tel qu'aucun poissonnier conséquent ne s'aviserait de l'exposer. Vous apercevez donc immédiatement qu'il va falloir réviser vos idées reçues, et que vous êtes les deux pieds dans toute la complexité de l'évolution.*

***Au nombre des vingt mille espèces recensées,*** *certaines sont consommables et consommées depuis l'aube de l'humanité. Il en est de pas bonnes du tout, certaines même de mortelles, et il faut être d'un raffinement aussi pervers que le gourmet japonais pour risquer sa vie à déguster un fugu (ou poisson-lune). D'autres encore sont pleines d'arêtes qui vous déchirent le palais et la gorge. Évitez, à moins de goûter les plaisirs masochistes. Nous nous contenterons ici des quelques espèces que nous consommons couramment en France, ce qui est déjà toute une histoire. Nous les classerons en maigres, mi-gras et gras (après tout nous parlons de cuisine et pas de sciences naturelles).*

***Les poissons à chair maigre sont les plus nombreux :*** *bar, cabillaud, colin, dorade (rose d'Atlantique) ou daurade (argentée de Méditerranée), lieu, limande, raie, saint-pierre, sole, carrelet ou plie, églefin que nous connaissons aussi, fumé, sous le nom de haddock.*



***Les poissons à chair mi-grasse sont :*** *le hareng, le rouget grondin et le rouget de roche (dit encore surmulet), la truite de mer, le turbot, le flétan, le congre, la baudroie ou lotte, le merlan, le mulet.*

***Les poissons gras sont :*** *le maquereau, le mérou, la sardine, le saumon, le thon, l'espadon, l'anguille de mer, plus fine de goût que l'anguille de rivière. Même gras, les poissons sont une source de protéines plus maigres que la plupart des viandes. En plus, c'est du « bon gras », vous pouvez y aller.*

***On trouve rarement le poisson vivant à l'étal du poissonnier.*** *Ayez donc un commerçant au-dessus de tout soupçon et vérifiez quand même : l'œil qui doit être bombé et brillant ; le corps qui doit être ferme, luisant et sans taches de sang ni meurtrissures ; l'odeur qui doit être celle de la mer et ne pas comporter le moindre soupçon d'ammoniaque. N'achetez jamais de filets tout préparés, mais faites-les lever par votre commerçant, sous vos yeux.*

***Une exception :*** *l'anguille doit être achetée vivante, car sa chair sans écailles se corrompt très facilement. Si vous êtes sensible, demandez à votre poissonnier de l'assommer avant de rentrer chez vous.*
*Enfin, le professionnel vous offrira également ses poissons salés, secs comme la morue ou en saumure comme les anchois au sel, ou fumés, comme le haddock, le maquereau, le hareng, etc.*

***Vous trouverez plus rarement les espèces exotiques*** *comme le fugu dont je parlais tout à l'heure, et pas du tout le périophthalme, ce petit être touchant gîtant dans la mangrove, témoin de l'époque où une partie des poissons se transforma en animaux amphibies, puis terrestres. Cette bête, qui compte grosso modo un milliard d'années de retard dans l'histoire de l'évolution (un record), est le chouchou absolu de ma nièce et il ne faut le manger nulle part, jamais, sous aucun prétexte.*

~

**Le poisson qu'on a décidé de consommer cru** doit tout juste sortir de l'eau, cela va sans dire (mais je le dis quand même parce qu'on n'est jamais trop prudent). Mangez-le dans un excellent restaurant japonais ou chez vous, en confectionnant par exemple :

## Le tartare de saumon

... que Gengis Khan devait pratiquer, sans les raffinements que je vous indique. **Toutes saisons – Pour quatre personnes en entrée ou deux en plat principal.**

Votre marché :

- 400 g de saumon de Norvège (demandez au poissonnier d'ôter la peau et les arêtes, ça m'évite une explication pénible)
- 2 échalotes (en automne, choisissez-les grises, elles sont merveilleuses)
- 1 citron vert
- 2 c.s. d'huile d'olive VPPF
- 1 bouquet de ciboulette
- 1 petit pot d'œufs de saumon de Norvège (facultatif)
- sel, poivre rose et blanc

Tenez le saumon au réfrigérateur jusqu'à l'heure du repas. Vous pouvez vous lancer dans une discussion corsée, sur l'influence de Schopenhauer dans l'œuvre d'Arno Schmitt par exemple, car ce qui va suivre se fait quasiment tout seul.

Pelez négligemment vos échalotes et hachez-les très menu (surveillez tout de même le couteau et vos doigts). Pressez le citron (le fruit, pas votre tête enfiévrée !). Hachez la chair du saumon au couteau, ni trop fin (ce serait de la bouillie), ni trop gros (ça ne s'amalgamerait pas). Dans un saladier mélangez le saumon, les échalotes, le jus de citron, l'huile d'olive, pas mal de sel et de poivre (le poivre rose convient adorablement au poisson cru), et enfin la ciboulette ciselée très fin. Mélangez à fond.

Servez aussitôt, ou après une heure, pas plus, au réfrigérateur. En dôme, sur quelques feuilles vertes, c'est très joli. Joli aussi d'égrener quelques œufs de saumon. Servez avec ça du bon pain de campagne grillé, et un vin blanc très fruité et frais.
Votre interprétation d'Arno Schmitt aura beau avoir subi une attaque en règle, c'est vous qui aurez le dernier mot.
Vous pouvez faire exactement la même préparation avec du thon blanc, de la dorade ou du bar. Les autres espèces sont moins indiquées.

~

**Encore du poisson cru, mais ici mariné, pour :**

# Le carpaccio de thon



Votre marché :

- 400 g de filet de thon rouge en un morceau (votre poissonnier en ôtera la peau et le désossera. On peut en effet parler d'os pour cet animal dont la chair a la consistance de la viande de bœuf)
- 1 citron jaune
- 4 c.s. d'huile d'olive VPPF
- 1 bouquet de ciboulette ou de persil plat
- sel, poivres rose, blanc et noir

**Toutes saisons – Pour deux personnes en plat principal ou quatre en entrée.**

Votre thon vous attend au réfrigérateur. 2 heures avant votre repas, saisissez-le d'une main ferme, posez-le sur une planche et émincez-le en tranches aussi fines et larges que possible à l'aide d'un grand couteau effilé.

Posez-les sur les assiettes ou un grand plat, sans qu'elles se chevauchent. Salez, poivrez. Arrosez du jus de citron et de l'huile d'olive. Mettez au frais à mariner pour 1 ou 2 heures. Au moment de servir, parsemez des herbes ciselées (environ 2 c.s.).

C'est relevé, consistant et très bon pour la matière grise qu'on ne nourrit jamais assez. Même recette avec le saumon et le thon blanc. Les saveurs seront très différentes. Donnez du pain grillé, et un vin rouge léger et frais (un chinon par exemple).
J'aime beaucoup, en hiver, servir avec ce plat de la mâche ainsi assaisonnée : 1 c.c. de moutarde de Meaux, diluée dans 1 c.s. de vinaigre balsamique, sel, poivre, et 6 c.s. d'huile d'olive.

**N.B. :** le carpaccio n'est pas l'invention de l'immense peintre que fut le Vittore du même nom, dont j'adule en particulier la série de *San'Orsola*, mais représente une cuisson primitive, chimique, due à l'acidité du citron attaquant la chair nue.

~

**Avec :**

## La salade de raie

Votre marché :

- 800 g d'ailes de raie « bouclée »
- 2 poivrons rouges
- 1 salade feuille de chêne
- 4 belles tomates bien mûres et fermes
- 1 bouquet de basilic
- 8 c.s. d'huile d'olive
- 2 c.s. de vinaigre de Xérès
- sel, poivre du moulin

Pour le court-bouillon :

- 2 litres d'eau
- 1 oignon
- 2 carottes
- 100 g de gros sel gris de Guérande
- 1 bouquet garni (1 feuille de laurier, 1 branche de thym, 1 de romarin, 1 grosse branche de persil)
- 20 cl de vinaigre de vin ou balsamique

Ou (si la liste ci-dessus vous dissuadait de confectionner ce plat, ce qui serait déplorable) :

- 2 litres d'eau
- 1 sachet de court-bouillon déshydraté (ce sera moins bon, mais vous l'aurez voulu !)

... nous passons à la cuisson moderne, c'est-à-dire provoquée par la chaleur.

**Été – Pour quatre personnes.**

Dans le cas où, convaincu qu'il n'est point de perfection sans travail, vous auriez opté pour le véritable court-bouillon, allons-y.

Pelez l'oignon, les carottes, coupez en morceaux, jetez dans une large casserole où attend l'eau avec le sel, le bouquet garni et le vinaigre. Cuisez 20 minutes à partir de l'ébullition, à petits bouillons et sans couvercle. Laissez refroidir. Dans le cas (improbable, mais avec vous je m'attends à tout) où vous auriez choisi le déshydraté, diluez tout bonnement dans l'eau. Vous noterez que je ne vous fais aucune remarque désobligeante.

Laissons cela en plan et passons aux légumes. Préparez les poivrons comme pour les *peperoni sott'olio* *(voir p.30)* et coupez-les en lanières. Pelez, épépinez et coupez les tomates en dés *(voir p.24)*, que vous prierez d'attendre en passoire. Ôtez les feuilles flétries de la salade, lavez les autres, égouttez, séchez au torchon ou à l'essoreuse.

Laissons cette partie végétale et revenons à la raie qui attend au réfrigérateur. Jetez-la dans la casserole où se morfond le court-bouillon. Mettez au feu, surveillez : quand cela frémit, laissez à toute petite chaleur 5 à 10 minutes selon l'épaisseur, sans bouillir surtout (la chair deviendrait molle et fade). Égouttez, laissez un peu refroidir pour ne pas vous brûler.

Profitez-en pour préparer les assiettes, en les garnissant d'un lit de feuilles de chêne disposées en rosace, que vous parsèmerez de lanières de poivrons et de cubes de tomates. Gardez-en un peu pour le décor final. Faites aussi votre vinaigrette (sel, poivre, vinaigre, puis huile).

Voici le moment émouvant : l'effeuillage de la raie. Il faut ôter la peau, délicatement, des deux côtés, comme on le ferait d'un vêtement fragile, décoller des cartilages les chairs d'une blancheur ravissante, en raclant du plus épais au plus mince à l'aide d'un couteau : ça se fait tout seul.

Déposez ensuite en petits dômes sur les lits préparés. Enfin décorez à l'aide des parcelles végétales réservées et arrosez de vinaigrette bien battue à l'instant. Il ne reste plus qu'à parsemer de-ci de-là le basilic ciselé. Voilà, c'est prêt. Cela fait penser à une nymphe reposant sur un lit de fleurs, et c'est aussi tiède et fondant que sa chair. Froid, c'est moins bon : la raie devient collante, parce qu'elle dégorge une sorte de gelée très consistante qui lui ôte toute cette suavité.

**N.B. :** vous avez remarqué que la raie se poche au court-bouillon vinaigré – c'est que le vinaigre accentue la blancheur de sa chair. Vous avez aussi remarqué mon insistance : un poisson ne doit jamais bouillir – il se déliterait ou deviendrait coriace, selon l'espèce.

~

## Les sardines au romarin

... sont un exemple de cuisine simple et même primitive, et cependant parfaitement convaincante et savoureuse. On doit en manger depuis que le four existe !

**De mars à novembre**
(la sardine est maigre de décembre à février, elle se livre à trop d'ébats que la morale réprouve) – **Pour deux personnes.**

Votre marché :
- 12 grosses sardines
- 1 paquet de gros sel gris de Guérande
- 1 gros bouquet de romarin, sec ou frais

Vous avez déjà compris qu'avec le poisson on patouille dans la chair, et vous allez faire connaissance des entrailles : eh bien, comme disait Flaubert, il n'est « pas un atome de matière qui ne contienne la pensée ».

Allumez votre four à chaleur maximale. Prenez la sardine d'une ferme main gauche, le ventre blanc à l'air. Enfoncez un petit couteau d'office dans l'orifice minuscule qui sert d'anus au poisson, et entaillez délicatement jusqu'à la jointure de la tête. Ôtez les entrailles (ça vient tout seul) et les peaux noires. Essuyez chaque bête au papier absorbant. Faites ça douze fois, et lavez-vous sérieusement les mains.

Garnissez un large plat à four d'une bonne couche de gros sel. Posez les poissons dessus sans qu'ils se touchent et recouvrez-les des branches de romarin. Mettez au four pour 10 minutes.

Ôtez les branches de romarin, qui vont entraîner la peau supérieure, et sortez délicatement par la queue les sardines de leur lit de sel, où restera collée la peau inférieure. C'est parfait avec des tartines grillées, des pommes de terre nouvelles en robe des champs, et beaucoup de beurre salé. Cette méthode, qui convient aussi parfaitement aux petits maquereaux, permet de cuire ces poissons parfumés sans qu'ils répandent aucune odeur. Elle a l'autre avantage d'éviter le barbecue.

~

***Je hais le barbecue,*** *c'est l'une des plus néfastes inventions des gens qui détestent la cuisine et la civilisation. Ça fume, ça empeste, ça cuit dans le genre cru/carbonisé et si on ne meurt pas d'un cancer on meurt brûlé vif. La seule fois de ma vie que j'ai eu affaire à un barbecue, on a tous failli mourir. C'était en Bretagne, j'avais trouvé de merveilleuses andouillettes et ma belle-sœur (celle qui arrive toujours en retard) a eu l'idée de les cuire au barbecue dans le jardin. Je n'ai rien dit parce que je suis profondément démocrate et je suis restée à la* *cuisine faire une purée de pommes de terre. Tout à coup des hurlements affreux. Je sors en courant et je vois : 1/ une épaisse fumée noire ; 2/ la pelouse, le barbecue et un jerricane en flammes ; 3/ ma belle-sœur et mon mari noircis et suant, échevelés, s'activant à noyer l'incendie au tuyau d'arrosage ; 4/ ma nièce très calme et le petit Louis, son ami, hurlant de terreur ; 5/ les andouillettes abandonnées sur l'herbe. J'ai sauvé les andouillettes, les enfants et nous avons mis les magnifiques charcuteries à la poêle, comme il se doit. Là-dessus, le reste de ma parenté est entré, a vidé le jerricane dans l'évier, et la flamme du gaz a enflammé l'essence, évidemment. Louis a hurlé qu'il voulait rentrer à Paris et a refusé de manger les andouillettes. Il avait raison, elles avaient pris une odeur prononcée d'essence. Je pense tout commentaire superflu.*

~

**Tous les restaurants proposent désormais, à des prix follement prohibitifs :**



# Le saumon à l'unilatérale

... qui est typiquement un plat qu'on doit faire à la maison, parce que c'est très simple, peu onéreux et rapidement mené.
**Automne-hiver-printemps – Pour deux personnes.**
C'est un haïkaï (court poème japonais, comme vous savez).

Votre marché :
- 1 livre de saumon en 2 filets épais (près de la tête), avec la peau non écaillée
- sel, poivre du moulin

Dans votre meilleure poêle bien épaisse, antiadhésive, posez les filets côte à côte, sur leur peau. Placez sur un feu doux 10 minutes. Salez, poivrez, posez un couvercle. Cuisez encore 5 minutes. C'est tout. La peau a croûté et caramélisé, la chair est laiteuse et tendre comme vous ne soupconniez pas qu'une chair puisse l'être. Avec des épinards au beurre, c'est un régal.

**N.B. :** évitez la darne, c'est-à-dire la tranche de poisson coupée perpendiculairement à l'arête, dont l'énoncé seul fait frissonner de dégoût. Le filet garde leur ordonnance aux fibres et permet cette cuisson respectueuse, dont beaucoup d'espèces vous seront reconnaissantes.

***À quoi servent les restaurants ?***

*Si vous commandez, dans un bon restaurant, des crudités ou un pamplemousse, du saumon fumé, un melon à l'italienne, une grillade et des fruits, vous êtes un bêta. Un bon restaurant est précisément le lieu où vous pouvez manger ce qui est impensable à la maison : dans une même assiette, au même instant, des alliances de cuissons longues, courtes, des sauces parfaites, des associations complexes, bref ! tout ce que peut produire, à son piano, une brigade bien rodée, experte, sous l'œil vigilant d'un chef qui recherche la perfection.*

*Un excellent chef est imaginatif mais mesuré, généreux mais ordonné, talentueux mais modeste. Faites-lui confiance. Et pour les autres, les chefs qui se montent du col, se coiffent de bonnets d'artistes et s'entourent des rumeurs de la mode, méfiez-vous. La cuisine n'est qu'un merveilleux artisanat. C'est tout et c'est beaucoup.*

~



**Profitez de votre honnête poissonnier pour varier chaque jour votre assiette, et poursuivons dans les cuissons simples avec :**

# Le bar (encore appelé loup) ou la dorade au thym

**Toutes saisons – Pour quatre personnes.**

Une demi-heure avant le repas, allumez votre four (th. 8, 250 °C). Lavez soigneusement l'intérieur du poisson, passez-le rapidement sous l'eau, épongez le tout au papier absorbant, en prenant garde de ne pas ôter les écailles. Salez l'intérieur et bourrez-le de thym en branches. Tapissez un plat à four avec le reste de thym, posez le poisson, salez et poivrez.

Cuisez 25 minutes.

Pendant ce temps, préparez l'accompagnement : des courgettes

Votre marché :

- 1 bar de 1,2 kg ou 1 dorade de 1 kg – assurez-vous que la robe est intacte. Le commerçant voudra écailler. Empêchez-le. Demandez-lui de vider simplement la bête et d'ébarber la dorade si c'est le cas.
- 1 bouquet de thym
- 1 citron
- 8 c.s. d'huile d'olive VPPF
- sel, poivre du moulin

sautées par exemple, ou des carottes à l'ail, ou une simple salade verte. Et la sauce : pressez le citron et battez-le au petit fouet dans l'huile d'olive.

Sortez le poisson du four. Ôtez la peau qui a croûté avec les écailles ; la chair est blanche et moelleuse, à point. Ôtez la tête, levez les filets et servez-les aussitôt, avec l'huile citronnée, du sel et le moulin à poivre. C'est tout simple, et on ne peut meilleur.

~

**Vos facultés intellectuelles s'améliorant à une vitesse folle grâce à votre cure de poisson,** vous apercevrez en un éclair l'adorable simplicité des :

# Goujonnettes de sole au citron



... que vous exécuterez 10 minutes avant de vous mettre à table. Des brocolis au beurre frais faisant un excellent accompagnement, vous aurez un plat complet en un quart d'heure tout compris.

Votre marché :
- 400 g de filets de sole, que votre honnête poissonnier lèvera sous vos yeux
- 1 beau citron non traité, bien ferme et lourd
- 1 bouquet de ciboulette, un autre d'estragon, un autre de persil plat
- 50 g de beurre
- sel, poivre du moulin

**Toutes saisons –**
**Pour deux personnes.**

Lavez le citron. À l'aide de votre zesteur (dont vous n'allez pas tarder à rentabiliser l'achat qui vous semblait naguère si dépourvu de sens), grattez toute la peau, qui donnera des pelures très fines : mettez-les dans une assiette. Avec un bon petit couteau bien tranchant, pelez ensuite le citron « à vif », c'est-à-dire au-delà de la membrane qui est l'ultime protection de la chair. Prenez le citron ainsi écorché dans la main gauche, et incisez la chair de part et d'autre de chacune des membranes qui en séparent les quartiers. Vous mettrez ces quartiers de chair dans l'assiette, avec les zestes. Le plus dur est fait, et vous ressentez l'exaltation du néophyte qui a acquis un nouveau savoir.

Lavez le persil et égouttez-le. Ciselez à peu près 1 c.s. de chacun des bouquets d'herbes.

Coupez chaque filet en trois « goujonnettes », c'est-à-dire en tronçons, en suivant le fil de la chair (ou encore le dessin des arêtes). Tout cela a l'air compliqué, mais ce n'est rien.
Prenez votre poêle antiadhésive, mettez-y le beurre à chauffer à feu modéré. Dorez les filets de sole à feu un peu plus vif une minute de chaque côté (attention de ne pas brûler le beurre).
Salez, poivrez pendant la cuisson. Ôtez les goujonnettes à la spatule et posez-les sur les assiettes, chaudes de préférence. Jetez les zestes et les quartiers de citron dans la poêle, mélangez, ajoutez les herbes hors du feu. Répartissez le tout sur le poisson. C'est fin et exquis. Et que de vitamines ! Vous êtes en train de comprendre que le plaisir bien compris mène droit à la santé.

**N.B. :** pour avoir des assiettes chaudes, mettez-les 10 minutes au four (th. 4, 80 °C), ou posez-les sur une casserole où bout de l'eau (essuyez le fond avant de servir), ou encore achetez un chauffe-plats électrique ! Je n'en possède point, et je pratique le four ou le bain-marie avec beaucoup de satisfaction.



~

**Vous voyez à l'étal un magnifique thon rouge** (Méditerranée) dont le poids peut atteindre 900 kilos : votre sang ne fait qu'un tour, et vous voilà en proie à une unique obsession, celle de confectionner un :

# Steak de thon

... qui vaut le meilleur tournedos pour la tendreté et la saveur.
**Printemps-été – Pour deux personnes.**

*Votre marché :*
- 1 morceau de filet de thon de 400 g environ, préparé par votre poissonnier en « tournedos » de 3 cm d'épaisseur
- 1 c.s. d'huile d'olive VPPF
- sel, poivre du moulin

Prenez votre meilleure poêle, versez-y l'huile, quand elle est chaude posez le thon et laissez-le 5 minutes de chaque côté à feu assez vif. Salez, poivrez, baissez le feu, cuisez encore 2 minutes de chaque côté. Couvrez, poivrez, laissez reposer 5 minutes hors du feu. C'est ainsi – comme dans la viande rouge – que s'obtient

la tendreté, en laissant au sang, chassé par le feu au centre de la chair, le loisir d'imprégner au tiède toutes les fibres cuites.
Voilà. C'est parfait avec des courgettes en dés sautées à l'huile d'olive, assaisonnées d'un peu de thym, d'ail pressé, de sel et de poivre. Ou encore avec des aubergines cuites dans leur peau.
Vous pouvez cuire ainsi une épaisse tranche de thon blanc d'Atlantique (ou germon), d'espadon ou de bonite, tous de l'aimable famille des scombridés.

~

**Voilà un type de cuisson simple** que nous n'avons pas encore expérimenté, qui convient parfaitement aux poissons délicats et a le double avantage de préserver les parfums et de ne salir aucune vaisselle :



## Les rougets en papillote

**Toutes saisons – Pour deux personnes.**

Autant le rouget-barbet rayonne d'intelligence, autant la tête triangulaire du grondin, qu'on appelle abusivement rouget alors que c'est une hirondelle de mer, respire l'abrutissement. Vous ne trouverez pas ici de recette pour accommoder le grondin, qui m'est antipathique : je vous concède qu'il peut être savoureux.
J'ai des goûts, je suis donc partiale, je vous l'ai déjà dit.

Votre marché :
- 2 rougets de roche ou surmulets de 200 g chacun, vidés et écaillés par l'honnête commerçant
- 2 poireaux
- 1 petit cœur de céleri en branches ou le quart d'un céleri-boule
- 4 feuilles de sauge fraîche de préférence
- 50 g de beurre, à tenir hors du réfrigérateur
- sel, poivre du moulin

Vous avez acheté des légumes, vous savez donc qu'il faut un minimum de préparation. Allumez d'abord votre four (th. 8, 250 °C).
Puis ôtez le pied et le vert des poireaux, lavez le blanc à fond et coupez, dans la longueur, en fines lamelles. Dégagez le tendre cœur du céleri en branches, lavez, coupez aussi en lamelles fines et longues, en gardant les feuilles. Jetez le reste.

Si c'est un céleri-boule, pelez, lavez et rognez au couteau économe, ce qui vous donnera de fins copeaux. Lavez les sympathiques mullidés et séchez-les soigneusement. Salez et poivrez la peau très fine et l'intérieur, où vous glisserez une feuille de sauge.

Prenez deux feuilles d'aluminium et pliez-les en double. Tartinez avec la moitié du beurre mou, posez une feuille de sauge au milieu, puis le rouget, et enfin les légumes mélangés. Sel et poivre encore, et enfin le reste du beurre.

Fermez les papillotes hermétiquement, en faisant un ourlet avec les bords, l'un sur l'autre. Ne cherchez pas à faire un paquet trop ajusté, ne tirez pas – cela se déchirerait – ne vous énervez pas. La seule chose importante est que la fermeture soit hermétique. Mettez au four, sur une plaque. Vous avez 20 minutes pour folâtrer.

Posez chaque papillote sur une assiette. Ouvrez : une bouffée de senteurs vous baigne le visage et vous pressentez que la saveur vaut l'odeur.



~

**Avec :**

## Le cabillaud à l'estragon

... nous entrons dans la famille des gades, dont la morue, ici à l'état frais, est la star incontestée depuis que l'homme la pêche dans les mers froides dont elle hante les côtes pour frayer. En France on ne la consomme fraîche que depuis le XVI^e^ siècle : auparavant elle nourrissait l'Europe à l'état séché ou salé.

**Toutes saisons – Pour quatre personnes** (c'est un plat admirable, que vous pouvez partager sans vous ruiner). Nous passons aux choses sérieuses : la confection d'une sauce réduite. Il y a des gens qui considèrent que la sauce, c'est la cuisine. Ce n'est pas vrai : ça n'en est qu'une partie, et il n'y a pas de quoi en faire un plat.

*Votre marché :*

- 4 morceaux de filets cabillaud de 150 g chacun, avec la peau (refusez les darnes, demandez un gros tronçon, faites ôter l'arête et couper 4 pavés égaux qui auront gardé leur peau)
- 1 petit bouquet d'estragon
- 50 g de beurre
- 150 de crème double
- sel, poivre du moulin

Entamez une bonne demi-heure avant de manger. Mettez

le plat de service au bain-marie ou au four très doux. Salez et poivrez les filets (côté chair, bien sûr).

Prenez votre plus grande poêle antiadhésive et faites fondre à feu doux la moitié du beurre. Posez les filets sur la peau, et cuisez, toujours à feu doux, 15 minutes. Profitez-en pour ciseler environ 2 c.s. d'estragon. Puis ôtez les filets à la spatule et posez-les au chaud sur le plat de service : vous avez reconnu la cuisson à l'unilatérale.

Versez la crème dans la poêle avec l'estragon, salez et poivrez légèrement et laissez bouillir doucement 10 minutes : sous l'effet de l'évaporation, la crème épaissit. Ça s'appelle une « réduction », un de ces termes techniques dont je vous ferai remarquer que je ne vous assomme pas. Hors du feu, mélangez-y au fouet le beurre restant en parcelles. Voilà : vous avez fait une sauce réduite qui, comme toutes les sauces, est inratable.

Versez sur les filets. Arrangez quelques feuilles entières d'estragon pour décorer. Pour une fois, vous pouvez servir des pommes de terre vapeur : ça ira très bien avec la crème. C'est parfait aussi avec des pâtes fraîches juste beurrées et poivrées après cuisson.



~

**On dit du saint-pierre,** un zéidé affligé, le pauvre, d'une laideur repoussante, qu'il doit ses taches noires aux doigts de l'apôtre (pêcheur comme chacun sait) qui, saisi par son affreux faciès, l'aurait rejeté à la mer. Ceci est archi-faux : 1/ l'apôtre pêchait dans le lac de Tibériade et n'a donc pas pu y trouver de saint-pierre puisque c'est un poisson de mer ; 2/ les miracles provoquent chez moi un scepticisme radical.

La laideur n'empêchant pas la saveur, je vous propose de vous régaler d'un :

## Saint-pierre au basilic

**Été – Pour trois personnes.**

Une heure avant le repas, attaquez. Pelez, épépinez et coupez grossièrement les tomates *(voir p.24)*. Pelez et hachez fin l'oignon et l'ail (vous savez faire). Faites-les fondre en casserole à feu doux dans 2 c.s. d'huile et, lorsqu'ils sont nacrés et transparents, ajoutez les tomates, du sel et poussez le feu (c'est la bonne vieille sauce que vous connaissez). Ça va prendre une vingtaine de minutes pour cuire et réduire ; remuez de temps à autre.

Mettez ce temps à profit pour allumer le four (th. 8, 250 °C), faire chauffer une autre casserole avec de l'eau salée et écosser les fèves. Jetez-les dans l'eau bouillante et, à la reprise d'une franche ébullition, égouttez, passez sous l'eau froide et ôtez la peau selon la méthode que je vous donnais naguère pour la vraie salade niçoise, vous savez *(voir p.26)*.

Votre marché :
- 600 g de filets de saint-pierre, aimablement levés sous vos yeux par votre honnête poissonnier
- 600 g de tomates bien mûres et fermes
- 1 petit oignon
- 2 gousses d'ail nouveau
- 1 kg de fèves fraîches
- 1 petit bouquet de basilic à petites feuilles
- 3 c.s. d'huile d'olive VPPF
- sel, poivre du moulin

Salez et poivrez les filets de saint-pierre, posez-les dans un récipient enduit du reste d'huile et enfournez 10 minutes.

Prenez un plat à rebord un peu haut, versez-y le coulis de tomates, posez dessus les filets retirés à la spatule pour ne pas les briser, semez gracieusement les fèves de-ci de-là et effeuillez sur le tout une petite poignée de feuilles de basilic. Encore un tour de poivre, et vous irez au paradis, dont ce plat sera la clé.

~

**C'est le soir. Le basilic répand sa senteur et m'incite à vous donner une autre recette estivale.** Voici l'une des plus charmantes choses à déguster, quand on chipote parce qu'il fait trop chaud et que la vieille carcasse pèse :

## Le flan de poisson blanc au basilic

**Été – Pour six personnes.**

Ça se mange froid, faites donc ça en rentrant du marché, quand la température est encore supportable. Prenez votre temps.

Évidemment, il faut peler, épépiner et concasser grossièrement les tomates *(voir p.24)* (cette opération ne provoque

Votre marché :
- 600 g de filets de cabillaud, de lieu, de merlan, de colin ou de saint-pierre, de première fraîcheur
- 1 kg de tomates bien mûres et fermes
- 4 gousses d'ail nouveau
- 6 œufs très frais, gros, « fermiers »
- 1 bouquet de basilic
- 3 c.s. d'huile d'olive VPPF
- sel, poivre du moulin

plus chez vous l'exaltation nerveuse du débutant, mais du coup ne vous fatigue plus. C'est déjà ça). Pelez l'ail. Versez les tomates et pressez l'ail dans une sauteuse, avec 2 c.s. d'huile, et laissez cuire et réduire à feu moyen, en vous contentant de remuer vaguement à la cuillère de bois, de temps à autre.

Pendant ce temps, munissez-vous d'une pince à épiler et ôtez ce qu'il pourrait rester d'arêtes dans les filets. Coupez la chair en cubes, et passez-la au moulin à légumes équipé de la grille à gros trous : le poisson garde ainsi un peu de consistance.

Allumez votre four (th. 5, 180 °C) et placez-y une plaque remplie d'eau aux trois quarts.

Huilez un moule à manqué. Cassez les œufs dans un grand bol, battez-les sans excès au fouet à main. Ciselez grossièrement les feuilles de basilic.

Normalement, à ce stade, le coulis de tomates est consistant, c'est-à-dire ni trop liquide ni trop épais. Ôtez du feu, mélangez le poisson, puis les œufs et le basilic, et enfin du sel et du poivre avec générosité. Goûtez après avoir mélangé à fond, pour vérifier l'assaisonnement.

Versez tout ça dans le moule et posez dans le bain-marie du four. Pendant les 40 minutes qui vont suivre, allez vous baigner ou faites un somme à l'ombre.

Vérifiez discrètement la cuisson en plongeant une lame de couteau au centre de votre flan : elle doit sortir humide, pas pâteuse. Laissez refroidir dans le moule. Peut-être votre cerveau ramolli est-il encore apte à ingurgiter un polar ? Ingurgitez.

Quand c'est froid, démoulez. Si vous avez un reste d'énergie, faites une salade de tomates au basilic *(voir p. 24)* et, si vous tenez à la matière grasse, une mayonnaise à l'huile d'olive *(voir p. 67)* détendue au jus de citron.

Mangez : c'est tellement fondant qu'il est inutile de mastiquer, c'est reposant. L'appétit vous revient, tant c'est exquis.

Si vous n'êtes pas six à table, vous en serez encore content le lendemain, vous, l'objet de votre convoitise et votre nièce. Et ne venez pas me dire que cuisiner est fatigant !

~

**Il est des gens parmi vous, je le sais, qui n'aiment que le gras, le lourd, le mijoté archi-traditionnel** et développent une méfiance prononcée pour le poisson, qu'ils ne considèrent pas vraiment comme de la nourriture. Cette recette leur est dédiée.

# La meurette de lotte

**Hiver** (pour lutter contre le froid) – **Pour deux.**

Installez-vous commodément avec votre comparse. Pelez les « grelots », ce qui demande un peu de patience. Coupez le pied des champignons de Paris et passez-les rapidement sous l'eau.

Dans une cocotte, mettez les lardons à dorer, à feu modéré, en les tournant souvent. Quand ils sont uniformément dorés, ôtez-les à l'écumoire, jetez le gras qu'ils ont exsudé (pas à cause des calories mais parce qu'il n'est pas vraiment bon), remplacez-le par la moitié du beurre. Quand celui-ci est chaud, tournez-y les grelots et laissez ramollir à feu doux, sans dorer cette fois. Ajoutez alors les lardons, versez le vin, grattez bien le fond de la cocotte afin d'en détacher tous les sucs caramélisés, ajoutez le bouquet garni, le sel et le poivre. Faites réduire à bon feu et à découvert jusqu'à ce qu'il n'en reste que la moitié.

Votre marché :

- 1 livre de lotte (ou baudroie) en tranches épaisses (3 cm environ)
- 250 g de tout petits oignons « grelot »
- 250 g de tout petits champignons de Paris
- 125 g de lard de poitrine fumé, coupé en tout petits lardons, avec la couenne
- 50 g de beurre tenu hors du réfrigérateur
- 1 bouteille d'excellent bordeaux rouge
- 1 c.s. de farine
- 1 bouquet garni
- sel, poivre du moulin

Requinquez-vous de vos efforts avec un verre de ce même bordeaux que vous servirez avec votre plat, et qui ira très bien

avec de larges tranches de rosette de Lyon. Ce sera votre apéritif.
Lorsque le vin a réduit comme il faut, ajoutez les champignons. Laissez mijoter 10 minutes.
Ajoutez enfin la lotte pour 15 minutes, toujours à découvert et à frémissement, cette fois. Ôtez le poisson à l'écumoire et laissez-le attendre dans un plat de service creux. Mélangez le reste du beurre avec la farine. Ça s'appelle un « beurre manié ». Prélevez une petite louchée de jus et diluez-en votre beurre, puis versez dans la cocotte. Tournez à fond à la cuillère de bois et donnez quelques bouillons. Ôtez le bouquet garni, versez le contenu de la cocotte sur le poisson.
Des pâtes fraîches au beurre ou des pommes vapeur seront excellentes avec ce plat voluptueux et vous permettront de l'enrichir encore. Prévoyez quelques fromages crémeux et, comme dessert, un suave moka bien parfumé. Vous serez comblés.



~

**Achevons en apothéose** (il faut bien en finir à un moment donné) ces quelques manières d'accommoder le poisson frais, par un plat qui s'est élevé à la hauteur du mythe, à la fois poissonnier et culinaire :

## La véritable bouillabaisse

... dont vous ne connaissez probablement que d'exécrables ersatz. Sans cela, vous vous seriez intéressé au génie cuisinier avant de me connaître.
**De mai à octobre – Pour huit personnes.**
Installez-vous en Provence, le plus près possible de la côte, entre mai et octobre donc. Je doute, en effet, que même votre honnête poissonnier dispose des espèces nécessaires à cette recette, et ce point est fondamental. Louez une maison pourvue d'une cuisine correcte et capable d'accueillir une bonne tablée : ça ne vaut pas le coup de se lancer dans cette préparation à moins de huit personnes (dont vous-même) triées sur le volet. Faites le marché avec un copain, assez costaud pour porter le cabas.
Il faut compter 2 heures en tout pour la confection. Ouvrez quelques bouteilles de coteaux-d'Aix bien frais, réunissez vos

amis, entamez une conversation sur l'évolution des espèces, la protection de celles qui sont en voie de disparition, les migrations, la pollution des mers due aux irresponsables qui font semblant de nous gouverner, la pêche et ses techniques artisanales et industrielles, etc. Restez à un haut niveau, compte tenu de la qualité intellectuelle de l'assemblée. L'humour ne nuit pas.

Pourvoyez chacun d'un couteau d'office ou d'un économe et répartissez les tâches : vous savez faire cela avec une discrète mais incontestable autorité (vous êtes le chef, à la cuisine). N'autorisez aucun commentaire, sauf admiratif, sur votre façon de faire.

Commencez par la soupe : faites peler deux gousses d'ail, une carotte, un oignon, faites parer et laver un poireau dont vous ne garderez que le blanc, une belle côte de céleri. Faites émincer le tout très fin. Faites peler, épépiner et concasser quatre tomates.

Dans une grande cocotte, chauffez 2 c.s. d'huile d'olive, mettez-y à fondre à feu doux l'oignon et l'ail, puis à feu plus vif la carotte, le poireau, le céleri, laissez dorer en remuant constamment. Ajoutez ensuite les tomates, une feuille de laurier,

Votre marché :

- 5 kg des poissons suivants, à parts égales, pour la bouillabaisse : rascasse, saint-pierre, congre, vive, galinette, roucaou (poisson de roche), que vous demanderez à l'honnête commerçant de vider, de parer en ôtant la tête et les nageoires et de répartir pour chaque espèce en 8 portions, moyennant un royal pourboire. Demandez-lui le temps de cuisson de chaque espèce. Demandez-lui aussi de vous donner les têtes à part.
- 1 kg de poissons « pour la soupe » : galinettes, congres, girelles, rascasses, etc., qui peuvent être de toutes petites bêtes : l'important, pour le goût, est la diversité. Demandez qu'on les vide, les écaille et les lave, moyennant un autre pourboire.
- 2 têtes d'ail
- 1 carotte, 3 oignons, 3 poireaux
- 1 branche de céleri (on vous en fera cadeau, ça compensera vos dépenses excessives chez le poissonnier)
- 8 tomates bien rouges et fermes
- 2 feuilles de laurier
- 2 branchettes de fenouil frais
- 4 grosses pincées de safran
- 8 pommes de terre
- 1 bouquet de persil plat
- 1 piment oiseau
- 1 caisse de coteaux-d'Aix blanc, sec
- 2 poignées de bigorneaux et 2 autres de bulots, cuits
- 4 c.s. d'huile d'olive VPPF
- sel gris de Guérande, poivre du moulin

une branche de fenouil. À ébullition, versez un litre d'eau froide et une petite poignée de sel.

À la reprise de l'ébullition, jetez dans la cocotte tous les poissons de la soupe et les têtes de ceux de la bouillabaisse, et laissez mijoter 20 minutes à feu doux, couvert, à partir du premier bouillon.

Faites préparer la bouillabaisse : peler deux oignons, quatre poireaux, les deux têtes d'ail, peler, épépiner et concasser quatre tomates. Faites émincer très fin poireaux et oignons, et presser l'ail.

La soupe est cuite. Passez le tout au mixeur, et tamisez l'épais liquide au chinois, en remuant la masse poissonnière jusqu'à ce qu'elle soit quasi sèche, afin d'éliminer de la soupe arêtes et débris de cartilages qui l'encombrent dangereusement, même pulvérisés.

Goûtez la soupe passée et ajoutez du sel si nécessaire (fin cette fois), poivrez et ajoutez deux pincées de safran. Empêchez vos amis de goûter : il n'en resterait rien.

Passez à la confection de la bouillabaisse et faites peler et laver les pommes de terre. Priez qu'on les coupe en rondelles épaisses d'environ un centimètre.

Dans une très grande cocotte, mettez à feu modéré 2 c.s. d'huile d'olive, et laissez-y fondre oignons, aulx (pluriel d'ail, comme vous savez), poireaux en remuant souvent, puis ajoutez les tomates, quatre fortes branches de persil, la feuille de laurier et la tige de fenouil de reste, et enfin le piment oiseau, en poussant le feu. Faites « revenir » quelques minutes. Mouillez avec un demi-litre d'eau froide et un demi-litre de coteaux-d'Aix. Jetez une petite poignée de sel, le reste du safran, portez à ébullition. Versez ensuite la soupe qui attend, et lorsque le tout bout gentiment, les pommes de terre.

Réconfortez vos assistants à l'aide des bulots et des bigorneaux, qu'ils extirperont avec des petites fourchettes pour les premiers, des épingles pour les seconds.

Offrez-leur aussi des tartines au beurre salé. Ils oublieront tout le mal qu'ils pensaient de vous : c'est ainsi que le patronat réactionnaire anesthésie les justes revendications des exploités.

À la reprise de l'ébullition, posez les poissons par catégorie à la surface et ôtez-les à l'écumoire dès qu'ils sont cuits (leur temps de cuisson en effet est inégal, et bouillabaisse ne signifie pas bouillie).

Vérifiez à la pointe du couteau, qui ne doit pas rencontrer de résistance jusqu'à l'arête centrale, que la chair est à point.

Mettez à profit la fin de la cuisson des pommes de terre pour parer les poissons en leur ôtant les arêtes et la peau (lorsqu'elle est épaisse), et les répartir dans huit assiettes à soupe.

Lorsque les pommes de terre sont bien moelleuses (ce qui prend environ 30 minutes après qu'on les a plongées), la bouillabaisse est prête. Brassez à la louche le contenu de la cocotte et versez brûlant dans les assiettes où attendent les poissons.

Voilà. Le silence va se faire instantanément autour de ce chef-d'œuvre. Vos assistants vous regardent avec admiration et s'en mettent plein la lampe. Vous aussi, en les gratifiant de la tendre indulgence de celui qui sait : le chef.

Vous pouvez servir si vous voulez, pour accompagner, quelques menus croûtons frottés d'ail et dorés à l'huile d'olive, et de la rouille que vous pouvez acheter chez votre honnête poissonnier (il sait faire, et vous n'allez pas passer tout votre séjour à la cuisine). Jamais, au grand jamais, de gruyère râpé comme je l'ai vu dans d'immondes gargotes prétentieuses de Marseille ou d'ailleurs. C'est une impardonnable faute de goût, et donc un crime.

# Le poisson de conserve, fumé ou salé

Depuis que le feu est domestiqué, c'est-à-dire, je vous le rappelle, depuis huit cent mille ans, le poisson est fumé par l'homme d'un bout à l'autre de la planète. Il est aussi séché et salé (ce qui suppose une source de sel gemme ou marin à proximité). Depuis l'invention de Nicolas Appert, enfin, il est mis en bocal ou en boîte. Pourquoi tous ces traficotages ancestraux ? Pour conserver, évidemment ! Songez à l'état d'une sole après huit jours de transport en plein soleil. Songez que le routage rapide, la réfrigération, la surgélation existent depuis fort peu et qu'il a bien fallu que l'ingéniosité des hommes trouvât des procédés pour distribuer loin des côtes et vendre, parfois des mois après la pêche, des denrées on ne peut plus périssables. Nous ne réfléchissons pas suffisamment à tout ce génie de la survie de l'espèce et nous nous cantonnons bêtement à la production poétique, sans comprendre que celle-ci n'existerait pas sans celui-là. C'est une erreur.

***Commençons par la conserve,*** *récente et que l'on consomme généralement en l'état : c'est parfait pour un petit casse-croûte ou un pique-nique. On peut se procurer dans d'excellentes épiceries fines des sardines bretonnes ou portugaises à l'huile d'olive VPPF, qui se bonifient en vieillissant et sont exquises après trois ou quatre ans de placard. Du thon germon d'Atlantique, en filets ou en darnes, à l'huile d'olive ou au naturel. Des maquereaux marinés au vin blanc et aux aromates dont les arêtes sont des friandises. Des harengs à l'aigre-doux qui nous viennent des côtes nordiques. Des anchois au sel, dont les meilleurs viennent de Nice, indispensables pour l'anchoïade comme on l'a vu, etc. J'évite le saumon, le colin et les crevettes au naturel, ainsi que les préparations en sauce : tout cela est généralement assez médiocre de goût, et je vous recommande d'en rester aux grands classiques.*

~

**Voici, en passant,** une recette populaire que j'affectionne et qui nous vient de Toscane :

# Le fagiolí col tonno

**Toutes saisons – Pour quatre personnes.**

Faites tremper les haricots toute la nuit. Après votre thé du matin, quand vous commencez à sortir du coaltar, égouttez-les, mettez-les dans une casserole, couvrez d'eau froide et portez à ébullition. Laissez cuire à tout petit feu 2 heures 30 à 3 heures, à couvert.

Pendant ce temps, prenez votre douche, rendez-vous présentable, pelez l'oignon et coupez-le en tranches très fines, perpendiculairement à la queue.

Égouttez vos haricots, mélangez-les immédiatement à l'huile d'olive, ajoutez l'oignon qui se défera en rondelles, du sel et du poivre. Quand c'est froid, ajoutez le thon émietté grossièrement et son huile, ciselez les feuilles de persil et servez. Ayez toujours sous la main de quoi faire ce hors-d'œuvre consistant, qui est une preuve de plus de l'ingéniosité de la cuisine des pauvres.

Votre marché (la veille) :

- 1 boîte de 200 g de thon blanc (germon) d'Atlantique à l'huile d'olive
- 200 g de haricots blancs de petit calibre
- 1 petit oignon
- 2 c.s. d'huile d'olive VPPF
- quelques branches de persil plat
- sel, poivre du moulin

~

***Des conserves font partie, bien sûr, les œufs de poissons :*** *saumon d'Atlantique, esturgeon de la Caspienne (appréciés depuis longtemps, comme en témoigne la réplique « it was caviar for general » dans* Hamlet *– nous dirions « des perles aux cochons »). Sous forme de béluga (le plus rare, le plus gros, le plus cher), d'osciètre (plus petit, iodé, mordoré), de sevruga (petit, gris sombre, exquis), de caviar pressé (certainement celui dont la saveur rappelle le plus celle des anciennes préparations rustiques). Pas de blinis, pas de crème fraîche, pas de citron, rien : seulement une fine tranche de pain de campagne grillée et beurrée. Et de la vodka blanche ou du champagne. Les poissons donnent aussi la poutargue, œufs de mulet salés, séchés et pressés, les poches d'œufs de cabillaud, fumés ou non, dont les Grecs* *font le tarama, et les œufs de truite. Évitez absolument les œufs de lompe (ou lump), cet affreux succédané violemment colorié de rouge ou de noir : ça n'a que le goût de sel et de chimie, et il vaut mieux manger une fois dans sa vie un excellent caviar que chaque jour sa clinquante copie. Une curiosité enfin, le foie de morue fumé, exquis sur des tartines grillées.*

***Poursuivons par le poisson fumé***

*Je pense que vous connaissez le délicat régal qu'est le saumon fumé d'Atlantique, d'Écosse, d'Irlande ou de Norvège (qui atteint au sublime lorsqu'il est sauvage) et que vous préférez, j'espère, à son frère inférieur mais plus répandu, le saumon du Pacifique. Cette bête émouvante, qui naît entre septembre et janvier dans l'eau claire des rivières non polluées, nage vers la mer entre sa première et sa cinquième année, paresse un peu dans l'estuaire et se promène dans l'immensité marine plusieurs années encore, parfois six, avant de retrouver, sans jamais se tromper, sa rivière natale pour y frayer et y mourir. C'est lors de ce retour, à l'embouchure, qu'on le pêche le plus communément. Dégustez de préférence la bande ventrale – plus grasse et moelleuse que la bande dorsale – fumée artisanalement, avec du pain de campagne grillé et beurré. Bannissez le citron, les oignons, l'œuf dur ou les blinis (industriels le plus souvent, ce qui aggrave encore la faute de goût) dont on défigure cette merveille de la civilisation. N'oubliez pas non plus la truite fumée (qui, Dieu merci, est revenue à la France avec l'Alsace-Lorraine) et, plus rustique, le kipper, hareng fumé et salé dont les Anglais font souvent leur* breakfast, *avec raison, ou les sprats, voisins du hareng, adorés par les races germaniques et nordiques. Je vous recommande aussi l'anguille fumée, grasse et savoureuse, mais pas le flétan, que je trouve sec et sans grand goût. Enfin on ne saurait trop faire l'éloge du haddock véritable, c'est-à-dire l'églefin fumé, et non les horribles filets de n'importe quoi, colorés en jaune, que vendent sous ce nom de peu scrupuleux commerçants.*

~

**Voici une recette que j'adore :**

## Le haddock poché

**Toutes saisons – Pour deux personnes.**

Pelez l'oignon et la carotte, coupez-les grossièrement et ajoutez-les au lait et au bouquet garni dans une grande casserole.

Portez à ébullition et laissez bouillotter tout doucement 10 minutes. Ôtez du feu, plongez le haddock et laissez pocher 15 minutes à couvert.

Faites fondre le beurre à feu doux, ajoutez quelques tours du moulin à poivre. Égouttez le haddock et débarrassez-le de sa peau, puis disposez sur deux assiettes chaudes et arrosez de beurre fondu.

Votre marché :
- 400 g de haddock véritable, épais, tendre au toucher, peu coloré
- 1 petit oignon
- 1 carotte
- 1 litre de lait entier
- 1 bouquet garni
- 50 g de beurre
- poivre du moulin

Vous aurez les larmes aux yeux, non pas à cause du poivre, mais de l'alliance entre le tendre et le corsé que présente ce poisson ainsi préparé. J'en raffole avec une purée de pommes de terre à l'huile d'olive, des épinards au beurre ou des poireaux à l'étuvée. L'objet de ma convoitise aussi.



**Vous pouvez servir ce haddock** tiède, effeuillé (sans beurre évidemment), assaisonné d'une vinaigrette à l'huile d'olive VPPF et au vinaigre de Xérès, couché sur un lit d'épinards jeunes ou de cresson, ou encore une salade de lentilles. C'est également délectable.

~

***Finissons par le salé,*** *dont la morue est l'emblème dans le monde entier, nourrissant les pauvres d'Europe (le Portugal surtout, où le* bacalhão con sébola *équivaut en meilleur à notre bifteck-frites), d'Amérique, des Antilles (ah ! les acras de morue !) et d'Afrique, et ce depuis l'aube du millénaire où les Basques la pourchassaient jusqu'à Terre-Neuve. J'en profite pour vous faire remarquer que les « découvertes » de Christophe Colomb et de Jacques Cartier en prennent un coup.*

***J'adore la morue,*** *cet avatar béni du cabillaud, mais attention : exiger de la morue verte, salée à bord du bateau, simplement ouverte, laissée en un seul morceau avec la peau et les arêtes qui garantissent son goût ; la choisir épaisse, d'un bel ivoire clair ; refuser avec indignation les filets, aussi fades que la morue verte est haute en saveur ; l'acheter la veille de son repas et la faire tremper à l'eau froide plusieurs fois renouvelée, ce qui la dessale et la réhydrate, 24 heures, ni plus (elle perdrait sa saveur* *caractéristique), ni moins (elle serait trop salée pour nos palais délicats, quoique j'ai goûté de la morue grillée aussi raide que du bois, chez des amis antillais, et c'était une expérience intéressante). Si vous n'aimez pas la morue, ne lisez pas ce qui suit, mais ce sera tant pis pour vous.*

~

**La première fois que j'ai goûté :**

# La brandade de morue

... je l'ai fait si abondamment que je m'en suis rendue malade. Cet incident, cependant, ne m'en a aucunement dégoûtée, c'est dire. Voici sa confection.

**Toutes saisons – Pour quatre personnes ou vous tout seul.**

Votre marché (la veille) :

- 1,2 kg de morue verte, que votre honnête poissonnier se fera une joie de tronçonner
- 1 grosse pomme de terre bintje
- 3 gousses d'ail
- 1 verre de lait entier, frais
- 2 verres d'huile d'olive VPPF
- poivre, muscade, sel si nécessaire

Dessalez la morue comme je vous l'explique plus haut. Posez-la avec respect dans une large casserole et recouvrez-la d'eau froide. Allumez un feu moyen et portez à frémissement. Maintenez ce frémissement 5 minutes, puis éteignez le feu et laissez la morue pocher à couvert 15 minutes.

Égouttez, ôtez la peau et les arêtes avec patience (on n'a rien sans rien, et là ça vaut particulièrement le coup).

Faites bouillir une petite casserole d'eau salée ; vous y cuirez votre pomme de terre bien lavée, en robe des champs, 30 minutes. « Effeuillez » la morue dans votre mortier, où vous la pilerez avec l'ail pelé et pressé.

Pendant ce temps, faites chauffer le lait. Versez le mélange de morue et d'ail dans une grande casserole, à feu très doux. Travaillez énergiquement à la cuillère de bois, sans jamais laisser bouillir (ce point est essentiel), en ajoutant peu à peu, alternativement, l'huile et le lait jusqu'à ce que l'appareil prenne une consistance de purée épaisse. Pelez et pilez votre pomme de terre au mortier, ajoutez-la à la brandade, qui en sera plus veloutée (on peut s'en passer, moi j'aime bien). Travaillez encore.

Goûtez, ajoutez un peu de sel si nécessaire, poivrez, muscadez. Travaillez toujours. Voilà, c'est chaud, consistant, moelleux, d'une saveur à défaillir.
Je vous connais, vous allez tout manger tout seul. Si vous avez décidé de jeter votre vertu à tous les diables, frottez des croûtons de fougasse à la gousse d'ail, dorez-les à l'huile d'olive et dégustez avec votre brandade. Au point de gras où nous en sommes, c'est négligeable. Couchez-vous, contentez-vous de bouillon de légumes le lendemain et ça ira tout seul.

~

**Marcel Proust, qui n'aimait que les aristocrates assez libres pour ignorer les conventions et les gens du peuple qui ont de simples et bonnes manières,** méprisait les illettrés du Jockey-Club, leur prétention et leur arrogance, vous le savez. Je partage entièrement son point de vue. Triez dans vos relations : faites le test de l'aïoli de morue. Éliminez tous les petits-bourgeois et les parvenus que ce plat généreux indispose, chérissez les autres, qu'il enchante. Vous constaterez que leurs aïeux étaient à Azincourt ou se battaient dans les rangs de la Commune ou des grèves de 1936, que leurs papas faisaient sauter les trains et leurs mamans passer les courriers clandestins en 1940, et qu'eux-mêmes résistent vigoureusement à la normalisation galopante des mœurs. J'ajoute tout de même que le test de l'aïoli, s'il est déterminant, ne suffit pas entièrement à ce tri nécessaire : il est des petits malins capables de feindre. Poussez encore votre enquête, en profitant des conversations de table autour de ce plat de rois et de pauvres :

## L'aïoli de morue

**Toutes saisons – Pour huit personnes** (c'est comme pour la bouillabaisse, à moins ça ne vaut pas le coup).
Conviez à la cuisine vos comparses préférés – y compris votre nièce, car on n'apprend jamais trop tôt. Ceci une heure avant le repas. Priez-les d'éplucher et de laver les pommes de terre, les carottes, de peler l'ail (en ôtant le germe central si nécessaire), d'effiler les haricots verts (ou de parer les courgettes

Votre marché (la veille) :
- 1 grande morue verte, coupée par votre honnête poissonnier en gros tronçons que vous mettez à dessaler pendant 24 heures
- 16 pommes de terre moyennes (belles de Fontenay de préférence)
- 16 carottes moyennes
- 8 belles gousses d'ail
- 1 kg de haricots verts ou 8 petites courgettes
- 8 artichauts de Provence (de mars à novembre)
- 1 chou-fleur
- 10 œufs tenus hors du réfrigérateur
- 8 tomates bien mûres et fermes (de mai à octobre)
- 1/2 litre d'huile d'olive VPPF
- sel, poivre du moulin



en coupant les extrémités), et de parer les artichauts et le chou-fleur en ôtant tiges et trognon. Demandez-leur de lier les haricots verts en huit petites bottes avec du fil de cuisine.

Pendant ce temps, mettez huit œufs dans une casserole, recouvrez-les d'eau froide, menez à ébullition et laissez bouillir 6 minutes. Jetez l'eau bouillante et laissez couler le robinet d'eau froide quelques minutes sur ces œufs durs. Priez ensuite qu'on les écale proprement, puis qu'on lave et coupe les tomates en quartiers.

Confectionnez l'aïoli, avec les deux jaunes d'œufs restants, l'ail et l'huile d'olive *(voir p. 81)*. Salez et poivrez pour finir. Votre sauce, épaisse et toute ensoleillée, embaume la cuisine. Mettez un grand plat de service au chaud, au four (th. 4, 80 °C) ou au bain-marie.

Pochez la morue, comme je vous l'expliquais pour la brandade *(voir p. 128)*, et nettoyez-la. Posez la chair sur le plat de service, recouvrez de papier aluminium et tenez au chaud.

Posez sur le feu deux grandes casseroles à demi remplies d'eau salée. Mettez à cuire en même temps, lorsque l'eau bout, dans la première les artichauts, dans la seconde les pommes de terre, auxquelles vous adjoindrez les carottes 10 minutes après la reprise de l'ébullition.

Mettez à ce moment précis une troisième casserole contenant 2 centimètres d'eau salée à bouillir, et posez sur son trognon le chou-fleur, qui cuira couvert 15 minutes.

12 minutes après les carottes, ajoutez dans la même casserole les haricots verts ou les courgettes. Laissez encore 8 minutes. Je ne saurais trop vous recommander d'utiliser un minuteur, qui vous décharge de toute anxiété. La totalité des légumes, si vous vous donnez la peine de faire le calcul – mais je sais

que vous avez confiance en moi – sera à point en 30 minutes.
Égouttez tous ces légumes. Disposez-les avec les œufs durs sur le plat où attend la morue. Servez à part, dans son mortier, la sauce aïoli et, dans une jatte, les quartiers de tomates. Avec ça une bonne fougasse craquante et un côtes-de-provence rouge, léger et frais. Entamez une conversation sur les sujets qui vous tiennent à cœur et observez attentivement vos convives.
Vous saurez.
S'il reste quelque chose de ce plat, coupez en menus morceaux, mélangez au reste de l'aïoli et mangez froid, en salade. C'est exquis.

~

**Notre excursion chez les animaux marins s'achève ici.**
Je compte qu'elle vous aura dégoûté à tout jamais des horreurs si largement diffusées par l'industrie alimentaire qu'elles ont fait oublier à quantité de gens les merveilles que recèlent les eaux et les délices qu'en tire un savoir-faire simplement respectueux. Ce savoir, ce respect contribuent à protéger les espèces des massacres inconsidérés. Ils contribuent aussi à la curiosité scientifique : un honnête cuisinier connaît son poisson, ses mœurs, son habitat, et fréquente assidûment les parcs océaniques pour apprendre ce qu'il ne sait pas.
Si un enfant à qui vous demandez de dessiner un poisson vous croque un bâtonnet surgelé et pané (ça m'est arrivé), amenez-le chez le poissonnier, au parc océanique le plus proche et faites-lui la cuisine. Nous mangeons du poisson depuis deux millions d'années, ce n'est pas pour finir dans le surimi.
Depuis deux millions d'années nous mangeons aussi de la viande. Vous pensez bien que, de l'australopithèque à l'homme d'aujourd'hui, ça a donné quelques tours de main.
Alors allons-y.

# L'animal terrestre

Nous voici dans la viande, ou plutôt les viandes. C'est sans doute dans ce domaine que nos pratiques ont le plus évolué. Par exemple, on ne mange plus couramment son prochain comme *Homo erectus*, ici même, il y a seulement sept cent cinquante-deux mille ans ; on ne se gave plus de cigognes, grues, hérons ou cygnes comme les seigneurs médiévaux ; ni de viande pourrie comme les amateurs de gibier au siècle dernier. Tout ça rendait certainement malade. D'ailleurs, on ne mange plus guère de viande chassée, mais des bêtes domestiquées, engraissées, abattues sans avoir rien connu de la vie sauvage de leurs ancêtres.

Nous classerons en petit et en gros.
Le petit, c'est la volaille, rejeton du menu gibier, aujourd'hui tellement défigurée par les excès de l'industrie qu'il faut s'assurer les services d'un honnête volailler pour en goûter de convenable.
Le gros, c'est la viande de boucherie, avatar du gros gibier d'antan, dont la situation générale est tout aussi sombre : trouver un honnête boucher avant de se lancer dans le moindre steak. Je vous aurai prévenu : ne venez pas vous plaindre si votre poulet est insipide, votre bœuf aqueux et votre veau filandreux. Ce sera une preuve de votre négligence ou de votre avarice, un point c'est tout. La viande, c'est comme le caviar, mieux vaut en manger peu de la meilleure qualité que beaucoup de médiocre. À la réflexion, c'est comme tout.

Est-il besoin de le dire ? (mais je le dis quand même), jamais de viande surgelée ! La malheureuse est brutalement saisie par le froid, encore pantelante, consommée tout juste dégelée, et ignore le moment essentiel, qui diffère pour chaque espèce, où la chair se rassit et touche à la perfection. En outre, les viandes surgelées sont de provenance industrielle, ce qui est une garantie de médiocrité.

# La volaille ou le petit

Vous trouverez chez votre volailler des oiseaux bien élevés, qui gardent un goût de la sauvagerie qui fut jadis la leur. C'est le cas de la caille, du pigeon, du faisan, de la pintade… Vous trouverez aussi des canards d'excellente provenance (pas de Chine, hélas, les meilleurs du monde), de bons poulets élevés au grain, en plein air, et des lapins tout dodus de verdures, la chair ferme et sans gras. (Le cas du lapin me plonge dans la perplexité : cette bête, qui ne pond pas et n'a pas de plumes, est vendue par le volailler dont le dictionnaire dit qu'il s'occupe « d'oiseaux qu'on élève pour leurs œufs ou leur chair ». Le lapin est-il un oiseau habilement déguisé ? Le volailler est-il un faussaire ?)

**Commençons par le plus menu, les cailles** (depuis qu'il est interdit de manger les grives), et par une recette dont la saveur sucrée nous rappelle le temps où les pauvres petites bêtes voletaient par les bosquets, où on les attrapait au filet et les dégustait pourries, masquées d'épices fortes et d'arrangements à l'aigre-doux :

## Les cailles aux raisins

**Automne-hiver (ça réchauffe !)**
**– Pour deux personnes.**

Salez et poivrez vos oiseaux. Dans une cocotte, mettez à fondre le beurre, puis vos cailles à dorer doucement. Prenez tout votre temps, elles doivent être bien blondes, gonflées, presque obscènes (dois-je vous rappeler que « ma p'tite caille » est l'un de ces noms tendres, bien qu'un peu gras, qu'affectionnaient les amants moustachus début de siècle ?), et le beurre ne doit pas brûler.

Votre marché :

- 4 cailles bien dodues et sans barde (la barde de lard gras, avec son âcre goût de porc, défigure le subtil parfum de ces petits oiseaux)
- 50 g de beurre doux
- 4 c.s. d'excellent cognac, ou d'armagnac
- 1 verre de monbazillac ou de sauternes
- 1 grappe modeste de muscat d'Italie
- 60 g de raisins blonds de Smyrne, et 60 g de petits noirs de Corinthe
- sel, poivre du moulin

Il faut réveiller tout ça : arrosez avec l'alcool, approchez une allumette, ça flambe. Laissez brûler l'alcool en remuant la cocotte.

Ajoutez alors les raisins secs et le sauternes. Couvrez et cuisez à tout petit feu 15 minutes, en retournant une fois les oiseaux. La sauce doit être très « courte », c'est-à-dire sirupeuse et nappante. Si tel n'était pas le cas, cuisez les 5 dernières minutes à découvert, pour faire « réduire ».

Pendant cette cuisson, pelez chaque grain de raisin frais, ouvrez en deux et épépinez. Ajoutez dans la cocotte 2 minutes avant de servir, juste pour réchauffer.

Une purée de céleri conviendra à merveille à ce plat. Elle prendra ici une aristocratique distinction, capable cependant de volupté, comme les jeunes filles du monde chez qui le feu couve sous la jupe plissée bleu marine. Vous pouvez réchauffer votre plat au dernier moment (dans ce cas, attendez ce moment pour ajouter les raisins), et garder au chaud la purée de céleri au bain-marie. C'est très pratique pour amener à point la jeune fille en question.

~

**Pour rester dans les saveurs médiévales, voici une autre recette qui intéresse un autre volatile : le canard.** J'aime le canard sous toutes ses formes : que ce soit la petite bête affairée et joviale égayant de ses coin-coin nos mares et nos étangs, l'oiseau sauvage qui traverse en escadrilles impeccables nos cieux à l'automne, l'admirable parure des jardins de l'empereur de Chine, le fuligule, le foie gras, le magret, le confit, les gésiers, le rôti, j'aime tout. Et particulièrement sa viande noire et juteuse, sa peau croustillante, lorsqu'elles sont préparées à l'aigre-doux. Ainsi :

## Les magrets de canard au miel

**De l'automne au printemps – Pour deux personnes.**

Allumez le four (th. 4, 80 °C) et mettez-y votre plat de service. Pressez le jus du citron.

Percez du bout de votre couteau d'office toute la peau des magrets, ce qui aidera la graisse à fondre et la peau à croustiller. Frottez la peau et la chair de sel et de poivre. Posez côté peau sur une poêle antiadhésive, allumez un feu moyen.

Laissez cuire 8 minutes côté peau, retournez et cuisez 2 minutes côté chair (si le magret rend vraiment beaucoup de graisse, videz-en la poêle une ou deux fois au cours de la cuisson). Ôtez les magrets cuits à point, et gardez-les au chaud sur le plat de service. Voilà, vous savez déjà faire le magret grillé.

Votre marché :
- 2 magrets moyens ou 1 gros, d'excellente provenance (je conseille le Sud-Ouest)
- 1 citron
- 2 c.s. de miel de thym ou de romarin
- 100 g de raisins de Smyrne
- 2 c.s. de rhum blanc
- sel, poivre du moulin

Jetez tout le gras et épongez délicatement la poêle au papier absorbant, surtout sans frotter pour ne pas ôter les sucs.

Dans la poêle remise au feu, versez le miel qui va mousser, le jus de citron, les raisins secs que vous laisserez gonfler 3 minutes pendant lesquelles vous découperez en biais votre viande reposée : ce sont des aiguillettes.

Ajoutez alors dans la poêle le rhum blanc, un peu de sel et de poivre, et versez brûlant sur les aiguillettes bien chaudes. C'est merveilleux avec une purée de céleri (qui va décidément très bien avec toutes ces choses corsées), que vous aurez confectionnée auparavant et gardée au chaud au bain-marie.

**Si vous vous arrêtez au magret simplement grillé,** laissez-le au chaud quelques minutes après sa cuisson, afin que le sang réimprègne toute la chair et l'attendrisse. Ce repos est nécessaire à toutes les viandes grillées ou rôties.

~

**C'est l'hiver. Vous et vos meilleurs copains commencez à dépérir faute de lumière et de chaleur.** Réagissez ! Mon volatile favori, entier cette fois, va vous ensoleiller l'atmosphère :

## Le canard au marsala

**Automne-hiver – Pour quatre personnes.**

2 heures avant le repas, mettez-vous en train : allumez le four (th. 7, 220 °C) et goûtez le marsala. Vous pouvez n'en laisser que 50 centilitres.

Votre marché :

- 1 beau canard de Challans pour vos gros appétits (2 kg environ), préparé par votre volailler
- 2 branches de sauge fraîche ou 1 poignée de feuilles sèches
- 1 gros oignon
- 1 bouteille de marsala véritable
- sel, poivre du moulin

Piquez, comme je vous l'ai expliqué pour les magrets, toute la peau du canard *(voir p. 136)* afin que la graisse s'écoule plus facilement (c'est ce gras accumulé sous la peau qui protège notre brave volatile du froid – voyez les nageurs qui traversent la Manche : tous bien enrobés. La fonction crée l'organe).

Frottez ensuite la sympathique bête de sel, de poivre et de la moitié de la sauge, vigoureusement. Salez et poivrez aussi l'intérieur, et fourrez dans le derrière le reste de la sauge et l'oignon pelé. Posez le volatile sur le dos dans un grand plat à four ou directement sur la plaque, et enfournez pour 30 minutes.

Reposez-vous les pieds sur le four, qui dégage une douce chaleur. Mettez un minuteur afin de vous assoupir en paix.

Vous sursautez à la sonnerie. Baissez le four (th. 6, 170 °C), sortez le plat sans vous brûler, posez la volaille sur une assiette et videz le gras qui se sera répandu dans le plat ou sur la plaque. Remettez la volaille à sa place, arrosez-la posément de 25 centilitres de marsala et réenfournez.

Ne vous rendormez pas : mettez l'heure qui va s'écouler à profit pour préparer votre garniture. Je recommande la traditionnelle purée de céleri et des marrons au naturel – que je vous conseille d'acheter sous vide, de très bonne qualité, parce que la préparation des marrons est fastidieuse et que vous n'avez pas un moral suffisant – qu'il suffit de rouler quelques minutes dans une casserole solidement garnie de beurre, à petit feu.

N'oubliez pas le genre animal qui sue dans le four. Gratifiez-le toutes les 10 minutes d'un arrosage de son jus de cuisson (pour ce faire, mettez vos gants isolants, sortez à demi la plaque ou le plat et penchez-le légèrement, arrosez à l'aide d'une cuillère à soupe) et, à la mi-temps (la trentième minute), d'un autre 25 centilitres de marsala. Le genre en sera reconnaissant et vous le prouvera par son moelleux, ensuite.

N'oubliez pas non plus de faire chauffer le plat de service et une saucière au bain-marie. À la soixantième minute, baissez le four (th. 5, 120 °C), pour les 30 minutes que vous passerez à accueillir vos meilleurs copains, les gratifier de force tapes dans le dos et d'un verre d'excellent porto. À l'odeur sublime qui envahit votre logis et à ces attentions d'ami authentique, vous les verrez reprendre des couleurs.

Installez-les à table. Sortez votre volaille et découpez-la directement dans son plat : ainsi le jus qui s'écoulera enrichira la sauce ambrée et soyeuse qui s'est formée.

Remuez-vous un peu le train, ça ne doit pas refroidir. Jetez le croupion, qui a un goût désagréable de glandes (celles qui produisent l'enduit imperméabilisant pour les plumes) même lorsqu'elles ont été ôtées.

Disposez les morceaux de canard dans le plat de service, les marrons autour. Grattez le plat ou la plaque de cuisson et versez en saucière la sauce mélangée au jus de découpage. Versez la purée de céleri dans une jatte et servez le tout sans attendre, avec un vin rouge capiteux. Vos copains en pleureront de joie et ils vous en seront reconnaissants pour toujours.

~

**Le printemps est de retour et la sève revient dans le vieux système.** Vous filez le parfait amour avec votre comparse préféré(e) et vous n'avez plus besoin de ces recettes échauffantes – vous l'êtes bien assez, échauffé(e) – telles celles qui précèdent. Je vous conseille :

## Les pigeons aux petits pois

... qui vous éviteront de vous entre-dévorer, votre comparse et vous (ne dit-on pas à l'objet de ses désirs « tu es à croquer » ?), et qui sont ensemble – les pigeons et les petits pois – dans leur idéal saisonnier.

**Printemps – Pour deux personnes.**

Une heure avant votre festin, écossez les petits pois avec l'élu(e) de votre cœur, pelez les oignons en leur laissant un soupçon de queue verte, frottez vos pigeons de sel et de poivre dehors et dedans, coupez le jambon de Parme en tout petits bâtonnets.

Votre marché :

- 2 jeunes pigeons de 4 semaines, dodus, parés et vidés, sans barde
- 1 livre de petits pois
- 6 oignons nouveaux
- 50 g de jambon de Parme en un seul morceau épais (un talon, par exemple)
- 30 g de beurre
- 10 cl de vin blanc sec
- 10 cl de fond de veau ou de volaille (demandez à votre honnête épicier) – facultatif, mais j'aime bien, ça corse toutes ces douceurs
- 1 c.c. de sucre semoule, sel, poivre du moulin

Mettez le beurre dans une cocotte sur feu doux. Roulez-y les oignons, laissez-les s'attendrir. Poussez à peine le feu, posez les pigeons et faites-les dorer de tous côtés, avec patience : le beurre ne doit pas brûler. Ôtez ensuite pigeons et oignons à l'écumoire et priez-les d'attendre sur une assiette.

Versez le vin, faites bouillir à bon feu jusqu'à ce qu'il ait réduit de moitié. Ajoutez alors les pigeons, les oignons et le jus rendu, le fond, le parme, les petits pois, le sucre, un peu de sel et de poivre, couvrez. À la reprise de l'ébullition, baissez le feu et laissez mijoter 20 minutes.

Ça vous donne le temps d'apaiser vite fait l'élu(e) qui n'en peut plus, sur la table de la cuisine ou dans la pièce à côté, selon vos goûts.

Passez à table. C'est très tendre. Arrosez d'un sancerre ou d'un chablis bien frais. Vous allez roucouler.
C'est un plat idéal pour les tourtereaux que vous êtes.
Notez en passant que ces derniers ne se consomment pas, et combien le vocabulaire amoureux emprunte à la volaille.

~

**Et le gibier, me direz-vous ?** Je ne pratique pas, parce que ça me tue de manger le peu de liberté et de sauvagerie qui survit encore sous nos climats. Une seule exception à cette règle : le faisan, parce que les Grecs le considéraient comme une volaille, ce qui me fut confirmé le jour où j'en ai vu par dizaines, en Alsace, la veille de l'ouverture de la chasse, se dandiner au bord de la route nationale en respirant à fond les gaz des voitures. Gros et gras qui plus est. J'en ai conclu qu'on les avait lâchés le matin même, par camions, dans la nature inconnue. Depuis ce jour, je me régale donc chaque année de ma préparation favorite :

# Le faisan au chou

**Automne – Pour trois personnes** (invitez votre nièce, que ça consolera de la rentrée des classes).

Après avoir lu quelques lignes de Samuel Beckett pour vous mettre dans l'état de précision dépouillée qui convient, vous verserez beaucoup d'eau et une poignée de gros sel dans un faitout. Pendant que ça chauffe, vous découperez de la pointe du couteau d'office le trognon du chou et le jetterez ; ainsi les feuilles se détacheront aisément. Jetez les premières, âcres et trop épaisses. Détachez soigneusement les autres, une par une. Enlevez la grosse nervure centrale, trop dure. Le chou, constaterez-vous, est un légume très cérébral : sa ressemblance avec l'organe grâce auquel nous tentons de penser est frappante.

Toutes les feuilles gisent en tas dans votre évier. L'eau bouillonne. Jetez cinq ou six feuilles à la fois dans le faitout et laissez-les 5 minutes précisément. Égouttez grossièrement, et ainsi de suite jusqu'à épuisement des feuilles. Cela s'appelle « blanchir » un légume. Non blanchi, votre chou aurait un goût un peu âcre et serait difficile à digérer.

Pelez vos carottes à l'économe, pelez les oignons, coupez tout cela en quatre. Le moment bouleversant est arrivé : l'union de tous ces disparates. Prenez votre grande cocotte ronde favorite (la cocotte est au cuisinier ce que la bicyclette est au cyclotouriste), tapissez son fond de la crépinette. Vous « chemiserez » ensuite ce fond et les contours avec la moitié des feuilles de chou, encore très humides. Soyez patient. Vous ne fabriquez rien moins que le nid du coûteux volatile. Celui-ci, frotté de sel et de poivre, le cul farci d'une

*Votre marché :*

- 1 beau faisan bien charnu (ou, mieux, une poule faisane), non faisandé
- 1 beau chou vert frisé
- 8 carottes de format modeste
- 2 beaux oignons blonds
- 1 large crépinette de porc, de quoi couvrir le fond d'une grande cocotte (à commander chez le charcutier – la crépinette, pas la cocotte)
- 2 belles branches de thym frais
- 1 feuille de laurier
- 1 tranche de bacon épaisse d'un doigt (le lard est parfois bien, mais il gâterait ici le parfum subtil du bestiau principal)
- sel, poivre du moulin

branche de thym, sera déposé d'une main précautionneuse au cœur ménagé.

Casez dessus et dans les interstices les carottes et les oignons, le thym, le laurier et le bacon coupé en tout petits dés. Contemplez votre œuvre pour la dernière fois, car vous l'allez masquer du reste des feuilles de chou, jusqu'à en faire un couvercle soigneusement bordé.

Couvrez hermétiquement, en « lutant » le couvercle à l'aide d'une pâte épaisse confectionnée avec de la farine et de l'eau. Un cordon de cette pâte sera disposé sur la tranche de la cocotte, et le couvercle posé fermement dessus.

Mettez sur feu vif pour démarrer la cuisson. Dès que vous entendrez frémir (au bout de quelques minutes), réglez le feu au plus bas. Cela restera ainsi à confire 1 heure 30.
Vous pouvez aussi mettre votre cocotte au four, dans une tôle remplie d'eau, pour 2 heures (th. 6, 170 °C). Voilà le type même de la cuisson dite « à l'étouffée », qui a le mérite de conserver aux ingrédients leur état de nature, bien qu'ils passent du cru au cuit. Achevez le Beckett que vous avez en train.

Apportez la cocotte à table, dégagez le couvercle au tournevis ou au pied de biche, n'ayez pas peur. Le chou sera ambré, dégageant une vapeur d'un parfum irrésistible. Modeste, vous servirez les feuilles du couvercle, dégageant le volatile sublime, vierge de toute pollution, doré, admirable, nageant dans un jus léger. Vous répartirez le tout dans les assiettes avides de vos deux comparses. Ce sera inoubliable.
Je tiens pour conclure à vous faire remarquer la diététique parfaite de ce plat royal, qui vous laissera assez preste pour courir à vos travaux.

**Si vous avez dilapidé tout votre avoir,** vous pouvez accommoder une pintade de la même manière, avec le même succès.

**À propos de pintade, en voici une bien bonne que je vous glisse prestement :**

## La pintade aux échalotes confites

**De juillet à septembre – Pour trois personnes.**

Ce n'est rien à faire et c'est très bon. L'unique corvée consiste à peler les échalotes, mais c'est un jeu d'enfant et votre nièce s'en chargera volontiers (prévoyez 400 grammes dans ce cas, les enfants ont tendance à tailler dans le tas).

Votre marché :

- 1 jolie pintade bien dodue de 1 kg
- 300 g d'échalotes grises (c'est leur saison)
- 1 c.s. d'huile d'olive VPPF
- 30 g de beurre
- sel, poivre du moulin

Pendant que le petit loup s'escrime, frottez votre pintade de sel et de poivre, mettez l'huile et le beurre à feu moyen dans une cocotte et faites-y dorer la volaille, avec patience, de toutes parts, en prenant garde à ce que la graisse ne brûle pas.

Ajoutez alors les échalotes entières et faites cuire au feu le plus doux 30 minutes à couvert, et découvert à feu plus vif 15 minutes encore, afin que le jus réduise et forme avec les échalotes une sorte de confiture.

Une purée de pommes de terre à la crème et au beurre avec ça, et vous connaîtrez une fois de plus la joie du cuisinier à voir le visage tout épanoui de ses convives.

~

**J'aime bien la pintade et sa chair parfumée, un peu brune, un peu sauvage encore de saveur.** Allez, une dernière recette :

## La pintade au citron

... qui donne à ce charmant volatile une petite touche africaine (ce qui lui sied, puisqu'elle vient d'Égypte, précisément – d'ailleurs les Italiens l'appellent *faraona*).

**Toutes saisons – Pour quatre personnes.**

C'est un jeu d'enfant : frottez de sel et de poivre les morceaux

Votre marché :

- 1 grosse pintade de 1,2 kg, coupée en 8 morceaux par votre honnête commerçant
- 1 c.s. d'huile d'olive VPPF
- 15 cl de vin blanc sec
- 1 gros citron non traité
- 1 branchette de romarin et 1 de thym
- sel, poivre du moulin

de pintade, faites chauffer l'huile dans une cocotte et faites-y dorer les morceaux à feu modéré.

Ôtez ensuite la viande qui attendra sur une assiette, jetez l'huile et versez le vin à sa place. Faites réduire de moitié à bon feu, ce qui vous laisse le temps de laver votre citron, de le couper en tranches très fines (jetez les deux bouts) et d'en ôter les pépins.

Remettez les morceaux de pintade dans le vin réduit, ajoutez le citron, effeuillez le romarin et le thym.
Couvrez et laissez confire à feu doux 45 minutes, en tournant de temps à autre. C'est très bon avec du riz Basmati ou Surinam cuit à l'eau salée, tout simplement.

**Cette recette convient aussi parfaitement au poulet.**

~

***Le vrai bon poulet***

*Interrogez votre entourage : pour la plupart des gens, volaille = poulet. Cette pauvre bête est devenue avec les siècles (et surtout l'industrie) l'un des ingrédients de survie les plus banals dans le monde entier. Il faut voir dans quel état. Vous mangez couramment sa chair insipide, à la fois aqueuse et sèche, dont la consistance et l'absence de goût rappellent, quelle qu'en soit la préparation, les petits pots pour bébés. C'est horrible. Agissez : jamais de poulet de batterie, jamais de « Label rouge » qui n'est guère que le même un peu amélioré. Mais un poulet de Bresse, du Bourbonnais, du Mans, qui a batifolé quatre mois dans la verdure, nourri des meilleures céréales, puis a été engraissé quinze jours au lait, à l'avoine et au maïs. La bête ferme et dodue est baguée, vous pouvez vérifier ses pattes aux ongles souples, sa peau lisse et fine, son bec et son bréchet flexibles. Aucun autre poulet n'est consommable, tenez-le-vous pour dit.*

~

**Mon frère et moi avons fait l'expérience,** enfants, d'un poulet engraissé par nos soins à la banane mûre. Le moment exceptionnel de sa dégustation, simplement rôti, a décidé de mon goût pour la cuisine (mon frère, lui, a été victime du refoulement). C'est donc par cette scène primitive que je vous introduirai à ce volatile.

## Le poulet rôti

**Toutes saisons – Pour quatre personnes.**

Allumez votre four (th. 6, 170 °C). Pour être dans sa perfection, un poulet doit cuire lentement. Choisissez un plat à four contenant confortablement la bête, que vous frotterez de sel et de poivre dedans et dehors. Introduisez le gésier bien lavé à l'intérieur, gardez le foie nettoyé à part. Posez la volaille dans son plat.

*Votre marché :*
- *1 vrai bon poulet, paré par votre honnête volailler, avec les abats également parés*
- *sel, poivre*

*C'est tout.*
*C'est d'une royale simplicité.*

Enfournez pour une heure, en arrosant deux fois avec le jus rendu (ne vous brûlez pas : mettez les gants *ad hoc*, inclinez le plat, arrosez à l'aide d'une cuillère à soupe).

Ajoutez alors le foie dans la bête, laissez encore 30 minutes en arrosant à la mi-temps.

Voilà : ça ne ressemble à rien de ce que vous connaissiez. Le jus est épais, doré, la chair juteuse, la peau croustillante.

Découpez (en ayant soin de croquer le croupion au passage – c'est ce que je préfère) les blancs avec leurs ailes, les cuisses avec leurs pilons. Vous pourrez détailler ensuite. Le secret : pour les blancs suivre l'ossature depuis l'arête dorsale, pour les cuisses trouver la jointure et trancher. N'oubliez pas le sot-l'y-laisse, vous seriez un sot. Et répartissez le foie et le gésier avec équité. Je sers avec ce rôti sublime une salade de roquette l'été, de mâche l'hiver. Vous verrez les gens abandonner toute retenue, ronger les os et croquer jusqu'au cartilage. D'aucuns vous jetteront un œil soupçonneux en cherchant vainement le croupion.

~

**Il existe d'innombrables façons d'accommoder le poulet.**
En voici une que j'aime beaucoup, que je dois à des copains

artistes qui n'ont peur de rien – c'est leur métier qui veut ça – et qui ont la main – c'est aussi leur métier.

## Le poulet Isabel et Diego au miel et aux amandes

**Toutes saisons – Pour quatre personnes.**

Ça s'est passé en Espagne, un soir d'été. Le poulet ne venait pas de Bresse, mais c'était ce qu'on peut trouver de mieux dans la Péninsule. Diego en a frotté l'intérieur avec du sel et du poivre. Il a fait blondir les amandes à la poêle sèche, tout doucement, a escalopé en fines lamelles le gésier, le foie et le cœur, les a passées quelques secondes dans la moitié du beurre, à la poêle et à feu doux, y a mêlé les amandes hors du feu, et puis a bourré le cul du poulet avec tout ça.

*Votre marché :*

- 1 poulet dans les normes strictes, avec ses abats nettoyés
- 200 g d'amandes mondées de la meilleure qualité
- 60 g de beurre
- 125 g de miel de thym
- 2 c.s. d'huile d'olive VPPF
- 1 livre d'oignons doux
- sel, poivre du moulin

Isabel a cousu soigneusement l'ouverture, avec une forte aiguille et du gros fil ciré.

Diego a repris le poulet, l'a frotté de sel et de poivre et l'a enduit de miel – en Espagne, par cette chaleur, le miel avait la mollesse idéale ; si le vôtre est trop dur, mettez-le au bain-marie quelques minutes.

Pendant ce temps-là, Isabel avait mis à chauffer, dans une grande cocotte, le reste du beurre et l'huile. Diego y a posé le poulet et l'a fait dorer sur toutes ses faces, tranquillement, à feu modéré. Isabel et moi, on a pelé les oignons et on les a coupés en lamelles fines. On pleurait, alors on s'est consolées au Tio Pepe.

Quand le poulet a été tout doré, Diego a ajouté les oignons dans la cocotte, encore du sel et du poivre, et un demi-verre d'eau. Ça a mijoté couvert 15 minutes, à feu doux, et ensuite découvert 45 minutes, pendant qu'on s'envoyait des tapas, du Tio Pepe et qu'on parlait de la fonction de l'art dans nos sociétés pourries.

Le poulet était gonflé, doré, il baignait dans une sorte de

confiture. On l'a mangé avec du riz cuit à l'eau, tout simplement. Ce fut une soirée magnifique. Même les moustiques observèrent une trêve. Des années plus tard, en hiver, j'ai refait ce plat au même endroit, avec ma belle-sœur et ma nièce qui était encore au biberon, la pauvre. La magie était là, de nouveau.

~

**Le poulet me donne une nouvelle occasion de montrer que j'aime les Belges.** Je leur dois beaucoup, ayant appris à lire dans Tintin, Jo, Zette et Jocko, Monsieur Lambique du génial Vandersteen et, plus tard, à développer mon imagination avec Blake et Mortimer. Baudelaire ne connaissait pas, le malheureux, ça aurait atténué son aversion maladive pour ce peuple de braves. Sans doute ne connaissait-il pas non plus :

# Le waterzoï de poulet

**Toutes saisons – Pour quatre personnes.**

Dans une grande casserole, posez la carcasse et les ailerons, le persil, le laurier, le thym, une carotte pelée et coupée en rondelles, une branche de céleri lavée et coupée en tronçons, du sel et du poivre. Versez un demi-litre d'eau froide et portez à ébullition. Laissez bouillotter doucement, à couvert, 30 minutes. Profitez-en pour relire votre B.D. préférée (belge, ça va sans dire).

Passez votre bouillon à travers une passoire dans une autre vaste casserole. Jetez le contenu de la passoire.

Pensez à la patience qu'a demandé à Hergé une seule planche de Tintin et résignez-vous aux choses fastidieuses : pelez les carottes, les navets,

Votre marché :

- 1 poulet intégriste, dont vous demanderez au volailler de prélever les blancs avec leurs ailes et les cuisses entières, et de vous donner la carcasse et les abats ; demandez-lui pendant que vous y êtes de couper aussi les ailerons.
- 1 feuille de laurier, 1 branchette de thym
- 5 carottes moyennes
- 1 cœur de céleri en branches
- 4 navets
- 4 échalotes
- 1/2 litre de crème fleurette
- 1 bouquet de cerfeuil, quelques branches de persil plat
- sel, poivre du moulin

les échalotes, nettoyez le cœur du céleri avec ses petites feuilles tendres, lavez, coupez le tout en bâtonnets assez gros.

Donnez un bouillon au bouillon : la graisse se réfugiera sur les côtés, d'où vous l'ôterez à la cuillère. Dans ce liquide spartiate vous ajouterez la crème, et à la reprise de l'ébullition le poulet qui se morfondait un peu, le gésier, les légumes, du sel et du poivre. Cuisez 45 minutes à couvert, à petit feu. Replongez-vous dans la culture belge.

Ôtez le poulet et les légumes à l'écumoire. Faites réduire le liquide à grand feu, jusqu'à ce qu'il n'en reste plus qu'un demi-litre (ça prend environ 20 minutes). Profitez-en pour ôter la peau du poulet, le désosser et le couper en morceaux à peu près égaux (les Belges sont démocrates, tout le monde sait ça).

Baissez le feu, jetez le foie en quatre morceaux dans le liquide, puis les légumes et les morceaux de poulet. Ôtez le gras huileux du volatile qui s'obstine à s'accumuler sur le pourtour de la cocotte.

Après deux ou trois bouillons, servez dans des assiettes creuses après avoir parsemé de pluches de cerfeuil et d'un peu de persil ciselé, qui font très joli.

C'est un plat complet, entre la soupe et le ragoût. Si Baudelaire en avait mangé, sa santé s'en serait améliorée, en plus.

~



**Vous avez certainement remarqué mon attachement à la cuisine paysanne.** Qui dit poulet dit poule, qui dit poule dit poule-au-pot, qui dit poule-au-pot dit Henri IV, l'un des souverains les plus aimables de l'histoire de France, qui partageait tous les dimanches :

## La poule-au-pot

... avec ses sujets.

**De l'automne au printemps – Pour six personnes.**

4 heures avant le repas, mettez-vous à l'ouvrage. La cuisson, qui prend l'essentiel de ce temps, vous laissera en paix.

Faites d'abord la farce : ôtez la croûte au pain et mettez la mie à tremper dans le lait. Pelez et hachez fin l'échalote et l'ail, jetez-les dans un saladier. Hachez les deux jambons avec la machine *ad hoc* et hop ! dans le saladier. Lavez, épongez et hachez fin le persil, dont vous réserverez quelques branches pour le bouquet garni. Direction saladier. Un œuf battu à la fourchette —> saladier. Faites fondre 15 grammes de beurre dans un petit plat, faites-y raidir quelques minutes à feu doux les foies de volailles, le gésier, le cœur et le foie de la vieille bête, qui ont bien servi. Coupez fin la chair du gésier et le cœur, écrasez les foies à la fourchette. Tout ça dans le saladier. Essorez le pain entre vos mains et émiettez. Hop ! Saladier. Sel modéré (à cause du jambon), poivre et muscade généreux. Brassez énergiquement, allez-y des deux mains (propres, les mains), jusqu'à ce que vous ayez une pâte homogène et compacte. Goûtez pour être sûr de l'assaisonnement.

Bourrez la poule de cette farce, cousez l'ouverture bien serré à l'aide d'une forte aiguille et de fil ciré. Vous vous faites l'effet d'un chirurgien rustique.

S'il reste de la farce, prenez un grand mouchoir pur coton, tassez-la au centre et formez un baluchon bien serré, que vous nouerez énergiquement d'une ficelle de cuisine.

Posez la poule dans un faitout (avec le baluchon de farce s'il en est), couvrez d'eau froide au ras de la bête, ajoutez une poignée de gros sel, une poignée de poivre, le bouquet garni (laurier, thym, persil, j'avais dit que je ne le répéterais pas).

Votre marché :

- 1 belle vieille poule, avec ses abats
- 1 large tranche de pain de campagne rassis
- 1 verre de lait
- 1 échalote
- 2 gousses d'ail
- 1 tranche épaisse de jambon cru (de Bayonne, par exemple)
- 1 tranche épaisse de jambon au torchon
- 1 bouquet de persil plat
- 4 œufs
- 65 g de beurre
- 200 g de foies de volailles (votre volailler n'est pas de ces canailles qui profitent de l'innocence pour refiler les cœurs)
- 1 bouquet garni
- 1 livre de carottes moyennes
- 300 g de navets
- 3 oignons
- 1 clou de girofle
- 4 poireaux
- 2 côtes tendres de céleri en branches
- 125 g de crème épaisse
- 1 citron
- 30 g de farine
- gros sel, sel fin, muscade, poivre en grains et du moulin

À ébullition, ôtez l'écume deux ou trois fois à l'écumoire, précisément, et laissez frémir à tout petit feu 2 heures 15, couvert.

Profitez de ce temps pour lire un des plus beaux livres qui soient : *Instructions pour les jardins fruitiers et potagers* publié en 1690 par Jean de La Quintinie, jardinier de Louis XIV, parfait honnête homme, paysan et poète.

Gardez un quart d'heure pour ôter à la cuillère, dans le faitout, le gras qui s'est formé et peler *in extremis* les carottes, les navets, les oignons dont vous piquerez l'un du clou de girofle, pour nettoyer et laver les poireaux dont vous ne garderez que le blanc avec à peine de vert, et les côtes de céleri coupées en deux en hauteur et en largeur.

Ajoutez tout cela au contenu du faitout. Comptez 45 minutes à couvert à partir de la reprise de l'ébullition, qui doit se maintenir légère. Après encore 15 minutes de cette cuisson, prélevez un litre de bouillon et mettez-le à réduire à grand feu, jusqu'à n'en avoir plus qu'à peu près la moitié : comptez environ 25 minutes.

Dans un bol, battez au petit fouet les jaunes des trois œufs qui vous restent, la crème et le jus de la moitié du citron.

Confectionnez ce qu'on appelle un « roux » (vous avez déjà vu quelque chose d'approchant avec la béchamel) : faites fondre en casserole le beurre restant, mêlez-y la farine et, lorsqu'elle est bien chaude, versez dedans le bouillon réduit en remuant à la cuillère de bois. Éteignez le feu à l'ébullition, brassez encore un peu, puis mélangez vigoureusement au fouet à la main le mélange de crème, de jaunes et de citron. Vous aurez un jus velouté que vous servirez en saucière.

Prélevez la poule à l'écumoire. Égouttez les légumes. Gardez le bouillon pour un risotto, par exemple.

Présentez sur un grand plat la poule découpée, la farce en morceaux, les légumes, servez chacun, arrosez de jus. S'il se trouve parmi vous de gros appétits, donnez en plus un bon riz long de Camargue bien lavé, enfermé au large (n'oubliez pas que le riz triple de volume en cuisant) dans un autre mouchoir fermé d'une ficelle (empruntez à votre grand-père, qui pratique encore le Cholet à carreaux grand modèle), et jeté dans le faitout après que vous en aurez prélevé de quoi confectionner le jus. Comptez 50 grammes par personne.

Tout le monde sera bien gai et content, comme La Quintinie contemplant son verger, ou Henri IV et ses amis.

~

**Puisqu'on en est aux foies de volailles et aux véritables aristocrates,** voici une recette que m'a enseignée la belle-mère de mon frère (pas la mienne, hélas, d'ailleurs ç'aurait été compliqué, j'aurais dû épouser sa fille, etc.), que j'aime tendrement, avec qui je partage les nourritures polonaises grasses et lourdes de sa prédilection (je ne vous ai pas donné sa recette de galettes de pommes de terre rôties à l'huile, arrosées de beurre fondu et de crème aigre, ce sont des jouissances trop intimes), qui ne méprise pas une vodka ou une petite bière, fume comme un sapeur et garde à plus de quatre-vingts ans un allant et une ligne de jeunette. Bref, je l'admire et j'en profite pour faire son éloge, bien que je la voie d'ici rougir en le tapant à la machine (c'est elle qui frappe mon manuscrit, elle a du mérite, si vous voyiez le brouillon). Voilà donc :

## Le pâté polonais de Thérèse

**Toutes saisons – Pour deux ou quatre personnes** (selon mon expérience, ce sera deux).

Pelez et coupez les oignons en lamelles minces. Dans une petite cocotte, faites fondre 25 grammes de beurre et tournez-y les oignons, à feu doux, jusqu'à ce qu'ils soient tendres et nacrés. Ajoutez alors les foies de volailles, mélangez, et cuisez à tout petit feu, couvert, environ 5 minutes : les foies ne doivent pas prendre couleur, et leur cœur rester un peu rosé. Dans une casserole, couvrez les œufs d'eau froide, amenez à ébullition, laissez bouillir 8 minutes, puis refroidissez sous un jet d'eau froide. Quand ils sont refroidis, écalez.

Prenez votre moulin à légumes équipé de la grille la plus fine. Passez-y les foies, les oignons, les

*Votre marché :*

- 250 g de foies de volailles de chez votre honnête commerçant, bien nettoyés
- 2 oignons moyens
- 150 g de beurre tenu hors du réfrigérateur
- 2 œufs
- sel, poivre du moulin, quatre-épices, paprika doux de Hongrie

œufs durs, et mélangez vivement la purée obtenue au beurre restant. Assaisonnez de sel, de poivre, d'une pincée de quatre-épices et d'une autre de paprika. Ça doit être bien relevé. Tassez dans une terrine.
Servez frais avec du pain grillé. Normalement, c'est une entrée, mais après on a tendance à chipoter un peu.

~

***Le lapin, ce méconnu,*** *n'est pas seulement un compagnon affable et discret (il ne caquette ni ne crie) ; il est aussi, garenne, l'ornement de nos campagnes et, clapier, celui de nos jardins. Il sait nager et grimper aux arbres, ce qu'on ne dit pas assez. Il est végétarien et adore brouter les herbes qui parfument sa chair. Il est un trésor sémantique : on ne compte pas les expressions qui tournent autour du petit mammifère, ou les grands textes qu'il inspire – voyez* Le Terrier *de Franz Kafka, par exemple. Il appartient enfin,* last but not least, *à l'histoire de la science non seulement naturelle, mais mathématique : l'observation de sa remarquable prolificité permit au moine florentin Fibonacci, auteur du* Liber Abacus *au XII^e^ siècle, d'élaborer un système de progression numérique encore utilisé aujourd'hui, et capable d'inspirer l'œuvre d'un immense artiste contemporain comme Mario Merz. Chez le volailler, achetez votre lapin entier, d'âge mûr, la musculature aguerrie par de nombreuses paternités et la chair parfumée par des mastications sans fin, aussi variées que possible. Un peu rassis, mais le foie et les rognons encore éclatants et humides. Point trop de gras, juste quelques petits flocons bien blancs et fermes. Vous aurez toute satisfaction.*

~

**Voici trois recettes de lapin. La première est pour l'été.**

# Le lapin en gelée aux tomates

**De juin à octobre – Pour six personnes.**
De deux choses l'une : ou vous avez comme moi une vocation contrariée de volailler et vous désossez entièrement votre lapin au couteau d'office, ou vous demandez à votre spécialiste de le faire moyennant un confortable pourboire. Embarquez dans ce cas la carcasse, la tête et les abats.
Allumez votre four (th. 9, 280 °C). Lavez les tomates et le citron. Ôtez le cœur dur des premières, coupez-les en

Votre marché (la veille, ou au plus tard le matin pour le soir) :

- 1 lapin de 2 kg, dans les normes que je vous ai décrites
- 8 grosses tomates mûres et fermes
- 1 gros citron non traité
- 2 c.s. rases de feuilles de thym
- 1 bouquet de basilic à grandes feuilles
- 4 c.s. d'huile d'olive VPPF
- 1 pied de veau coupé en deux
- 1/4 de litre de vin blanc sec
- 1 carotte, 1 oignon
- 1 branche de céleri, 1 bouquet garni
- 4 feuilles de gélatine

tranches épaisses, coupez le second en tranches transparentes que vous débarrasserez des pépins. Poivrez et salez généreusement toute la chair du lapin. Gardez le foie et les rognons à part, vous les utiliserez plus tard.

Prenez une large terrine ronde, de terre ou de verre à feu. Disposez une couche serrée de tomates, sel, poivre, une grosse pincée de thym. Puis une couche de lapin, quelques rondelles de citron, quelques feuilles de basilic. Continuez ainsi : tomates, sel, poivre, thym, lapin, citron, basilic. Arrangez-vous pour finir par une couche de tomates. Arrosez avec l'huile d'olive.

Versez de l'eau bouillante dans la plaque de votre four. Posez-y la terrine. Enfournez pour une heure.

Pendant ce temps, mettez dans un faitout la carcasse, la tête du lapin et le pied de veau, un litre d'eau, le vin, la carotte et l'oignon pelés et coupés en rondelles, le céleri lavé et coupé en morceaux, une petite poignée de gros sel, une autre de poivre et le bouquet garni (persil, thym, laurier, vous devez savoir ça par cœur, même en dormant). Portez à ébullition. Écumez deux ou trois fois à l'écumoire (ce sont les impuretés qui remontent), laissez cuire à couvert à feu moyen pendant que la terrine sue au four. Vous vous dites : c'est beaucoup de travail. Je réponds : non, c'est de la simple cuisine, et vous verrez le résultat.

Quand la terrine est cuite, sortez-la du four en vous protégeant des gants *ad hoc*, posez sur la surface une assiette un peu moins large que son diamètre, et maintenez-la du pouce en renversant tout le jus de cuisson dans le faitout : ainsi votre artistique montage reste en place.

Abandonnez temporairement la terrine. Laissez le faitout au feu encore une heure, à découvert cette fois : il devra vous rester un demi à trois quarts de litre de liquide. 5 minutes avant la fin

de la cuisson, jetez le foie et les rognons du lapin dans le faitout.
Passez le précieux bouillon au chinois dans une autre casserole. Mettez la gélatine à tremper dans l'eau froide. Récupérez le foie et les rognons que vous couperez en deux dans la longueur, et répartissez-les sur la terrine. Si vous êtes économe, récupérez aussi toutes les parcelles de viande encore attachées aux os du lapin, les joues, la langue, la cervelle qui sont exquises. Répartissez sur la terrine.
Redonnez un bouillon au bouillon. Ôtez du feu, ajoutez la gélatine que vous aurez pressée entre vos doigts, et mélangez à la cuillère de bois. Versez dans la terrine jusqu'à ce que son contenu soit bien baigné. S'il reste du bouillon, versez-le dans un bol.
Mettez la terrine (et le bol) une fois refroidie au réfrigérateur pour six à douze heures, afin qu'elle « prenne » en gelée.
Pour démouler, trempez les récipients quelques secondes dans de l'eau bouillante, ça ira tout seul.
Présentez dans un grand plat ce chef-d'œuvre de saveur et de fraîcheur, orné de basilic, entouré de cubes de gelée, et accompagné d'une simple romaine au parmesan et aux pignons. C'est un festin léger et je vous recommande de l'arroser d'un graves blanc bien frais. En plus, ça se conserve deux à trois jours (mais il y a peu de chances !).



**L'automne venu, vous vous consolerez du plat précédent, dont vous vous serez gavé tout l'été, avec cette autre façon :**

# Le lapin mariné

**Automne-hiver – Pour quatre personnes.**
Sans devoir vous miner de remords pour avoir dévoré iniquement l'une de ces pauvres petites bêtes coursées par des chasseurs sans scrupules, vous donnerez avec cette préparation un parfum de garenne à un simple et brave lapin de ferme.
Le secret : la marinade.
La veille, ou le matin pour le soir, frottez les morceaux de lapin de sel et de poivre. Mettez-les dans une terrine avec le thym, le romarin, l'ail écrasé du plat du couteau dans sa peau, 2 c.s.

d'huile et le vin blanc. Retournez le tout une fois ou deux.

Une heure avant votre repas, pelez les carottes, nettoyez les poireaux dont vous jetterez presque entièrement le vert, et coupez le tout en tronçons.

Versez le reste de l'huile dans une cocotte, égouttez bien les morceaux de lapin et mettez-les à dorer à feu modéré. Quand ils le sont de toutes parts, mettez-les en attente sur une assiette et faites « revenir » à leur place les légumes et le laurier. Dorez un peu, et rajoutez la viande et la marinade.

*Votre marché (la veille) :*

- *1 lapin d'1,2 kg environ, tête et abats inclus, que vous demanderez à votre volailler de couper en 8 morceaux*
- *4 branchettes de thym*
- *1 branchette de romarin*
- *4 gousses d'ail*
- *4 c.s. d'huile d'olive VPPF*
- *1 verre de vin blanc sec*
- *4 carottes, 4 poireaux*
- *1 feuille de laurier*
- *sel, poivre du moulin*

Couvrez et cuisez 45 minutes à feu modéré. 10 minutes avant la fin, ajoutez le foie et les rognons. Le jus est court, les légumes en compote et la chair savoureuse et tendre. Servez avec une polenta, une purée de céleri-rave ou de pommes de terre à l'huile d'olive. Invitez des chasseurs à partager ce leurre savoureux, écoutez leurs commentaires de spécialistes, crachez-leur le morceau et buvez du petit-lait devant leur confusion.

~

**Voilà pour finir un plat pour lequel je vendrais mon droit d'aînesse** (à la réflexion c'est difficile, puisque je suis à la fois aînée et cuisinière, à la différence d'Ésaü. Quand j'ai le cafard, je trouve que j'ai un destin affreux, quand ça va bien que j'ai tout, mais tout ce qu'on peut désirer – comme quoi le bonheur est une décision morale, c'est à peu près la seule chose que Sartre ait dit de sensé). Donc :

## Le lapin aux pruneaux

**De l'automne au printemps,** ou tous les jours de l'année – **Pour quatre à six personnes.**

4 heures avant votre repas, mettez à tremper les pruneaux dans le vin. Vaquez. 1 heure 30 plus tard, frottez le lapin de sel

Votre marché :

- 1 lapin de 2 kg, coupé en 8 morceaux, avec ses abats
- 1 livre de pruneaux d'Agen (avec leurs noyaux ; c'est un pléonasme)
- 1/2 bouteille de côtes-du-Rhône (un saint-joseph, par exemple)
- 2 c.s. d'huile d'olive
- 1 grosse tranche de poitrine fumée, avec sa couenne, coupée en petits lardons
- 1 oignon
- 2 gousses d'ail
- 1 bouquet garni
- 1/2 c.c. de quatre-épices
- sel, poivre du moulin

et de poivre, gardez les rognons et le foie en attente, versez l'huile dans une large cocotte et faites-y dorer le lapin, sur toutes ses faces, à feu modéré. Ôtez-le ensuite et laissez-le sur une assiette.

Faites rissoler les lardons à sa place, lentement, jusqu'à ce qu'ils soient bien dorés. Pelez l'oignon et l'ail ce faisant et coupez-les en rondelles fines, sans excès.

Ôtez les lardons et faites-les attendre en compagnie du lapin. Remplacez-les dans la cocotte par l'oignon et l'ail, que vous ferez fondre à feu très doux, cette fois, en remuant de temps en temps.

Quand ils sont souples et nacrés, reversez dans la cocotte le lapin, les lardons et le jus rendu, ajoutez le bouquet garni, le vin et ses pruneaux, le quatre-épices. À ébullition baissez le feu au plus doux et laissez mijoter à couvert 2 heures. 10 minutes avant de servir, ajoutez le foie et les rognons.

Profitez-en pour confectionner un gratin de potiron, ou de cardons, ou encore une polenta, c'est l'idéal pour accompagner ce plat fondant, parfumé, voluptueux. Buvez évidemment le même saint-joseph. Invitez des gens qu'émeuvent un cassoulet, une daube ou une poule-au-pot, c'est-à-dire ce que le génie de nos campagnes a inventé de meilleur. Ils seront de dignes partenaires.

~

**Avant d'abandonner le menu fretin pour le gros,** je ne résiste pas à la tentation de vous donner une recette dont je doute pourtant que vous en tenterez l'exécution, mais qui constitue à mes yeux l'un des chefs-d'œuvre de la cuisine de tous les temps et du monde entier (et je pèse mes mots) :

# La pastilla

... dis-je, déjà défaillante. C'est au Maroc que l'on mange ce plat qui assemble ce que la cuisine peut offrir de plus savamment contrasté en consistances, saveurs et parfums.

**Toutes saisons – Pour six à huit personnes** (voyez grand, le travail serait le même pour deux, et c'est un plat de fête fastueuse). Prévoyez une demi-journée, seul et concentré dans votre cuisine. Confectionnez du thé à la menthe, pour tenir. Songez que l'homme est né en Afrique, et que c'est donc de là (et peut-être d'Asie) que nous vient la culture (en tout cas pas de chez nous). Dans ces dispositions respectueuses, commencez.

Mettez dans une cocotte un quart de litre d'eau, 125 grammes de beurre, les oignons pelés et hachés menu, le gingembre pelé et râpé, la moitié des herbes fraîches ciselées, le *ras-el-hanout*, le piment, le safran, une pincée de cannelle, du sel fin, les pigeons et leurs abats. Portez à ébullition, et maintenez une heure à petits bouillons, couvert. Profitez-en pour savourer quelques poèmes d'Omar Khayam en sirotant votre thé.

Ôtez les pigeons de leur cuisson et laissez-les attendre sur une assiette.

Versez la moitié de cette cuisson dans une casserole, et faites-la réduire sur feu modéré, en remuant de temps en temps, jusqu'à ce qu'elle soit épaisse et sirupeuse. Gardez ensuite en attente.

Dans l'autre moitié maintenue sur feu très doux, versez les œufs battus en omelette, en tournant sans arrêt pour obtenir des œufs brouillés, c'est-à-dire onctueux et crémeux : ça suppose de rester largement sous la température d'ébullition,

Votre marché :

- 2 pigeons et leurs abats
- 300 g de beurre
- 125 g d'oignons
- 1 grosse noix de gingembre frais
- 1 bouquet de coriandre fraîche
- 1 bouquet de persil plat
- 1 c.c. rase de ras-el-hanout
- 1 grosse pincée de piment rouge
- 1 grosse pincée de safran en filaments
- 4 grosses pincées de cannelle en poudre
- 10 œufs
- 250 g d'amandes effilées
- 100 g de sucre glace
- 35 feuilles de brick (en épicerie orientale)
- sel, poivre du moulin

et d'agir avec toute la patience orientale nécessaire.
Laissez en attente ensuite.

Dans une poêle, mettez à feu doux 30 grammes de beurre et faites-y dorer les amandes. Mêlez la cannelle restante et 75 grammes de sucre glace. Cela les fera légèrement croûter. Faites attendre également.

Ôtez la peau et les os des pigeons. Coupez la chair et les abats en lamelles. Laissez attendre.

Décollez les feuilles de brick de leurs papiers. Disposez dix-neuf feuilles face brillante vers le haut, et le reste face brillante vers le bas. Dans le premier tas, prélevez douze feuilles. Sur une table disposez au centre une de ces feuilles et cinq feuilles en rosace se chevauchant à partir du milieu de la feuille centrale. Cela forme une sorte de fleur. Posez une autre feuille au milieu, et encore cinq feuilles en rosace qui couvrent les intervalles : vous avez maintenant un cercle parfait.

Sur la surface exacte des feuilles centrales, disposez les amandes. Recouvrez-les de la moitié des œufs et de la moitié de la cuisson réduite.

Couvrez cette première garniture de deux feuilles centrales, et de cinq feuilles en rosace. Vous avez épuisé le tas des feuilles à face brillante vers le haut.

Toujours sur le même diamètre, disposez les pigeons et leurs abats, puis le reste des œufs et de la réduction.

Recouvrez de dix feuilles prises dans le second tas, toujours selon le principe de la rosace. Rabattez les feuilles du fond vers le haut, en les pliant une à une, sans trop serrer, afin d'obtenir une forme aussi parfaitement ronde que possible. Ourlez ces côtés avec cinq feuilles à cheval sur les bords. Achevez par une feuille centrale.

Allumez le four (th. 6, 170 °C). Beurrez la plaque du four avec 75 grammes de beurre et posez la pastilla avec précaution sur ce lit onctueux. Tartinez le dessus du sublime feuilleté avec 40 grammes de beurre.

Enfournez. Après 30 minutes, parsemez le dessus des 30 grammes de beurre restant. Laissez encore 30 minutes. Saupoudrez du reste de sucre glace et servez découpé comme une tarte. Vous et vos convives n'avez jamais mangé quelque chose d'aussi croustillant, suave, parfumé et parfait de conception et de résultat.

Arrosez ce plat fastueux d'un chablis, et servez à côté, par exemple, un saladier de carottes finement râpées, arrosées du jus d'une orange, salées et poivrées, parsemées du persil et de la coriandre qui vous restaient. Les individus les plus ethnocentriques seront à même de comprendre enfin, par l'expérience sensuelle et intellectuelle que représente la dégustation de la pastilla, quelle dette immense de culture nous avons envers les sociétés arabes, qui ont perfectionné la géométrie, les mathématiques et la médecine ébauchées par le génie grec, et inventé un art de vivre à côté duquel le nôtre ressemble trop souvent à des mœurs grossières.

# La viande de boucherie ou le gros

Il vous faut d'abord trouver un boucher fier de son état. L'honnête boucher arbore une mine florissante, un tablier immaculé, s'entoure de torchons propres, d'une batterie impressionnante de couteaux effilés, d'apprentis qu'il aime à houspiller. Son billot est toujours propre, son épouse à la caisse, rebondie, aimable, mise en plis vertigineuse, main blanche et potelée. L'honnête boucher est cher : ça vaut la peine. Il ne traite que le bœuf limousin, normand ou auvergnat (le meilleur avec l'Angus écossais), qu'il sait rassir comme il faut et présenter la chair un peu sèche, brunie, la graisse jaune et dense ; le veau de lait sous la mère, dont la chair nacrée ignore tout de l'hormone immonde qui gonfle les pauvres bêtes de l'industrie ; l'agneau de lait ou le jeune mouton broutard bourré du thym, du romarin, de la sarriette des Alpilles ou encore déjà salé par les prés du bord de mer, à la frontière de la Bretagne et de la Normandie (j'en profite pour rappeler le dicton : « Le Couesnon dans sa folie mit le Mont en Normandie ». Le Mont-Saint-Michel, évidemment, que seul put imaginer le génie celtique).Chez l'honnête boucher aussi le cochon de lait et ses parents des cours de ferme, le cabri au printemps, bref, tout ce qui est chair crue. Il règne du reste chez le brave homme une atmosphère un peu chargée, un peu électrique, voire carrément sensuelle : la chair crue, comme chacun sait, c'est le sexe.

**À tout seigneur, tout honneur,** nous commencerons par :

## Le bœuf

... orgueil de l'honnête boucher, apprécié par les Macédoniens sept mille ans déjà avant Jésus-Christ. Voici un bœuf avec ses différentes parties, ainsi qu'il figurait dans le livre de cuisine de ma maman :

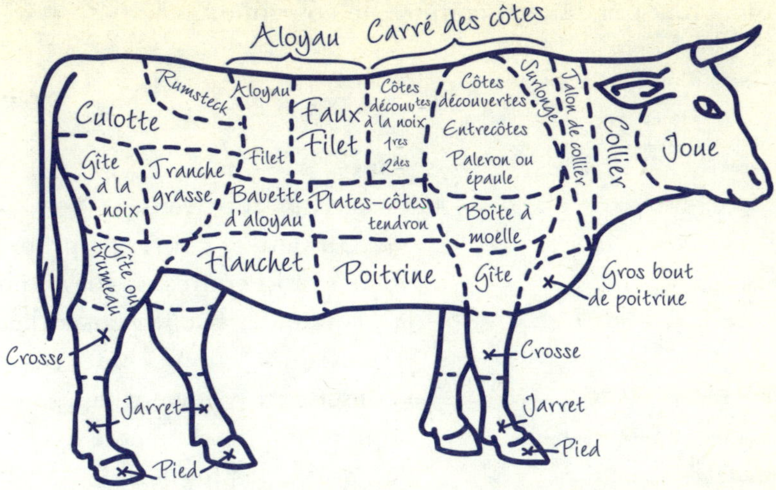


***Deux grandes catégories :*** *les morceaux dits « nobles », que l'on mange crus, marinés, en grillades ou rôtis, c'est-à-dire en cuissons simples et courtes ; et les morceaux dits « bas » (ça laisse rêveur sur l'idéologie de la corporation bouchère), qui nécessitent de longues cuissons, en braisés ou bouillis. C'est l'indication pour les « vieilles marraines », ces pauvres bêtes à la viande « refaite », bœufs et vaches épuisés par les charrois, les traites et la maternité, qu'on vous vend parfois pour du bœuf gras, à moindre prix il est vrai.*

***Si vous ne vous nourrissez pas exclusivement de hamburgers,*** *il vous est arrivé de tenter le steak. Je frémis d'y songer. 1/ Vous avez demandé n'importe quel steak à n'importe quel soi-disant boucher, ou, pire, vous l'avez acheté en barquette dans une grande surface ; 2/ Vous l'avez cuit au petit bonheur la chance. Apprenez que :*

- *pour le cru ou le mariné, rien ne vaut le filet ou le faux-filet, viandes maigres et très tendres ;*
- *pour le grillé (votre steak), le meilleur est la viande persillée, c'est-à-dire tissée d'un fin réseau de graisse : l'aloyau, le rumsteck, l'entrecôte, la côte ;*
- *pour le poêlé, choisissez le tournedos (qui n'est autre qu'un morceau de filet), ou les « morceaux du boucher », la bavette, l'onglet, l'araignée ;*
- *pour le rôti, le classique rosbif (francisation de* roast-beef*) pris dans l'aloyau est bien ;*
- *pour le braisé et le bouilli, le gîte-gîte, le paleron, les plates-côtes, etc., sont transformés par de longues cuissons en plats délectables. C'est surtout de ceci que nous parlerons.*

**Commençons par le cru, comme de coutume, avec :**

# Le steak tartare

*Votre marché :*
- *200 g de filet ou de faux-filet de bœuf*
- *1 petit oignon*
- *quelques branches de persil plat*
- *2 jaunes d'œufs*
- *1 c.c. de câpres*
- *1 c.s. de moutarde forte de Dijon*
- *tabasco, Worcester sauce*
- *1 c.s. d'huile d'olive VPPF*
- *sel, poivre du moulin*

**Toutes saisons – Pour vous tout seul.**

Un peu de courage : prenez votre grand couteau bien aiguisé, la planche, et hachez votre filet très menu – à la machine, cette viande tendre devient de la bouillie. Faites de même avec l'oignon et les feuilles de persil, et mélangez le tout avec le reste des ingrédients (la quantité de tabasco et de Worcester sauce sera selon votre goût). Salez et poivrez fortement. Je déconseille fortement le ketchup, qui est capable de défigurer n'importe quoi.

Mangez ça avec une bonne salade de mâche en hiver, de roquette en été. Arrosez d'un graves rouge. Accompagnez de tartines grillées. C'est un régal simple. Et surtout, mangez tout de suite : la viande crue hachée se corrompt rapidement.

~

**Poursuivons avec le mariné, et :**

# Le carpaccio de bœuf

**Toutes saisons – Pour vous tout seul.**

C'est si simple que vous pouvez en confier la confection à votre nièce : dans ce cas prévoyez 300 grammes de viande.

Disposez-la (la viande, pas la nièce) sur une large assiette plate en faisant se chevaucher les tranches aussi peu que possible.

Salez et poivrez sérieusement. Arrosez du jus de la moitié du citron, puis d'huile d'olive. Vous pouvez servir immédiatement, mais à mon goût c'est plus savoureux mariné au frais 1 ou 2 heures. En tout cas, parsemez avant de servir de copeaux de parmesan taillés à l'économe ou avec un couteau destiné à couper des lamelles dans les fromages fermes (chez votre honnête quincaillier). Avec une salade de roquette, c'est vraiment bon.

**N.B. :** j'ai entendu dire que cette préparation est d'invention récente et vénitienne : un grand hôtelier l'aurait inventée pour une cliente américaine qui se serait déclarée incapable de digérer quoi que ce soit (symptôme typique de mélancolie). Il aurait baptisé ce plat du nom du peintre vénitien le plus fameux, sans doute à cause du rouge dont il usait abondamment sur ses toiles, ce qui laisse à penser que ce carpaccio était bien de bœuf. Bizarre, parce que dans le Nord de l'Italie on mange plutôt du veau en *carne cruda* (même confection exactement, sauf qu'il s'agit de noix de veau).

Votre marché :
- 150 g de filet de bœuf (prévenez votre boucher la veille : il mettra la viande au grand froid et pourra ainsi la découper aussi fin qu'une tranche de jambon de Parme, ce qui convient)
- 1 citron
- huile d'olive VPPF
- 1 morceau de parmesan
- sel, poivre du moulin

~

**Comment griller, poêler ou rôtir le bœuf**
Achetez toujours un morceau épais (par exemple une entrecôte de 400 grammes pour deux), c'est beaucoup plus savoureux. Ne le mettez pas au réfrigérateur, ou alors posez-le sur une assiette, débarrassé de son emballage, et sortez-le une heure avant cuisson. Demandez la durée de cuisson au boucher, qui vous la donnera selon que vous aimez votre bœuf bleu, saignant ou à point.

**Vous avez opté pour la grillade,** donc pour une viande persillée. C'est simple : il suffit d'avoir un bon grill (je ne saurais trop vous recommander le vieux modèle en fonte, lourd, inusable, le genre d'outillage qu'on garde à vie. Les grills antiadhésifs ne valent rien : leur métal, trop mince, est trop sensible à la chaleur), et de le chauffer sérieusement avant d'y poser votre viande. Ainsi, saisie sous l'effet de la chaleur très vive, la surface de la viande enferme à l'intérieur le sang et les sucs qui font sa saveur et sa tendreté. Retournez après 2 minutes, afin de saisir l'autre face. Puis baissez un peu le feu et refaites une fois le même manège, en position inverse, de façon à orner votre viande de croisillons dorés. Après cuisson, laissez-la reposer 2 ou 3 minutes sur une assiette chaude, hors du feu : ainsi le sang réfugié au centre sous l'effet de la chaleur aura le temps de réimprégner tous les tissus. Salez et poivrez pour finir.

La viande persillée de la bonne grillade cuit dans sa propre graisse : c'est une aberration d'en ajouter. Par contre, si vous achetez un morceau maigre (toujours épais), badigeonnez-le au pinceau d'un peu d'huile d'arachide avant de le poser dans une lourde poêle bien chauffée auparavant. Ces deux points – l'huile et l'outillage – mis à part, la technique est la même. Il ne faut jamais poêler le bœuf au beurre, qui ne supporte pas la forte température requise.

**Pour rôtir,** c'est toujours la même technique.

Placez la viande maintenue depuis 1 heure à température ambiante dans un four préchauffé à chaleur maximale (th. 9, 280 °C). Demandez aussi au boucher le temps de cuisson, puis laissez reposer 5 minutes dans le four éteint et entrouvert. Salez et poivrez ensuite.

Voilà : ces techniques sont sans doute les premières que connut le cuit carné. Le reste est affaire d'expérience.



~

**Le bœuf haché, Dieu merci, n'est pas uniquement synonyme de hamburger.** Il entre dans de nombreuses préparations populaires, savoureuses et bon marché. Votre boucher hachera devant vous le bœuf maigre que vous lui demanderez, et vous le cuisinerez aussitôt : rien n'est plus vite corrompu que ces fibres broyées, et je n'aimerais pas vous retrouver malade. J'adore pour ma part les petites boulettes qu'on mange en Grèce et en Turquie, sous le nom de :

## Keftedes

(Vous savez que les cuisines grecque et turque sont quasi semblables – je me garde de donner mon avis sur la primauté – et que seuls les nationalismes exacerbés du coin et les caractéristiques linguistiques les différencient vraiment. J'ajoute tout de même que l'ordinaire grec est aujourd'hui assez révoltant, dénaturé par le tourisme de masse et la misère, et qu'on mange merveilleusement en Turquie, j'espère encore pour longtemps.).

**Toutes saisons – Pour six personnes.**

Votre marché :

- 1 kg de bœuf maigre haché sous vos yeux
- 50 g de mie de pain blanc rassis
- 25 cl de vin blanc sec
- 2 oignons
- 3 gousses d'ail
- 25 feuilles de menthe fraîche (si c'est 24 ou 26, ça ira quand même, allez)
- 1 œuf
- 1 c.s. d'origan
- 100 g de farine
- huile d'olive VPPF pour la cuisson
- sel, poivre du moulin

Ce n'est pas difficile : mettez le pain à tremper dans le vin blanc, puis essorez et émiettez dans un saladier.

Pelez les oignons et l'ail, hachez menu les premiers et passez le second au presse-ail. Ciselez fin les feuilles de menthe. Le tout rejoint le pain.

Battez l'œuf à la fourchette, versez dans le saladier où vous ajoutez la viande, l'origan, beaucoup de sel et de poivre.

Brassez le tout à deux mains (propres, les mains) jusqu'à ce que l'amalgame soit parfait. Lavez-vous encore les mains.

Versez la farine sur une grande assiette. Formez des boulettes en roulant entre les paumes la valeur d'une grosse cuillerée à soupe de viande préparée. Roulez ces boulettes dans la farine, secouez un peu pour ôter l'excédent.

Dans une large sauteuse, versez un fond d'huile, faites-la chauffer et posez les boulettes quand l'huile est bien chaude mais non fumante. Faites dorer de tous côtés, à feu modéré, en les tournant à l'aide de deux cuillères à soupe.

Un bon coup de retzina bien frais, ce vin blanc grec à saveur fumée, et quelques légumes crus à croquer, genre fenouil, poivron rouge, radis, concombre, etc. Vous adorerez comme moi ce petit bout de *Mare Nostrum*.

~

Les personnes les plus rétives à la cuisine cèdent généralement à la suavité des :

# Boulettes en sauce tomate

C'est le cas du préfacier de ce modeste ouvrage, personnalité pourtant extraordinairement coriace, dont ce plat abat les résistances au point de le laisser, lorsqu'il est en outre accompagné de ma purée de pommes de terre à la crème, tout désarmé et nageant presque dans le lait de l'humaine tendresse.

**Été-automne – Pour quatre personnes (faites familial).**

Votre marché :

- 1 livre de bœuf maigre haché sous vos yeux
- 200 g de lard de poitrine fumé, découenné et haché également
- 2 oignons moyens
- 1 bouquet de persil plat
- 1 œuf
- 100 g de farine
- 50 g de beurre
- 4 grosses tomates bien mûres et fermes
- 125 g de crème épaisse
- sel, poivre du moulin

Les boulettes, c'est toujours pareil : il faut se laver les mains et triturer. La viande, le lard haché, les oignons pelés et hachés menu, la valeur de 2 c.s. de persil ciselé, l'œuf, du sel et du poivre en abondance jusqu'à ce que ce soit bien amalgamé.

Se relaver les mains. Répartir la farine sur une assiette, former huit boulettes assez grosses, les rouler dans la farine, secouer l'excès. Mettre le beurre en cocotte à feu modéré, y faire dorer les boulettes de toutes parts.

Pendant ce temps (et là est la nouveauté), pelez, épépinez et concassez les tomates comme vous savez le faire les yeux fermés *(voir p.24)*.

Quand les boulettes sont dorées, versez les tomates, couvrez et laissez mijoter, toujours à feu modéré, environ 30 minutes, jusqu'à ce que les tomates soient fondues. Ajoutez la crème hors du feu, parsemez de quelques feuilles de persil pour la beauté de la chose, et servez ce plat simple à votre famille attendrie. N'oubliez pas la purée de pommes de terre, qui ajoute encore à l'effet de régression.

**Je ne m'étendrai pas davantage sur les cuissons courtes,** et vous avez noté que la dernière appartient déjà à la catégorie du mijoté. Ce que je préfère dans le bœuf, c'est la viande « refaite », les « bas »-morceaux, que le « bas » peuple sait accommoder depuis toujours de la plus succulente manière. La richesse, qui a poussé les empereurs romains à abattre des centaines d'autruches pour n'en manger que le cou (idée stupide, s'il en est) et pousse les parvenus d'aujourd'hui à ne pas concevoir un repas sans caviar, foie gras, homard ou truffe (tout aussi stupide), est, quand elle produit de telles absurdités, méprisable. Rangeons-nous résolument du côté du génie populaire, qui sait transformer la contrainte (celle d'être condamné aux « vieilles marraines ») en plaisir (celui de s'en régaler), et déployer pour ce faire une invention et un savoir inouïs. Commençons par le roi incontesté du genre :

# Le pot-au-feu

**Toutes saisons – Quel que soit le nombre de convives, voyez grand :** les restes sont, s'il est possible, encore meilleurs que le plat, et vous pourrez vous en régaler trois jours durant. **Voici donc des proportions qui conviennent à quatre personnes, pour trois repas.**
Vous êtes légèrement égaré devant ce monceau de provisions. Calmez-vous, ce n'est rien à faire et ça s'engloutit à une vitesse folle. Vous avez prévu le pot-au-feu pour le dîner. Faites votre marché le matin et attaquez en rentrant à la maison.

Emplissez à demi un vaste faitout d'eau froide. Épluchez une carotte, lavez une grosse branche de céleri avec ses

Votre marché :

- 1 kg de gîte en un morceau
- 1 kg de paleron en un morceau
- 1 kg de plat-de-côtes en un morceau
- 1 livre de queue de bœuf en tronçons
- 9 carottes moyennes
- 1 céleri en branches, 2 gros oignons
- 2 clous de girofle, 1 bouquet garni (persil, thym, laurier)
- 4 os à moelle
- 4 pommes de terre moyennes : BF15 ou rosevals
- 4 navets, 4 poireaux
- l'été vous pouvez ajouter 4 petites courgettes
- 2 bouquets de persil plat
- 2 gousses d'ail
- 15 cl d'huile d'olive VPPF
- gros sel gris de Guérande et sel fin
- poivre noir en grains et poivre du moulin

feuilles, débitez-les en tronçons. Pelez les oignons et piquez-les des clous de girofle. Jetez tout ça dans le faitout, avec le bouquet garni, une poignée de gros sel et une autre, plus modeste, de poivre.

Portez à ébullition, puis ajoutez toutes les viandes, à l'exception des os à moelle. Cela vous donnera une chair savoureuse, car l'action de l'eau bouillante y enferme les sucs, alors que si vous l'aviez mise à l'eau froide ils se seraient dilués, donnant un bon bouillon mais une viande médiocre. Or, ce qui nous intéresse d'abord, c'est bien la viande, non ? Rien ne vous empêche d'ailleurs, si vous n'aimez que le bouillon, de procéder à l'eau froide et de jeter la viande ensuite. C'est un choix intime, dans lequel je n'interviendrai pas.

À la reprise de l'ébullition, ôtez l'écume qui se forme, deux ou trois fois, puis baissez le feu au plus doux, couvrez, et laissez frémir 3 heures 30 à 4 heures. Selon le temps que vous prendra votre lecture de Zola, de Marx ou de Victor Hugo.

Ôtez du feu, laissez refroidir : ainsi, au moment de reprendre les opérations, une heure avant le dîner, la graisse rendue se sera figée en couche blanche, vous pourrez l'ôter et vous aurez un bouillon maigre et sain.

Une heure donc avant le dîner, prélevez une petite casserole de bouillon, où vous rangerez les os à moelle.

Pelez les carottes, les pommes de terre, les navets, nettoyez les poireaux et ôtez-leur presque tout le vert.

Remettez le faitout sur feu doux. La viande va se réchauffer pendant que vous cuirez les légumes, dans une vaste casserole à demi remplie d'eau salée. Vous y jetterez dans l'ordre : les navets, 10 minutes après les pommes de terre et les carottes, 10 minutes après les poireaux pour 15 minutes encore. L'été, vous réserverez aux courgettes les 5 dernières minutes. Ainsi vous aurez des légumes croquants et frais. Utilisez votre minuteur, vous resterez bien calme.

En même temps, faites pocher les os dans leur bouillon frémissant (ainsi ils seront à point en même temps que les légumes), et préparez une sauce verte, qui est un accompagnement idéal pour le pot-au-feu. Pour ce faire, lavez et épongez les deux bottes de persil, mettez-en toutes les feuilles dans le bol de votre mixeur, ajoutez l'ail pelé et coupé en lamelles, une petite louche de bouillon, l'huile d'olive, du sel fin et du poivre. Faites tourner votre mixeur, vous aurez une belle pommade souple d'un jade vif, du plus bel effet. Si vous êtes anxieux, vous pouvez faire cette sauce en tout premier lieu, à la reprise du soir.

Voilà, c'est prêt. Prenez un immense plat. Égouttez les viandes, ôtez les saveurs (carotte, céleri, oignons, bouquet garni) qui traînent dans le bouillon depuis le matin – gardez-le, ce bouillon, précieusement. Disposez les viandes au centre du plat, égouttez les légumes et rangez-les autour, égouttez les os à moelle et rangez-les aussi sur le plat. Servez fumant, avec du pain de campagne grillé où chacun tartinera sa moelle, du gros sel, des moutardes (forte de Dijon et de Meaux), et la divine sauce verte (inspirée de la *salsa verde* turinoise) pour couronner le tout.

Veillez à préserver à peu près les deux tiers des viandes pour les jours suivants. Les pauvres sont prévoyants, ils savent ce que disette veut dire. Et vous ne voudriez manquer les « suites » pour rien au monde.

~

**Vous vous réveillez très tôt après ces agapes, et le temps vous pèse tant que vous n'avez pas dégusté la première « suite » de votre pot-au-feu.**



# La salade de bœuf

**Toutes saisons – Pour deux personnes** (on ne peut pas avoir du monde tous les jours).

Prélevez le tiers des restes de viandes de votre pot-au-feu. Ôtez la graisse et coupez en cubes pas trop gros. Jetez les tiges creuses du céleri en branches, lavez le cœur et coupez-le en lamelles minces avec les petites feuilles tendres.

Votre marché :

- 1 botte de cerfeuil
- 1 botte de ciboulette
- 1 botte de persil plat

C'est tout. (Vous avez conservé le céleri en branches de la veille, il vous reste les viandes, de la moutarde forte de Dijon, et vous avez de l'huile d'olive VPPF, du vinaigre de vin rouge, du sel et un moulin à poivre dans votre placard.)

Faites une bonne sauce vinaigrette avec : du sel et du poivre, 1 forte c.s. de moutarde, le tout dilué d'1 c.s. de vinaigre, et émulsionné avec 4 c.s. d'huile. Versez-y la viande, enrobez-la et laissez-la s'imprégner, pendant que vous ciselez la valeur de 2 c.s. de chacune des herbes.

Ajoutez le céleri dans le saladier, les herbes, touillez. C'est prêt. Ça vous aura pris un quart d'heure. C'est un plat de bouchers, et ils s'y entendent.

**N.B. :** s'il vous reste des légumes du pot-au-feu, détaillez-les menu et ajoutez-les à votre salade, qui les accueillera avec plaisir.

~

**C'est le troisième jour. Réinvitez la famille pour le couronnement de vos restes. Et confectionnez :**

# Le hachis Parmentier

**Toutes saisons – Pour quatre personnes.**

Une heure avant le repas, pelez et hachez fin les oignons et les échalotes.

Mettez le tiers du beurre dans une grande poêle et faites-y fondre doucement votre hachis, en remuant de temps en temps. Profitez-en pour hacher menu (au couteau) la viande de pot-au-feu débarrassée de son gras, ciseler à peu près la valeur de 3 c.s. de persil, peler et presser la gousse d'ail. Versez le tout dans la poêle, tournez pour bien mélanger, et ajoutez une petite louche du bouillon qui attend au réfrigérateur. Touillez à feu plus vif jusqu'à ce que la viande ait absorbé le bouillon, ce qui la rend plus moelleuse encore. Poivrez, salez et laissez en attente.

Confectionnez la purée comme je vous l'ai déjà indiqué

*Votre marché :*

- 1,5 kg de pommes de terre bintje
- 2 oignons et 4 échalotes
- 125 g de beurre
- 1 petite gousse d'ail
- 1/4 de litre de lait entier
- 1/4 de litre de crème fleurette
- sel fin, poivre du moulin, gros sel, muscade

(Il vous reste du persil plat de la veille, et bien sûr les viandes et le bouillon.)

*(voir p.52)*, avec le lait et la crème, en y adjoignant le deuxième tiers du beurre et la muscade. Allumez votre four (th. 7, 220 °C).

Beurrez un plat à gratin. Étalez une fine couche de purée. Versez la viande, égalisez. Versez le reste de purée, égalisez encore, et parsemez du beurre restant en parcelles.

Posez le plat sur la plaque du four, où vous verserez un fond d'eau : votre hachis en sera plus moelleux encore (la caractéristique numéro un du hachis parmentier est le moelleux, vous l'avez remarqué).

Enfournez pour 20 minutes, jusqu'à ce que se forme une croûte mince, dorée, friable, qui concentre tous les parfums du hachis.

Servez avec une salade verte assaisonnée d'une vinaigrette à la moutarde. Votre famille, qui ne connaît de ce plat que des versions défigurées (du genre bifteck haché et purée instantanée, gratinés au gruyère râpé) sera toute ébaubie.

**N.B. :** avec ce qui vous reste de bouillon, vous pouvez confectionner un *risotto milanese* idéal. Ce sera le quatrième jour. Grâce au pot-au-feu, vous serez allé au bout d'une chaîne culinaire et économique d'une parfaite efficacité.

~

**Vous connaissez les Marseillais : pauvres, nonchalants et sensuels. Vous pensez bien qu'eux aussi ont trouvé des façons d'accommoder la viande refaite. Leur :**

## Daube marseillaise

... est un chef-d'œuvre, confectionné à la paresseuse.

**Toutes saisons – Pour six personnes** (ou plutôt 2 fois 3, ou 3 fois 2, c'est encore meilleur réchauffé).

La veille au soir, versez la viande (mais pas le lard) dans une grande terrine, couvrez-la des trois quarts du vin, d'un verre de vinaigre, de deux gousses d'ail épluchées et coupées en lamelles, de l'oignon épluché et coupé grossièrement. Ajoutez le thym, le laurier, le persil, le girofle, la peau de l'orange lavée, prélevée à l'économe, et une petite poignée de gros sel. Remuez vaguement afin de bien répartir tous les parfums. Couvrez. Allez vous reposer.

Votre marché (la veille) :

- 1 kg de gîte et 1 kg de paleron que vous demanderez à votre honnête boucher de couper en gros dés, ça vous fatiguerait
- 1 bouteille de vin rouge, un côtes-du-Rhône d'excellente qualité
- 2 verres à liqueur de vinaigre de vin rouge
- 4 gousses d'ail
- 1 gros oignon
- 1 branche de thym
- 1 feuille de laurier
- 3 branches de persil
- 3 clous de girofle
- 1 orange non traitée
- 1 tranche épaisse de lard fumé, coupée en fins lardons avec la couenne par votre charcutier (voir plus haut)
- 1 verre à liqueur de cognac
- 3 c.s. rases de farine
- 2 c.s. d'huile d'olive VPPF
- gros sel gris, poivre du moulin

Le lendemain, quand vous vous en sentirez l'énergie, mais au plus tard 4 heures avant votre repas, versez 1 c.s. d'huile dans une grande cocotte, mettez-y à rissoler les lardons à feu modéré jusqu'à ce qu'ils soient bien dorés. Ne vous inquiétez pas, ça se fait tout seul, contentez-vous de tourner une ou deux fois.

Pelez l'ail restant et émincez-le, ajoutez-le dans la cocotte et laissez dorer à peine. Ajoutez alors le reste de l'huile, et la viande que vous ôterez, en l'égouttant, de sa marinade. Montez le feu au maximum afin de saisir la viande sur toutes ses faces. Remuez deux ou trois fois.

Quand le fond de la cocotte est presque sec, versez le cognac, approchez une allumette et reculez-vous vivement : ça flambe.

Ajoutez ensuite la farine et tournez bien, toujours sur feu vif. Versez alors la marinade, le vinaigre et le vin restants. Remuez afin de détacher tous les sucs et la farine du fond de la cocotte et, à ébullition, couvrez, baissez le feu au plus doux et laissez ainsi 3 heures à 3 heures 30, selon le temps que vous prendra une sieste nécessaire et réparatrice après toute cette agitation.
Demandez à autrui de préparer le légume au bon moment. L'idéal : des pommes de terre vapeur, de la polenta de blé ou de maïs, des pâtes fraîches. Il suffit de consulter la recette et de faire un compte à rebours.
Vous, prenez le pastis afin de vous ouvrir l'appétit. Offrez-en aux voisins qui se massent à la porte, rendus fous par le fumet. Calmez-les, et renvoyez-les dans leurs foyers (trop de vaisselle).

Mangez encore le lendemain et le jour d'après ce plat admirable, qui se bonifie au réchauffement et dont Giono prétendait qu'on pouvait le commencer à Noël pour l'achever à Pâques. Je n'irai pas jusqu'à ces licences poétiques.

**C'est sur la daube que j'ai choisi de quitter le bœuf.**
N'en mangeons pas trop : en variant notre cuisine nous apportons une contribution modeste mais indéniable à l'écologie de notre planète. Songez aux quantités de céréales et de fourrage que doit consommer un bœuf pour parvenir à la taille exploitable : c'est énorme et absolument disproportionné dans l'équilibre de la chaîne alimentaire.

~

**Passons au petit bovin** qui tète encore sa mère :

# Le veau

Voilà le dessin que je regardais dans le livre de cuisine de ma maman, ce qui m'a valu par la suite toute la considération de mon boucher.



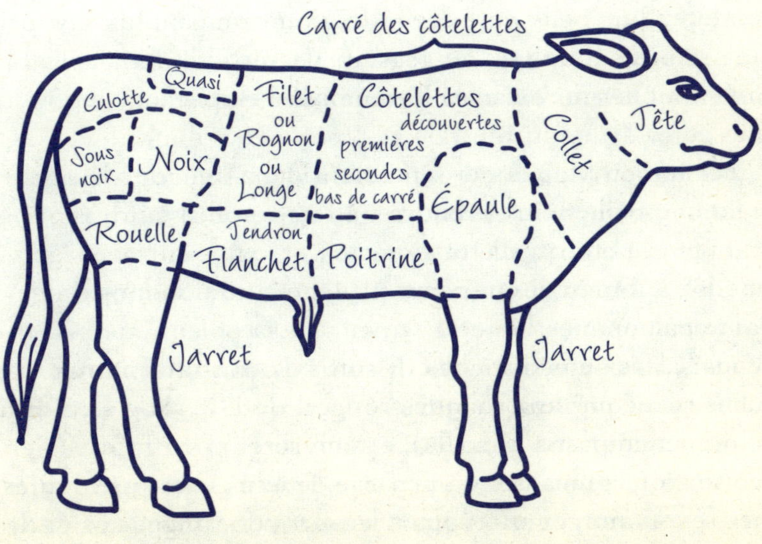

*Il est extrêmement difficile de trouver un authentique veau de lait,* *abattu à la fin du sevrage et n'ayant connu du monde réel que le pis de sa maman et l'herbage qu'elle broute et rumine à n'en plus finir. La saine petite bête viendra sans doute du Limousin, et seules l'honnêteté de votre boucher et l'épreuve de la cuisson seront garantes de la qualité de la bête. Le veau aux hormones, en effet, lâche une eau abondante qui laisse une chair sèche et filandreuse. Un œil exercé décèlera cependant : le rose nacré de la chair, sa matité, sa fermeté, sa graisse fine et blanche. Le veau aux hormones est généralement suintant et trop pâle.*
*Les Italiens, qui adorent le* vitello *sous toutes ses formes depuis l'Antiquité, ont une production de bonne qualité. Ces gens-là savent manger, souvent mieux que nous. Ils savent donc que dans le veau tout (de la langue aux pieds) est bon.*

~

**Une envie subite vous saisit, dès le réveil, de vous lancer dans :**

# La côte de veau poêlée

... pour votre déjeuner. Il en va généralement ainsi avec le veau, et il faut toujours céder au désir, vous avez raison. Mais de même que vous ne vous jetez pas sur n'importe quoi appartenant à première vue au sexe qui vous intéresse globalement, de même vous montrerez la plus sévère exigence pour votre veau. Vous demanderez une belle côte seconde, avec son os, plus savoureuse que la première parce qu'au gras mieux réparti, dont votre aimable boucher incisera les bords pour l'empêcher de gondoler à la cuisson.

Vous la mettrez à dorer lentement dans une lourde poêle garnie d'une belle noix de beurre, à feu doux. Il faudra un bon quart d'heure pour qu'elle offre recto-verso une surface légèrement caramélisée, comme il convient, protégeant un dedans d'une fondante pâleur.

Vous salerez en cours de cuisson, ce qui convient aux viandes blanches (mais pas aux viandes rouges, dont le sang s'enfuirait anarchiquement dans la poêle), et poivrerez pour finir.

Cette côte, à mes yeux, surpasse de loin l'escalope. Faites-en un plaisir solitaire, ce qui vous permettra de ronger l'os et de sucer la moelle impunément, et accompagnez-la de purée de céleri et de champignons sauvages sautés au beurre en automne, d'un sauté de légumes nouveaux au printemps, de brocolis au beurre en hiver, de courgettes en été. C'est délectable, de toute façon.

~

**En Ligurie, où Gênes vit la naissance de Christophe Colomb, on mange un sauté délicieux :**

# Le vitello all'uccelletto

**Toutes saisons – Pour deux personnes.**

10 minutes avant le repas, mettez un plat de service à chauffer, puis coupez les tranches de veau en morceaux de 3 ou 4 centimètres de côté. Pelez l'ail et coupez-le en minces lamelles.

Chauffez l'huile dans une sauteuse, à feu modéré, avec l'ail et les feuilles que vous aurez choisies (la sauge est *ottima*, à mon goût). Quand l'ail commence à prendre couleur, ôtez la sauteuse du feu et tournez-y la viande, afin qu'elle s'enrobe de toutes parts de l'huile parfumée.

Votre marché :
- 250 g de filet de veau, détaillé en tranches aussi minces que possible par votre boucher
- 2 gousses d'ail
- 2 c.s. d'huile d'olive VPPF
- 4 feuilles de laurier ou 6 feuilles de sauge fraîche
- 4 c.s. de vin blanc sec
- sel, poivre du moulin

Remettez au feu, cuisez 4 minutes sans cesser de tourner. Salez et poivrez, ôtez la viande à l'écumoire et mettez-la sur le plat de service chaud.

Versez le vin blanc dans la sauteuse, *presto*, et faites réduire à grand feu en grattant les sucs attachés au fond. Vous avez un jus sirupeux, dont vous napperez la viande que vous servirez aussitôt. C'est exquis avec des petits pois au beurre, qui sont l'accompagnement traditionnel de ce plat.

~

**Nous restons en Italie, spécialiste incontestable du veau, mais nous passons en Campanie** (capitale : Naples), pour une recette de paupiettes un peu plus élaborée, qui laissent loin derrière celles que nous pratiquons :

## Les braciolette ripieni

La paupiette, je vous le rappelle, est une tranche de viande farcie et roulée. Elle réclame un peu d'attention et de temps. Choisissez un disque de *canzonette* napolitaines accompagnées à la mandoline, et attaquez une heure avant dégustation.

**Toutes saisons – Pour deux personnes.**

Votre marché :

- 4 escalopes de veau de 50 g chacune, aplaties par votre boucher en feuilles très minces et à peu près rectangulaires
- la mie d'1 tranche de pain
- 15 cl de vin blanc sec
- 2 c.s. de raisins blonds de Smyrne
- 20 g de pignons
- 3 c.s. de parmesan, râpé par vos soins
- 1 bouquet de persil plat
- 4 tranches fines de jambon cuit
- 1 c.s. d'huile d'olive VPPF
- sel, poivre du moulin
- des piques en bois

Imbibez la mie de pain avec 5 cl de vin blanc, puis pressez et émiettez dans un saladier. Ajoutez raisins, pignons, parmesan, la valeur d'à peu près 2 c.s. de persil ciselé, sel, poivre généreux. Mélangez à fond, à la main (propre).

Recouvrez chaque feuille de veau d'une tranche de jambon, répartissez la farce. Roulez serré chaque paupiette, en faisant bien attention de ne pas laisser échapper la farce par les côtés, et fermez le tout avec des piques en bois. Vous verrez, c'est un coup à prendre.

Chauffez l'huile dans une cocotte, faites dorer les paupiettes à feu modéré. Versez alors le reste du vin blanc, couvrez, et laissez mijoter à petit feu 25 minutes, en retournant les paupiettes une fois à la mi-temps.

Pendant ce temps, faites chauffer le plat de service. Lorsque les paupiettes sont cuites, posez-les sur ce plat et faites bouillir leur sauce à bon feu jusqu'à ce qu'elle épaississe et forme un jus sirupeux.

Ôtez les piques, nappez de sauce, servez. Vous lécherez le plat, et garderez sur la langue la preuve du génie culinaire de la péninsule.

**Poursuivons notre circuit touristique et passons en Lombardie** (capitale : Milan). Vous faites des progrès en cuisine et en géographie. Là est la patrie d'un des plats qui me fait le plus saliver et qu'on cuisine rarement ailleurs :

# Le vitello tonnato

... qui est un veau à la sauce au thon : c'est une idée au moins aussi géniale que l'œuf de Christophe Colomb. Il fallait y penser.

**Toutes saisons – Pour quatre personnes.**

Votre marché :

- 1,2 kg de rôti de veau, dans la noix ou la sous-noix, ficelé serré, sans barde surtout
- 1 boîte de 90 g de thon germon à l'huile d'olive
- 1 boîte de filets d'anchois allongés à l'huile d'olive
- 2 œufs
- 1 citron
- 1 bocal de câpres au naturel
- 20 cl d'huile d'olive VPPF + 1 c.s.
- 50 g de beurre
- sel, poivre blanc du moulin

Procédez en deux temps : d'abord le rôti, puis, quand il est cuit et refroidi, la sauce.

Frottez de sel et de poivre votre rôti. Faites chauffer le beurre et la cuillerée d'huile dans une cocotte, à feu moyen, et faites-y dorer la viande sur toutes ses faces.

Couvrez ensuite, baissez le feu au plus doux et laissez cuire 1 heure 30 en tournant deux fois. Laissez refroidir à couvert dans le jus qui s'est formé. Vous avez largement le temps d'écouter vos Verdi favoris. Ce héros milanais de la musique et de l'unification italienne a réussi le tour de force de composer des chefs-d'œuvre en plein réalisme sentimental bourgeois.

Le temps est venu de confectionner la sauce au thon. C'est tout aussi simple : jetez dans le bol du mixeur le thon avec son huile, 4 filets d'anchois, les jaunes des œufs, le jus de la moitié du citron et l'huile d'olive. Mixez à fond, vous aurez une pommade souple. Si elle est trop compacte, mixez encore en ajoutant un peu du jus de cuisson de la viande.

Découpez le rôti de veau en tranches aussi fines que possible, sur une planche. Disposez-les sur un large plat, en les faisant se chevaucher aussi peu que possible (en cuisine comme dans le reste du monde physique, on est soumis à la relativité). Recouvrez de sauce, en égalisant bien.

Protégez le plat d'un papier d'aluminium et mettez au réfrigérateur jusqu'au moment de servir, qui peut même attendre le lendemain.

À ce moment, égouttez une poignée de câpres, parsemez-en le plat et ornez-le gracieusement des filets d'anchois restants et du demi-citron coupé en tranches transparentes. C'est une chose exquise, dégustée avec des tartines grillées et une salade verte.

Gardez précieusement le jus de veau, à l'aide duquel vous confectionnerez par exemple des pigeons aux petits pois. Vous voyez, rien ne se perd avec un peu d'intelligence.

**Attardons-nous en Lombardie, puisque sa tradition culinaire est des plus riches, et octroyons-nous :**

## L'osso-bucco, le vrai, avec sa gremolata et son risotto alla milanese



Remarquez en passant combien les plats devenus célèbres dans le monde entier sont de merveilleux plats locaux, défigurés par leur dissémination. La bonne méthode : aller goûter sur place, revenir à la maison et reproduire la recette que vous aura donnée l'autochtone devenue(e) votre meilleur(e) ami(e), parce qu'il (elle) vous aura convaincu(e) de ses talents.

**Été-automne – Pour quatre personnes.**

Nous voici dans le mijoté, bien que le jarret de veau soit à la frontière entre le noble et le bas. Attaquez donc 2 heures à l'avance.

Salez et poivrez votre viande, étalez la farine dans une assiette et enrobez-en les rouelles, puis secouez l'excédent.

Dans une lourde sauteuse, chauffez l'huile à feu plutôt vif (mais qu'elle ne brûle pas, surtout) et faites-y dorer les rouelles sur les deux faces.

Pendant ce temps, pelez l'oignon, la carotte, lavez le céleri et hachez fin le tout.

Ôtez la viande et laissez-la attendre sur une assiette. À sa place, versez le hachis de légumes, le laurier, baissez le feu et laissez suer 5 minutes, en remuant de temps en temps.

Ajoutez le vin, grattez les sucs au fond de la sauteuse, remontez le feu, laissez réduire de moitié. Profitez-en pour peler, épépiner et concasser grossièrement les tomates *(voir p.24)*, que vous ajouterez dans la sauteuse après réduction du vin, avec du sel et du poivre.

À ébullition remettez la viande et son jus, couvrez, et laissez mijoter à feu doux 1 heure 30.

Votre marché :

- 4 rouelles de jarret de veau de 300 g chacune, larges et assez épaisses, avec l'os à moelle en plein cœur (si j'ose dire)
- 100 g de farine
- 3 c.s. d'huile d'olive VPPF
- 1 petit oignon
- 1 petite carotte
- 1 branche tendre de céleri
- 1 feuille de laurier
- 15 cl de vin blanc sec
- 1 livre de tomates bien mûres et fermes
- sel, poivre du moulin

Pour la gremolata :

- 1 gousse d'ail
- 1 citron
- 1 botte de persil plat

Une demie-heure avant la fin de la cuisson, faites un *risotto alla milanese* *(voir p.44)*, et mettez le plat de service au chaud. Faites aussi la *gremolata* : pelez l'ail, râpez le zeste de la moitié du citron avec votre zesteur, coupez de quoi faire 2 ou 3 c.s. de persil haché, passez le tout à la moulinette électrique ou hachez très fin au couteau.

Lorsque la viande est cuite, posez-la sur le plat de service et gardez-la au chaud. Ôtez le laurier de la sauce et mixez-la. Goûtez, rectifiez en sel et poivre si nécessaire et versez sur la viande.

Saupoudrez de *gremolata* et servez avec le risotto et son parmesan. C'est très savoureux et nourrissant. Ça ne se réchauffe pas.

~

**J'ai évoqué souvent, au fil de ces pages, le foie de veau** sous sa forme la plus simple, poêlé au beurre, fondant, exquis, bourré de vitamine B. Bref, le foie, qui n'est pourtant qu'un abat, est à mes yeux le summum du veau – à condition toutefois que la bête soit en parfaite santé et élevée selon les règles. Encore l'Italie pour cette manière qui nous vient de Vénétie, évidemment, puisqu'il s'agit du :

## Fegato alla veneziana

**Toutes saisons – Pour deux personnes.**

Une demi-heure avant le repas, pelez et coupez les oignons en tranches transparentes. Si vous haïssez vraiment cette opération, mettez votre masque de plongée, vous ne pleurerez pas. Dans une vaste poêle, chauffez l'huile et mettez les oignons à fondre tout doucement, en remuant de temps à autre jusqu'à ce qu'ils soient nacrés et fondants. Cela prend environ 20 minutes.

Votre marché :

- 300 g de foie de veau, en tranches d'1 cm d'épaisseur
- 2 gros oignons
- 1 bouquet de persil plat
- 1 citron
- 3 c.s. d'huile d'olive VPPF
- sel, poivre du moulin

Pendant ce temps, coupez le foie en carrés de 5 centimètres de côté environ, et ciselez la valeur d'1 c.s. de feuilles de persil.

Salez et poivrez les oignons, poussez le feu, versez le foie et faites-le revenir de tous côtés 2 minutes environ. Il doit être cuit mais encore rosé à l'intérieur.

Servez aussitôt, saupoudré de persil et orné de quartiers de citron, si vous aimez (moi non, mais je n'aime pas l'acide en général). L'accompagnement traditionnel est d'épinards au beurre. Après ça, on comprend enfin le sens de l'expression : « Voir Venise et mourir ».

~

**Nous quitterons le veau sur son ris.** C'est-à-dire son thymus, cet « organe glandulaire situé à la partie inférieure du cou, très développé pendant l'enfance et régressant après la puberté » (*Petit Robert*, vous pouvez vérifier). Vous devrez sans doute commander cette rareté à votre honnête commerçant, qui vous la vendra à prix d'or. Il s'agit donc de ne pas la rater.

Je vous recommande :

# Le ris de veau aux légumes

**Toutes saisons – Pour trois personnes.**

Nettoyer convenablement le ris est capital : il faut ôter toute la peau, ou plutôt la membrane fine qui entoure les glandes, les parcelles de gras, puis laver soigneusement sous l'eau froide.

Pelez les carottes, lavez-les et coupez-les en tagliatelles à l'aide de l'économe. Jetez le cœur, trop dur.

Ôtez la feuille extérieure et les radicelles des poireaux, jetez tout le vert. Lavez soigneusement et coupez les blancs en rondelles minces.

Votre marché :
- 1 livre de ris de veau
- 1 livre de carottes
- 250 g de poireaux
- 50 g de beurre
- sel

Versez carottes et poireaux dans une cocotte. Posez les ris sur ce lit. Salez. Couvrez et laissez sur feu doux 40 minutes. Les précieux ris cuiront dans la vapeur et le jus des légumes, qui seront compotés. Le poireau donnera sa saveur poivrée caractéristique.

Il suffira d'ajouter le beurre en parcelles juste avant de servir. Je vous disais que rien dans le veau n'est mauvais, mais là, c'est inoubliable.

**Restons dans l'enfantin et le joli avec :**

# L'agneau

Ce n'est pas que je méprise le mouton. Au contraire. Nous devons une reconnaissance éperdue à cet animal que nous exploitons depuis vingt-trois mille ans et qui nous vient du Maghreb, où Cro-Magnon le parquait, et d'Irak, où s'acheva sa domestication. N'oubliez pas que la société est née avec l'élevage, bien avant la culture des sols. *Ovis Ammon*, le mouton sauvage, la bête mythique, était du reste à peu près identique au nôtre.Le mouton commun que nous voyons paître à peu près partout dans le monde est donc un témoin de nos premiers balbutiements. Considérez-le avec respect, d'autant plus que vous allez vous régaler de sa progéniture. Sa chair est en effet plus délicate que celle des géniteurs, un peu forte d'odeur et de goût, un peu grasse (voyez les moutons barbarins du Maghreb, qui accumulent la graisse dans leur large appendice caudal, par tradition le morceau réservé aux hôtes qu'on veut honorer...), en tout cas pour nos goûts tempérés et nos foies malades. « Dis-moi ce que tu manges, je te dirai qui tu es » est un adage qui s'applique parfaitement à l'agneau. Soyez donc vigilant sur sa provenance et redoublez d'amabilité avec votre boucher. Lui seul pourra vous procurer le pré-salé ou le sisteron dignes de vos raffinements. Pour vous y reconnaître, voici un agneau prédécoupé tel que je le voyais dans le livre de cuisine de ma maman :

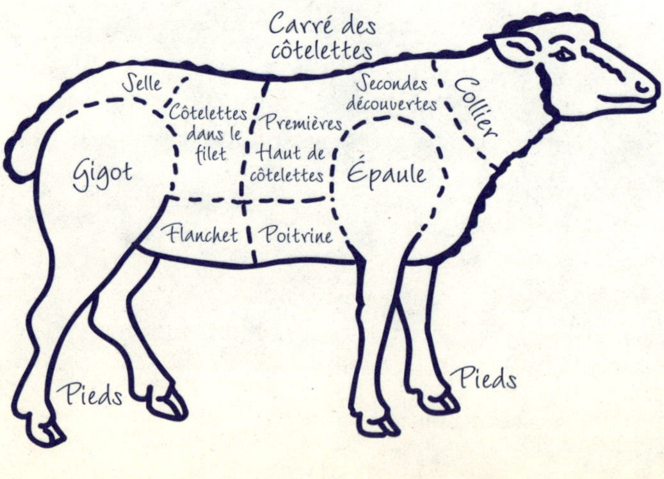

**Comment griller ou rôtir l'agneau**

– **Les côtelettes** sont délicieuses grillées ou poêlées, à feu modéré, dans leur propre graisse. Retournez-les plusieurs fois, afin qu'elles soient uniformément dorées, la chair tendre et le gras croustillant. Salez en cours de cuisson, poivrez pour finir. Je les aime bien cuites, ce qui prend environ 10 minutes. Achetez toujours les côtelettes d'agneau avec leur os. C'est bien plus savoureux et vous pourrez ronger.

– **Le carré d'agneau** est un train de côtelettes, dont votre boucher prétranchera l'os (la colonne vertébrale) afin de vous faciliter la tâche au service. L'honnête homme vous donnera également le temps de cuisson. Il faut préchauffer le four (th. 7, 220 °C), frotter la viande de sel et de poivre et l'enfourner. Comme tous les rôtis qui ont subi la commotion de la chaleur brutale, celui-ci devra attendre 10 minutes dans le four éteint, afin que sang et sucs se répandent uniformément dans les chairs. Ça se sert un peu rosé.

– **La selle** est cette région entre gigot et côtelettes qui donne une viande très savoureuse. On peut l'offrir en portions (cuire exactement comme les côtelettes, mais 7 à 8 minutes seulement : ça doit rester un peu rosé) ; ou en rôti, exactement selon la même technique que le carré d'agneau (boucher, four, etc.).

– **L'épaule** se fait au four, comme le carré ou la selle, ou en cocotte, lentement rôtie dans un mélange de beurre et d'huile. Demandez au boucher de laisser les os, la viande sera meilleure. On sert trois ou quatre personnes avec une épaule, qui est comme le gigot très savoureuse froide, avec des pickles, de la moutarde, du chutney, à la mode d'Angleterre.

– **Le gigot** est d'abord pour moi un souvenir : celui d'un cours irrésistible donné en Sorbonne par un distingué paléontologue devant un parterre de gens archi-diplômés, sur la façon de le trancher depuis l'aube de l'humanité jusqu'à nos jours. J'ai trouvé très bien que l'Université s'intéresse sérieusement aux techniques ménagères et je me suis sentie assez vaniteusement savante, je l'avoue.

Il faut, comme pour les autres rôtis, préchauffer le four (th. 7, 220 °C), frotter la viande de sel et de poivre, y enfoncer si on veut des éclats d'ail en perçant la chair de-ci de-là de la pointe d'un couteau d'office, enfourner, et laisser reposer en fin de cuisson. Pour le temps, se fier au boucher et lui préciser « à point » : il a tendance à manger le gigot presque cru.

On sert six à huit personnes avec un gigot, qu'il faut trancher ainsi, avec un fort couteau, en tenant l'os d'une ferme main gauche :

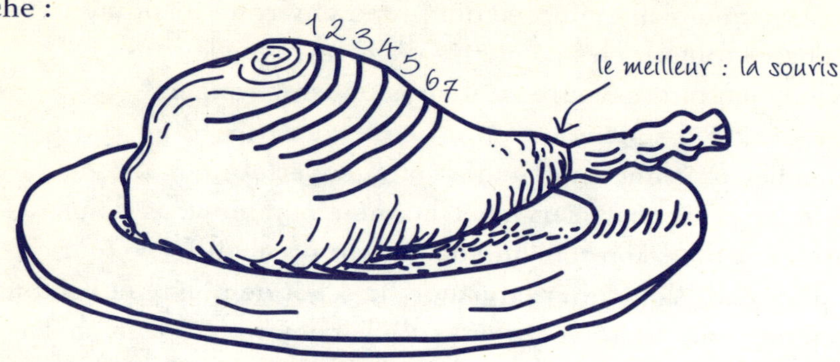

Découpage du gigot

**La meilleure sauce, pour ces rôtis, est la crème d'ail nouveau.** Ça tombe bien, parce que l'agneau n'est jamais aussi bon qu'au printemps et en été, quand il tête sa maman dans les champs et, adolescent, broute les pâquerettes avec l'herbe neuve. Pour accompagner ces tendretés, foncez dans les primeurs : petits pois, fèves, haricots verts, jeunes carottes, ragoûts printaniers ; ou encore un gratin de courgettes, une purée de pommes de terre, des pommes sautées...



~

**Dans la catégorie du haché, confectionnons un chef-d'œuvre de la culture turco-grecque,** traditionnellement gras et de digestion difficile, mais revu à la baisse par une chère amie aussi gourmande et svelte que je le suis moi-même :

## La moussaka de Madeleine

**Été-automne – Pour quatre à six personnes, selon que l'on sert une entrée ou pas.**

Tout le secret consiste à cuire au four les aubergines au lieu de les frire. On les fend donc d'un couteau décidé, sur le dessus, et on les met au four (th 7, 220 °C) 30 à 45 minutes, jusqu'à ce qu'elles soient molles. On les sort, on laisse refroidir dans la peau. Ceci peut être fait d'avance. On garde ainsi le temps de lire ce qu'on a sous la main sur les migrations des peuples, donc l'élaboration des cultures et par le fait des traditions culinaires.

Une heure avant le repas, Madeleine pèle et émince fin les oignons et l'ail. Elle met cela à fondre doucement à l'huile d'olive, dans une large sauteuse, en remuant distraitement.

À feu plus vif, elle ajoute la viande qui, saisie par la chaleur, s'agglomère en amas. Il faut écraser soigneusement. Elle saupoudre ensuite de sel et de poivre, du laurier brisé, d'une forte pincée de cannelle, feuilles de thym, origan et sarriette.

Elle remue de temps à autre afin que cela cuise uniformément, tout en pelant, épépinant et concassant grossièrement les tomates *(voir p.24)*.

Lorsqu'il n'y a plus de jus dans la sauteuse, elle ajoute les tomates et laisse cuire, toujours en remuant de temps en temps, jusqu'à ce que ça rissole légèrement (c'est-à-dire grésille et dore). À la fin, elle ajoute toutes les feuilles du persil, ciselées finement, et éteint le feu. Elle allume le four (th. 7, 220 °C).

Elle épluche les aubergines, les presse un peu pour en extraire le maximum d'eau de végétation, sans les écrabouiller cependant. Elle sépare cette chair en minces bandes dont elle tapisse un plat à gratin. Elle répartit la farce sur ce lit.

Elle confectionne ensuite une béchamel *(voir p.60)* avec le beurre, la farine, le lait, et y ajoute hors du feu l'œuf battu à la fourchette, du sel, du poivre, quelques râpures de muscade et la moitié du fromage râpé.

Votre marché :

- 1,5 kg d'aubergines petites et bien fermes
- 1 livre d'épaule d'agneau (ou de mouton, comme en Orient) hachée
- 3 beaux oignons
- 2 gousses d'ail
- 2 feuilles de laurier
- cannelle en poudre, muscade, origan, thym, sarriette
- 4 belles tomates
- 1 bouquet de persil
- 50 g de beurre
- 30 g de farine
- 1/4 de litre de lait
- 1 œuf
- 100 g de kaskaval (un fromage de brebis turc) ou à la rigueur de comté
- 2 c.s. d'huile d'olive VPPF
- sel, poivre du moulin

Elle étale cette béchamel sur la farce, et la saupoudre du reste du *kaskaval* râpé.

Ça prend de 20 à 30 minutes au four pour être très doré. Madeleine m'a servi ce plat adorable un soir, dans son jardin croulant de roses parfumées. On a bu un retzina bien frais avec René, son amour. Ça ressemblait au paradis, ou plutôt à l'Olympe.

~

**Revenons en France et au mijoté caractéristique de sa cuisine, avec un grand classique tricolore :**

# Le navarin d'agneau comme il se doit

Je dis « comme il se doit » parce que le navarin fait partie de ces plats douteux qu'on sert partout dans un état on ne peut plus approximatif.

**Printemps – Pour quatre bonnes fourchettes ou six chipoteurs.**

2 heures avant le repas, allez-y : roulez la viande dans la farine, secouez-en l'excédent, et faites-la dorer à la graisse d'oie dans une cocotte, à feu modéré pour que la graisse ne brûle pas.



Votre marché :

- 1 kg d'épaule d'agneau désossée et coupée en gros cubes
- 2 c.s. de farine
- 2 c.s. de graisse d'oie
- 1 verre de bon vin blanc sec
- 1 bouquet garni (persil, thym, laurier)
- 1 livre de petits pois
- 250 g de haricots verts ultra-fins
- 1 livre de carottes nouvelles
- 6 petits oignons nouveaux
- 1 noix de beurre
- sel, poivre du moulin, muscade

Mouillez avec le vin, ajoutez le bouquet, du sel, du poivre, quelques râpures de muscade. Dès l'ébullition couvrez, et laissez mijoter 1 heure 30 à tout petit feu.

Mettez ce temps à profit pour préparer les légumes : écossez les petits pois, effilez les haricots verts, pelez les carottes en leur laissant un tout petit bout de fane et lavez-les, pelez les oignons en leur laissant un peu de vert.

Mettez les oignons à confire au beurre, à feu minuscule, dans une petite casserole pour environ 15 minutes. Veillez à ce que ça ne dore pas et secouez la casserole de temps en temps.

Mettez trois autres casseroles au feu, avec de l'eau salée. Cuisez séparément, à gros bouillons, les carottes 15 minutes, les petits pois 7 minutes, les haricots verts 3 minutes (ces temps comptés, bien sûr, à partir de la reprise de l'ébullition).

Égouttez le tout, versez dans le ragoût avec les oignons, et laissez mijoter encore 5 minutes. C'est délicieux et très peu gras : l'épaule bien parée est un morceau maigre. Les plus cocardiers de vos convives pousseront des « cocorico ».

~

**Voulez-vous manger comme un maharadjah ? Rien de plus simple avec ce :**

## Curry d'agneau à l'indienne

**Toutes saisons – Pour quatre à six personnes.**

Je ne saurais trop vous recommander la plus grande exigence dans le choix de la poudre de curry et du chutney. Traversez la ville s'il le faut. Un curry sans bon curry et sans bon chutney est comparable dans l'horreur et l'inachevé à une crème au caramel sans caramel.

Vous êtes de retour à la maison, lessivé (autant vous prévenir tout de suite), mais calme, car vous savez que le marché est l'essentiel de la cuisine. C'est le moment de vous envoyer un vieux porto ou un *single malt*. Les Anglais ont laissé ça à l'Inde, avec leur langue (ça laisse rêveur de penser que tant de colonies ont du adopter la langue de l'occupant haï pour constituer des nations). N'abusez pas cependant.

2 heures avant le dîner, vous attaquerez. Lavez d'abord le riz à l'eau froide, abondamment, puis laissez-le tremper.

Mettez à bouillir en casserole la crème fraîche. Après un certain temps (que vous mettez à profit pour peler et émincer les oignons), vous constaterez que le fond de la casserole s'est couvert d'une cristallisation brunâtre, alors que surnage un liquide jaune pâle, épais. Ça se rapproche du *ghee*, ce beurre clarifié et recuit typique de la cuisine indienne, et cette graisse

Votre marché :
- 1 kg d'épaule d'agneau, coupée en gros dés (le boucher, comprenant vos difficultés temporaires ou tout l'argent que vous lui avez laissé ces derniers temps, vous proposera peut-être la moitié de cette quantité dans le collier. Acceptez. C'est un peu gras mais c'est donné.)
- 300 g de riz Basmati
- 125 g de crème épaisse
- 4 oignons blonds
- 2 pommes acides
- environ 10 cm de gingembre frais
- 1 boîte de curry de Madras « medium », de la meilleure qualité (je vous recommande la marque Sun Brand)
- 2 fortes pincées de safran en filaments
- 2 gros rouleaux de cannelle
- 3 clous de girofle
- 6 cosses de cardamome blanche

... voyez la suite p. 189

donnera à votre plat la touche d'exotisme sans quoi il n'est pas de curry authentique. Versez à travers un chinois dans la cocotte où cuira votre plat.

Mettez à fondre vos oignons en lamelles dans le *ghee*, sur feu doux. Puis la viande, qui dorera à feu un peu plus fort. Remuez souvent à la cuillère de bois. Ce rissolement vous laissera le loisir de peler vos pommes et votre gingembre et de les râper à la râpe à gros trous. Évitez les doigts, le sang n'ajouterait rien à la saveur de votre préparation. Lorsque la couleur de la viande vous fera saliver, ajoutez les épices : 4 bonnes c.s. de curry, le safran, la cannelle, les clous de girofle, la cardamome, le laurier, le gingembre, sel, poivre moulu, cayenne.

Remuez, enrobez votre viande, montrez de la patience. L'odeur violente vous monte à la gorge, c'est le début du plaisir. Ajoutez alors vos pommes râpées, les raisins et le bouquet de persil lié.

Versez tout de suite le lait de coco, puis assez d'eau pour que ces liquides affleurent les chairs. Ça se calme. Remuez à fond, goûtez : ce doit être bien relevé et assez salé.

Au premier bouillon, baissez le feu, couvrez et laissez mijoter doucement 1 heure 30. La cocotte, où se maintient un léger bouillonnement, doit émettre un chuintement prometteur à l'oreille attentive.

Vous aurez tout le temps, outre de relire *Sindbad le marin* qui le premier atteignit l'Inde, ou *L'Odyssée* dans le texte (ça se recoupe entièrement), de peler votre ananas en éliminant les « yeux » et le cœur dur et filandreux, de le couper en petits éventails ; de concasser grossièrement vos noix de cajou pour les griller à peine à la poêle sèche (attention ! ça brûle très facilement) ; de peler le concombre, de le couper en deux dans sa longueur, d'éliminer les graines centrales et de couper la chair en menues lamelles, que vous mettrez en passoire, saupoudrées de sel, à dégorger ; de fendre d'un coup de hache la noix de coco, de recueillir le précieux liquide en son cœur et de l'ajouter au contenu de la cocotte ; d'extraire la chair nacrée et de la hacher finement ; enfin de peler les mangues et d'en couper la chair en cubes.

Vous présenterez ces doux accompagnements dans des coupelles autour de votre plat : les cajou, l'ananas, la noix de coco, le concombre épongé au torchon et mélangé au yaourt avec beaucoup de poivre et de menthe ciselée, les cubes de mangues, les bananes en fines rondelles, arrosées de jus de citron afin qu'elles demeurent dans leur pâleur exquise et enfin le chutney.

Presque au moment de servir, cuisez votre riz. Jetez-le dans une grande casserole d'eau bouillante salée. Ce sera fait en un clin d'œil. Il faudra goûter, constater l'*al dente*, égoutter aussitôt et servir. Si cela doit attendre, que ce soit au four, à sec (th. 5, 120 °C).

Vous aurez tant salivé que vous n'aurez plus faim, mais il vous restera assez de force pour former dans les assiettes chaudes un lit de riz, que vous recouvrirez du curry débarrassé du persil, du laurier et de la cannelle. Chacun ajoutera un peu de tous les condiments. Vous, vous savourerez votre triomphe

- 1 feuille de laurier
- 1 pointe de piment de cayenne
- 100 g de raisins de Smyrne
- 1 bouquet de persil plat
- 1 boîte de lait de coco (non sucré surtout !)
- 1 ananas lourd, parfumé, au plumet bien vert dont une feuille centrale se laisse arracher sans difficulté
- 100 g de noix de cajou d'un ambre clair, au naturel (surtout pas ces choses horribles, salées et calcinées qu'on vous force à croquer à l'apéritif)
- 1 concombre lourd et ferme
- 1 noix de coco
- 2 mangues mûres mais pas molles
- 4 pots de yaourt fermier, entier
- 1 bouquet de menthe
- 2 bananes mûres
- 1 citron
- 1 pot de chutney aux mangues, « hot », de la marque Sun Brand également
- sel, poivre du moulin

en regardant vos comparses se repaître de ce plat voluptueux, qui valait bien pour qu'on y goûte les *blood and tears* du défunt *British Empire*, et constitue la preuve la plus nette que la civilisation n'est pas toujours où l'on croit.

**Le curry de poulet est également remarquable.** Il suffit de remplacer l'agneau par un poulet de grain, dont vous demanderez les abats (demandez aussi qu'on vous débarrasse du fiel immonde qui risquerait de gâter le foie de l'animal. Cette manipulation est délicate pour un débutant, ce que vous êtes, même exceptionnellement doué). Demandez aussi qu'on vous prépare le gésier et qu'on décharne la carcasse, que vous emporterez avec la viande coupée en huit morceaux.

Placez cette carcasse au début des opérations dans une grande casserole, avec les ailerons et le cou. Préparez un bouillon de volaille comme je vous l'ai déjà indiqué *(voir p. 45)*, avec un demi-litre d'eau seulement. Ce sera nécessaire pour accentuer la saveur naturelle un peu fade du volatile que haïssait Nizan.

Procédez ensuite exactement comme pour le curry d'agneau, à ceci près que le gésier en lamelles ira rejoindre la cocotte avec les épices, et que vous verserez le bouillon en lieu et place de l'eau.

Cuisez seulement une heure et, au moment où vous entamerez la cuisson du riz, posez le foie à la surface des viandes déjà défaillantes de molle tendreté dans l'ombre de la cocotte. Cela suffira pour l'avoir rosé, comme il convient.

~

**La dernière grosse bête que j'évoquerai ici est :**

# Le cochon

... qui est digne des plus grands éloges. Dans le cochon tout est bon, on le mange entièrement : oreilles, groin, pieds, intestins, sang compris. C'est la providence des pauvres gens – sauf pour les musulmans et les juifs pratiquants –, et ce depuis des millénaires. C'est une bête d'une propreté douteuse, mais écologique, à la fois garde-manger et poubelle (et même éboueur au Moyen-Âge).

Elle a inspiré les plus grands poètes, Homère compris (c'est dire), et la culture culinaire à un point presque inimaginable, sur tous les continents. En outre, elle est benoîte et sympathique si on ne l'asticote pas outre mesure. Mais voilà : je ne raffole ni du cochon ni des cochonnailles et ne les cuisine donc guère. C'est comme ça. Je vous donnerai quand même deux ou trois manières d'accommoder le brave suidé. Si vous tenez à poursuivre, voyez mes confrères.

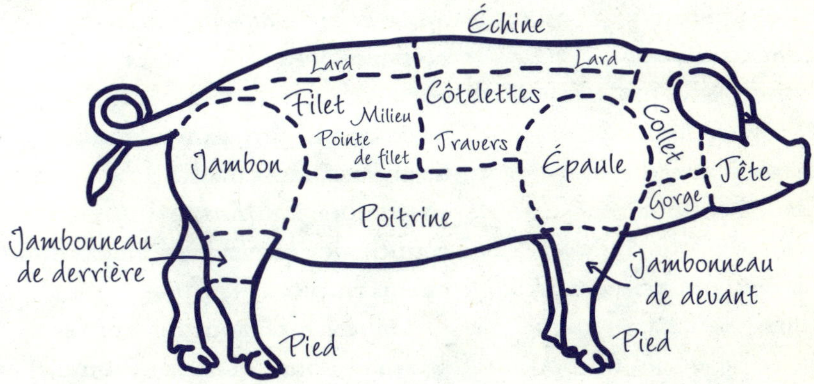


**Les Français ont une tendance fâcheuse à mépriser tout ce qui n'est pas de chez eux** (en général, et en particulier en cuisine). Ils ont tort : on a vu les miracles de la cuisine arabe, les délices de l'italienne, les surprises de la belge, et on peut considérer la cuisine chinoise comme la meilleure du monde (je ne suis pas compétente, procurez-vous l'ouvrage d'un lettré chinois). Partout, sauf en Hollande (ces gens-là ne sont pas intéressés, ils mettent tout à la grande friture et arrosent ensuite de mayonnaise. Ça me scandalise, d'autant plus que ce sont par ailleurs des gens remarquables en matière d'art et de tolérance), on trouve une cuisine locale digne du plus vif intérêt.
En Hongrie par exemple, où, comme dans tous les pays slaves, on mange beaucoup de cochon, j'ai goûté des :

## Poivrons farcis

C'était à Budapest, l'une des villes les plus langoureuses du monde, et ça m'a laissé un souvenir tel que je les ai refaits à Paris. Ça tenait le coup, quoiqu'en moins langoureux.

*Votre marché :*

- *3 gros poivrons verts, trapus, de forme régulière*
- *350 g d'échine de porc hachée*
- *3 oignons moyens*
- *1 gousse d'ail*
- *1 branche de thym*
- *1 kg de tomates mûres et fermes*
- *2 c.s. d'huile d'olive VPPF*
- *50 g de riz de Camargue ou de Madagascar*
- *1 œuf*
- *1 poignée de persil plat*
- *1 pot de crème épaisse*
- *1 c.s. de paprika*
- *1 pincée de poivre de Cayenne, sel, poivre du moulin*

**Été – Pour deux ou trois personnes.**

Procédez en deux temps. Faites d'abord une sauce tomate *(voir p. 42)* avec un oignon, l'ail, le thym, les tomates, 1 c.s. d'huile, sel et poivre.

Faites cuire aussi votre riz à l'eau salée, *al dente*. Égouttez. Reposez-vous. Documentez-vous sur la Hongrie et son histoire : lisez Petöfi, un immense poète, lisez aussi Joseph Roth, en particulier *La Marche de Radetsky*, écoutez les œuvres de Ligeti par exemple.

1 heure 15 avant le repas, secouez-vous. Mettez à bouillir une grande casserole d'eau où vous blanchirez les poivrons 5 minutes. Pelez et émincez les oignons pendant ce temps. Égouttez. Dans une poêle, mettez les oignons à fondre dans l'huile, à feu doux. Ajoutez la viande à feu plus vif et cuisez 8 minutes en écrasant les amas.

Hors du feu, ajoutez le riz, l'œuf battu à la fourchette, les épices, le persil ciselé. Mélangez à fond. Goûtez pour vérifier l'assaisonnement.

Coupez un « chapeau » aux poivrons en conservant la queue. Videz les graines et les filaments blanchâtres. Attention à ne rien percer.

Farcissez les poivrons avec équité. Posez-les debout dans une cocotte et versez la sauce tomate dans les interstices. Couvrez. Mettez à feu modéré pour une heure.

Servez avec la crème froide. La prochaine fois que vous entendrez des Tsiganes dans une boîte de nuit, vous serez moins radin en pourboire.

~

**Le cochon est aussi l'une des pierres angulaires de la cuisine traditionnelle française. J'aime beaucoup :**

# Le chou farci des familles

... qui est un plat rustique bon marché et nourrissant.

**Hiver – Pour six personnes.**

Commencez 4 heures avant le repas. Dans le faitout, mettez à bouillir beaucoup d'eau avec le vinaigre. Creusez un cône dans le trognon du chou, en prenant garde de ne pas détacher les feuilles. Plongez le chou entier dans l'eau bouillonnante et laissez blanchir 10 minutes à grand feu. Égouttez la tête en bas et laissez tiédir.

Faites la farce pendant ce temps : hachez finement les viandes, l'oignon et l'ail pelés (ôtez le germe de l'ail), les feuilles du persil, ajoutez l'œuf battu à la fourchette, le thym, du poivre avec largesse, quelques râpures de muscade. On ne sale pas à cause du lard. Écroûtez le pain, trempez la mie dans le lait, pressez et ajoutez à la farce.

Écartez une à une les feuilles du chou, dégagez le cœur que vous ôtez et que vous hachez fin. Faites-le rejoindre la farce, que vous amalgamez à fond (allez-y des deux mains).

*Votre marché :*

- 1 gros chou vert frisé, bien pommé
- 200 g de jambon cru de Bayonne
- 100 g de jambon blanc au torchon
- 200 g de poitrine de porc demi-sel
- 2 carrés de barde fine de lard gras
- 1/4 de litre de vinaigre « cristal »
- 1 oignon moyen
- 2 gousses d'ail
- 1 bouquet de persil
- 1 œuf
- 1 c.c. de feuilles de thym
- 1 grosse tranche de pain
- 1 verre de lait
- 12 beaux pruneaux d'Agen
- 1/2 litre de vin blanc sec
- 1 pot de crème épaisse
- sel, poivre, muscade

Dénoyautez les pruneaux. Dans le chou, à la place du cœur, mettez un gros morceau de farce. Puis tartinez chaque feuille et rabattez-la vers le centre.

N'oubliez pas de répartir les pruneaux. Placez un carré de barde sur le chou farci et reconstitué. Ficelez soigneusement de haut en bas, afin qu'il prenne l'aspect d'une citrouille.

Bardez le fond d'une cocotte où le chou doit tenir à l'aise.

Posez-le sur ce lit. Versez le vin, et cuisez à feu doux 3 heures, à couvert.

Pour servir ôtez les ficelles et la barde, posez le chou dans sa gloire campagnarde sur un grand plat et coupez-le en parts, comme un gâteau. Chacun se servira de crème froide.

Voilà un plat de ménage qui fait vraiment plaisir à tout le monde et qui, somme toute, ne prend guère de votre temps.

~

**Allez, encore un plat de la tradition paysanne.** Je ne connais personne qui n'aime pas ça, même les obsédés de l'allégé, des calories et de la diététique. Ils pourront se mettre au régime après, si ça leur chante.

# La potée lorraine

... justifie amplement que la France ait combattu si farouchement l'Allemagne pour garder la région. La potée aime les gros appétits, elle est saine et savoureuse. Faites-la quand il fait très froid dehors.

**Hiver – Pour six à huit personnes.**

Votre marché :

- 1,2 kg de palette fumée
- 1 livre de lard de poitrine fumée
- 4 oignons
- 2 clous de girofle
- 1 bouquet garni (persil, thym, laurier)
- 1 verre de vinaigre « cristal »
- 1 beau chou vert frisé
- 250 g de haricots lingots du Nord
- 8 carottes
- 3 navets
- 8 pommes de terre BF15 ou ratte
- 8 poireaux de petit calibre
- 1 saucisson de Morteau
- 4 saucisses fumées
- sel, poivre en grains

Ayez 3 heures devant vous. D'aucuns font tremper toute une nuit la palette et le lard, parce qu'ils prétendent que le goût en est trop fort. Ce sont de petites natures.

Posez donc palette et lard dans le faitout, versez 4 litres d'eau froide, ajoutez un oignon pelé et piqué des clous de girofle, le bouquet garni et une poignée de poivre en grains. Amenez à ébullition, écumez une ou deux fois et laissez frémir 2 heures à couvert. Pendant ce temps, mettez à bouillir une vaste casserole à demi pleine d'eau avec le vinaigre et, sans lambiner, coupez et évidez le trognon du

chou, ôtez les grosses feuilles, et mettez-le à blanchir 5 minutes.
Dans une autre casserole, mettez encore à bouillir de l'eau où vous ferez prendre un premier bouillon aux haricots. Égouttez. Refaites bouillir de l'eau, salée cette fois, et laissez-y frémir les haricots 1 heure 30.
Mettez ce temps à profit pour dresser le couvert, prendre votre bain et peler les carottes, les navets, les pommes de terre, les oignons, parer les poireaux dont vous ôterez le vert et dont vous lierez les blancs en botte.
Après 2 heures de cuisson du cochon, ajoutez dans le faitout les carottes, les navets, le chou et les oignons. Goûtez le bouillon, ajoutez du sel si nécessaire. Faites reprendre l'ébullition à bon feu, puis baissez à nouveau pour maintenir un petit bouillon.
30 minutes après, ajoutez les poireaux, les pommes de terre, le morteau et les saucisses piqués à la fourchette (afin qu'ils n'éclatent pas). Ébullition. Petit bouillon pour 30 minutes encore.
Voilà. C'est fait. Égouttez le tout, arrangez artistiquement sur un vaste plat. Offrez des moutardes, des oignons et des cornichons au vinaigre pour accompagner votre potée qui – est-il besoin de le préciser ? – ne réclame ni entrée ni dessert (sauf peut-être quelques fruits ?). J'adore les grandes tablées, et ce chef-d'œuvre des campagnes lorraines en est le prétexte idéal.

**La cuisine du faitout et de la marmite représente l'apothéose de la culture du cuit.** Elle réveille en chacun de vieux instincts communautaires et transmet ses secrets de génération en génération sans risque de se démoder jamais.
Après la potée lorraine, qui est un chef-d'œuvre du bouilli, nous achèverons notre excursion dans les viandes par deux chefs-d'œuvre de l'étouffé et du mijoté, deux chefs-d'œuvre qui réjouissent le corps et l'âme d'un bonheur simple et modeste, mais sûr.
**Le premier, l'étouffé, nous vient d'Alsace.** Ça cuisait autrefois toute la nuit dans le four du boulanger, entre la dernière et la première fournée. On peut le faire à la maison, il suffit d'un four et d'une grande terrine à couvercle ou d'une cocotte, ce qui est moins traditionnel mais va bien tout de même.

# Le baeckeoffe

... (qui se prononce « békaoffa ») est le secret de la bonhomie placide des Alsaciens. Celui-ci est de pure tradition.

Votre marché (la veille) :

- 1 kg d'échine de porc
- 1 kg d'épaule de mouton (ou éventuellement d'agneau, mais c'est moins indiqué)
- 1 kg de poitrine de bœuf
- 2 queues et 3 pieds de porcs (demandez à votre boucher de couper tout ceci en morceaux de 80 g chacun environ)
- 6 oignons
- 4 gousses d'ail
- 3 poireaux
- 2 feuilles de laurier
- 2 branches de thym
- 1 litre de riesling
- 2 kg de pommes de terre, BF15 ou belles de Fontenay
- 1 bouquet de persil plat
- gros sel, poivre du moulin
- papier aluminium

**Hiver (c'est très nourrissant) – Pour huit personnes.**

La veille au soir, posez toutes les viandes dans un grand récipient de terre ou de verre, et versez dessus une marinade composée comme suit : deux oignons pelés et coupés en rondelles fines, l'ail pelé et légèrement écrasé du plat du couteau, les blancs des poireaux (jetez le vert et lavez bien) coupés en quatre tronçons, une feuille de laurier, une branche de thym, une petite poignée de gros sel, pas mal de poivre, et tout le riesling.

La marinade va parfumer et attendrir les viandes discrètement, toute la nuit, à température ambiante (il ne faut jamais, sauf exception, mettre les marinades au réfrigérateur, qui tue facilement les parfums. D'ailleurs, *Sapiens* ignorait cet accessoire électrique au temps où l'on inventa ce plat).

Le jour du repas, 4 heures avant de passer à table, pelez les pommes de terre, coupez-les en rondelles de 2 à 3 millimètres d'épaisseur (à la machine ça va très vite) ; pelez et coupez les quatre oignons de reste en rondelles fines.

Allumez le four (th. 7, 220 °C). Dans la terrine ou la cocotte, déposez deux ou trois couches de pommes de terre. Posez dessus la viande égouttée, quelques branches de persil, le reste de laurier et de thym. Ensuite, en une couche, les oignons, puis les dernières pommes de terre. Arrosez pour finir du vin de la marinade, passé à travers un chinois. Couvrez la terrine ou la cocotte d'une double feuille de papier aluminium, posez le couvercle, bordez avec le papier qui dépasse. Ce doit être absolument hermétique.

Laissez au four une heure, puis baissez le thermostat à 6 (180 °C) pour 2 heures encore, ou même 2 heures 30.

Lorsque vous ouvrirez le couvercle, tous les parfums concentrés jailliront de la terrine et vous défaillerez de concupiscence. Le *baeckeoffe* est le plat que je mets au-dessus de tout dans la cuisine alsacienne. Vos comparses opineront.

~

**Le dernier, le mijoté, est fameux dans le monde entier.** Quand vous aurez mangé le mien vous comprendrez. Évitez tout de même d'en faire votre ordinaire quotidien : c'est, dans la catégorie des plats roboratifs, l'un des plus riches qui soient.

## Le cassoulet

... nous vient du Sud-Ouest de la France, une région magnifique par sa générosité : confits, foies gras, truffes, rugbymen, bel canto, montagnes et rivières. Mon cassoulet n'est ni de Toulouse ni de Castelnaudary : je ne veux à aucun prix entrer dans la vieille haine fratricide qui déchire ces deux villes parce que chacune se prétend la patrie du plat qui nous occupe ici. Laissons se battre les Gascons, et dégustons *mon* cassoulet, le meilleur du monde, évidemment.

**Hiver (à cause des calories) – Pour six à huit personnes.**

Comme pour tout plat de terroir, il faut s'y prendre à l'avance.

Votre marché :

- 1 livre de haricots blancs (du Lauragais ou du Nord)
- 2 bouquets garnis
- 1 livre d'échine de porc frais ou de collier de mouton (le plus maigre possible !)
- 3 oignons, 4 gousses d'ail
- 2 c.s. de graisse d'oie (inutile d'en acheter si vous choisissez le confit d'oie, qui vous donnera sa graisse)
- 1 livre de saucisses de Toulouse
- 1 carotte
- 3 tomates (prenez-les venant du Maroc, c'est un moindre mal l'hiver)
- 2 membres de confit d'oie ou de canard
- sel, poivre du moulin, quelques grains de poivre blanc

La prévoyance est la vertu cardinale du paysan. Comptez 3 bonnes heures.

Commencez par les haricots. Recouvrez-les largement d'eau froide, ajoutez un bouquet garni, un oignon pelé et coupé en quatre, une gousse d'ail pelée et débarrassée de son germe, du sel et quelques grains de poivre. Gardez à frissonner 2 heures, couvert.

À mi-temps de la cuisson des haricots, mettez en train les viandes. Faites chauffer la graisse d'oie en cocotte, à feu modéré (ça brûle facilement). Mettez-y à dorer le porc (ou le mouton) et les saucisses en tronçons. Pelez les deux oignons restants et la carotte, hachez-les assez fin. Quand la viande est dorée, ajoutez dans la cocotte et faites rissoler le tout en remuant de temps en temps : ça doit dorer et chanter gaiement.

Pelez, épépinez et concassez grossièrement les tomates *(voir p.24)* pendant ce temps, pelez les dernières gousses d'ail, ôtez les germes et écrasez un peu du plat du couteau. Ajoutez tout cela dans la cocotte avec le second bouquet garni (dans le Sud-Ouest on ne lésine pas).

Faites mijoter à tout petit feu et à couvert une heure, puis ajoutez le confit en morceaux.

Égouttez les haricots en gardant l'eau de cuisson. Ajoutez-les dans la cocotte, versez un peu de cette eau de façon à obtenir un jus onctueux, ni trop épais ni trop liquide. Goûtez, salez si nécessaire.

Laissez mijoter encore une heure à couvert, à tout petit feu. Les gens un peu gras font gratiner le tout avec de la chapelure. Je préfère ainsi, en simple ragoût. C'est sublime (je pèse mes mots) et si vous êtes égoïste vous pouvez rester tout seul et déguster cette quantité trois jours de suite, car c'est tout aussi grand réchauffé. Vous serez sûrement un peu malade, mais ce n'est pas grave. C'est l'expérience qui doit enseigner la mesure et non pas la loi. Moi, quand j'ai découvert le cassoulet, j'en ai tant mangé que je suis restée dans une sorte de coma pendant trois jours. Eh bien, ça ne m'en a pas dégoûtée.

# Les sous-produits animaux

Les sous-produits animaux sont les œufs (que nous donne la catégorie de la volaille, sauf dans le cas controversé du lapin) et les laitages et fromages (que nous donne la catégorie de la boucherie).

## L'œuf

... est un régal de riche : qui mange un œuf tue un poulet potentiel. L'œuf traditionnel est de poule, depuis deux mille cinq cents ans seulement, c'est-à-dire l'époque où la volaille commença à peupler les basses-cours de Grèce et d'Italie. Avant, on n'en mangeait guère. Et les œufs ne sont entrés dans les cuisines qu'après Jésus-Christ, chez les Romains. Ce n'est pas parce que c'est une nourriture de nouveau riche qu'il faut l'accommoder n'importe comment. Considérez-le avec respect : l'œuf est aussi, comme tout ce qui se mange, une nourriture symbolique – pensez aux œufs de Pâques, aux œufs de cent ans des Chinois, à l'œuf de Christophe Colomb, aux œufs de Georges Bataille... C'est aujourd'hui une source bon marché de protéines, acceptée même par les végétariens.
Trois impératifs catégoriques : choisir des œufs de poules élevées en plein air, consommer très frais, et sortir du froid une heure avant la cuisson, quelle qu'elle soit.



**Cinq techniques de base**
Toutes les recettes que je vous donne utilisent des œufs de calibre moyen.

**L'œuf coque** peut se faire de deux manières.
La première consiste à placer l'œuf dans une petite casserole, à le recouvrir d'eau froide, à mener à ébullition et à laisser 30 secondes encore à bouillir.

La seconde consiste à poser l'œuf avec précaution dans l'eau déjà bouillante, et à compter 3 minutes d'ébullition.
Ces deux manières donnent un œuf coque parfait : le blanc pris, le jaune liquide. Mangez salé et poivré, avec des « mouillettes » de pain de campagne beurré, ou des bâtonnets de céleri, de carottes, de poivron, des asperges vertes, etc. Il y a des gens qui agrémentent leur œuf coque d'une cuillerée de caviar ou d'œufs de saumon. Ce n'est pas mauvais.

**L'œuf dur :** reportez-vous p. 25, ça m'évite de rabâcher.

**L'œuf sur le plat (ou miroir)** nécessite une petite poêle antiadhésive de très bonne qualité et un couvercle.
Il faut y mettre une noix de beurre à feu très doux, y casser l'œuf quand ça commence à grésiller (en évitant de crever le jaune). Couvrir. Surveiller. Après 1 ou 2 minutes le blanc est pris. Saler et poivrer pour finir et faire glisser sur une assiette. Attention à ne pas trop cuire : le jaune durcirait. Ne pas saler avant la fin de la cuisson : le jaune durcirait aussi. Déguster avec du bon pain frais. C'est un régal.
Ne jamais manger d'œuf sur le plat dans un café : c'est fait n'importe comment, à l'huile d'arachide le plus souvent et à grand feu, ce qui est un désastre.



**L'œuf brouillé – ou plutôt les œufs brouillés,** car il en faut deux au minimum par personne – cuit au bain-marie.
Dans une casserole où bout un fond d'eau, placez une casserole plus petite contenant vos œufs battus à la fourchette et une forte cuillerée à soupe de crème épaisse par personne (la recette traditionnelle se fait avec autant de beurre, c'est comme vous voulez). Tournez sans cesse à la cuillère de bois. Servez cette crème onctueuse dès qu'elle est « prise ». Trop de cuisson dissocierait les œufs, rendrait grumeleux l'appareil, et ce serait raté. Sel, poivre et muscade pour finir.
Vous pouvez ajouter de minces lamelles de saumon fumé, du parme en lanières, etc. toujours en fin de cuisson.
Hors de chez vous, ne mangez d'œufs brouillés que dans d'excellents hôtels (pour le petit déjeuner) ou restaurants.

Les établissements ordinaires servent toujours ce plat trop cuit, donc immangeable.

**L'omelette,** que cite Rabelais, est rarement consommable dans les gargotes qui la proposent à leur menu. Là encore, comptez au moins deux œufs par personne.

Choisissez une poêle antiadhésive de très bonne qualité, appropriée au volume des œufs : l'omelette ne doit pas être trop mince.

Dans un bol, cassez les œufs, ajoutez-leur un trait de lait, et battez à la fourchette, pas trop, de façon à simplement mélanger les jaunes et les blancs.

Faites fondre une grosse noix de beurre dans la poêle, à feu doux. Quand ça grésille, versez le contenu du bol. Laissez prendre, en ramenant de temps à autre à l'aide d'une spatule de bois les bords vers le centre : ainsi l'omelette cuira uniformément. Salez et poivrez pour finir, lorsque c'est « pris ». Servez en glissant l'omelette sur un plat, et en rabattant la partie supérieure sur la base.

Vous pouvez agrémenter avec : brousse et menthe, chèvre frais et ciboulette, par exemple (c'est ce que je préfère), mais aussi roquefort, parmesan, crustacés, jambon en lamelles, foies de volailles ou même rognons sautés, légumes sautés, etc., toujours vers la fin de la cuisson. Attention, pas n'importe quoi : la bonne cuisine respecte les alliances de saveurs, ce n'est pas un supermarché (je précise ceci à l'intention surtout de l'homme que j'ai épousé, qui m'a fait, une fois, la cuisine alors que nous étions en pleins roucoulements préliminaires. J'ai trouvé dans mon assiette des oignons carbonisés et crus, des œufs brisés et durcis par une friture d'enfer, du bleu de Bresse dont une partie était gelée et l'autre fondue, le tout largement arrosé de ketchup. Fallait-il qu'il déployât des séductions rares pour que je ne me sois pas sauvée à toutes jambes. Je suis donc restée, et j'ai pris les choses en main à la cuisine).

~

**Il existe des milliers de façons d'accommoder les œufs,** et des livres entiers leur sont consacrés. Je ne vous donnerai donc qu'une recette, ma préférée après les préparations simples que je vous indiquais :

## La piperade

... qui nous vient d'Espagne, et qu'on déguste aussi, légèrement modifiée, au Pays basque.

*Votre marché :*
- 4 œufs
- 3 poivrons verts
- 2 gros oignons
- 1 livre de tomates bien mûres et fermes
- 1 tranche épaisse de jambon de serrano (espagnol) ou de jambon de Bayonne (basque)
- 4 c.s. d'huile d'olive VPPF
- sel, poivre du moulin

**Été – Pour quatre personnes.**

Pelez les poivrons *(voir p.31)*, et coupez-les en fines lamelles.

Pelez et émincez les oignons de même. Pelez, épépinez et concassez grossièrement les tomates *(voir p.24)*.

Hachez fin le jambon. Le reste n'est rien à faire. Dans une grande poêle mettez à chauffer l'huile à feu moyen, faites-y fondre les oignons et les poivrons, en remuant de temps en temps. Quand ils sont bien tendres, ajoutez la chair des tomates et le jambon, et laissez mijoter jusqu'à ce que les tomates soient en crème, ce qui prend à peu près 20 minutes. Tournez de temps à autre à la cuillère de bois.

Battez les œufs à la fourchette et versez-les dans le mélange, en remuant constamment jusqu'à ce qu'ils soient « pris » et que la masse soit bien amalgamée.

Poivrez, salez avec circonspection (à cause du jambon) et servez aussitôt. C'est un repas léger ou une entrée un peu copieuse, délicieusement rustique.

~

# Le fromage

... remonte à au moins huit mille ans. On a retrouvé à côté de Neuchâtel des poteries percées de trous qui datent de cette époque.

Le caillé primitif s'obtenait sans doute à partir de lait laissé au soleil, puis égoutté, ce qui se pratique encore aujourd'hui, chez les Mongols notamment. Le lait de brebis, de chèvre, puis de vache et de bufflesse, avait trouvé ainsi un moyen de conservation.

**Les caillés,** brousse en Provence, broccio en Corse, ricotta et *mozzarella* en Italie, *leskem* dans le Caucase, feta en Grèce, *tauhem* en Anatolie, tomme fraîche en Auvergne, *cottage cheese* en Angleterre, etc., sont la base d'innombrables recettes : je vous en ai déjà données quelques-unes, vous en trouverez d'autres dans la suite de cet ouvrage.

**Le fromage blanc tout simple,** caillé du jour et juste égoutté, est un merveilleux dessert avec de la crème épaisse, du jour aussi, salé et agrémenté de ciboulette, ou sucré au miel ou au sucre. Il faut le déguster entier et non lissé, il est bien meilleur. Si vous trouvez des faisselles du Forez ou du Lyonnais, vous serez propulsé au paradis.

**Ensuite sont venus les fromages affinés :** au lait entier ou écrémé emprésuré, dont le caillé est ensuite égoutté, ensemencé, moulé, pressé. Il en est trois grandes catégories : les fromages fermentés (le camembert, le munster, le roquefort, par exemple), les fromages pressés (les gruyères, le comté), les fromages étuvés (le parmesan, les goudas).



**La France est le plus grand producteur du monde,** avec plus d'un million de tonnes par an et au moins trois cent soixante-cinq variétés, dont vingt-deux seulement ont droit à l'appellation d'origine contrôlée. L'Italie est aussi un remarquable producteur. Soyez très vigilants sur la qualité de vos fromages : la plupart sont vendus pasteurisés, c'est-à-dire morts avant que d'être nés. Cherchez obstinément un fromager-affineur digne de votre confiance, et n'achetez jamais en grande surface.
Les bons fromages sont coûteux. Ils ont leur saison et leur âge précis de maturité ou d'excellence.
Les fromages importés sont souvent médiocres, parce que pasteurisés et de fabrication industrielle. Je disais du mal

des Hollandais à propos de leurs usages culinaires. Je maintiendrai. Mais, alors que je pensais aussi que leurs fromages étaient à l'avenant, j'ai goûté sur place ce qu'ils n'exportent pas : du gouda hors d'âge, du vieux frise aux clous de girofle et au cumin, qui s'effritent entre les doigts. J'ai fait amende honorable. Goûtez donc sur place : les bonnes surprises des fromages s'ajouteront à celles de vos voyages. Et vous apprendrez des alliances merveilleuses : le *blue stilton* avec du porto, le roquefort avec une poire beurré-hardy ou doyenné-du-comice, le munster avec du cumin, le comté avec des noix, les petits chèvres du Beaujolais avec du raisin chasselas, etc. Ce sont des desserts sublimes. Mais nous sommes ici pour cuisiner, je m'égarais.

~

**Tous les pays pratiquent la cuisine au fromage.** En Grèce, je raffole de :

# La tíropíta

... un feuilleté de feta qu'on peut faire honorablement en France, parce qu'il y a beaucoup de marchands grecs ou turcs chez qui on doit acheter les fruits secs (les raisins de Smyrne et de Corinthe, les abricots et les figues d'Izmir, les pistaches), la feta véritable et les feuilles de filo, très semblables à la feuille de brick de l'Afrique du Nord.

**Toutes saisons – Pour six personnes.**

Allumez le four (th. 6, 170 °C). Faites une béchamel *(voir p. 60)* avec la moitié du beurre, la farine et le lait. Donnez deux ou trois bouillons, poivrez et muscadez pour finir.

Votre marché :

- 400 g de feta
- 125 g de beurre
- 50 g de farine
- 1/4 de litre de lait entier
- 6 œufs
- 6 feuilles de filo ou de brick
- poivre, muscade

Écrasez la feta à la fourchette. Mélangez-la intimement à la béchamel avec les œufs battus en omelette. Goûtez et salez si nécessaire (sans doute pas, car la feta est très salée).

Faites fondre le reste du beurre. Enduisez-en au pinceau un moule à manqué. Enduisez aussi toutes les feuilles de filo, sur une face. Tapissez le moule de six feuilles superposées. Versez la farce à la feta. Couvrez avec le reste des feuilles, bordez ce qui dépasse pour former une tourte. Beurrez encore la surface.

Ça cuit 45 minutes au four. C'est un pâté feuilleté, très doré et croustillant à l'extérieur, fondant à l'intérieur.

Laissez refroidir dans le moule, démoulez et servez tiède, coupé comme un gâteau. Avec une salade verte et un bon coup de retzina, c'est un repas exquis.

~

**Voici une autre version, plus individualiste, de ce divin feuilleté.** Elle est adaptée aux produits que nous consommons couramment, vous n'aurez donc pas à courir chez le grec.

## Les böreks

**Toutes saisons – Pour vous tout seul.**

Allumez votre four (th. 6, 170 °C). Faites fondre le beurre, badigeonnez-en une petite plaque ou le fond d'un plat à gratin, puis les feuilles de brick après les avoir décollées de leur papier.

Émiettez la brousse, travaillez-la avec le jaune d'œuf et pas mal de poivre. Séparez cette farce en deux. Vous laisserez la première part nature, et vous ajouterez 1 c.s. de persil ciselé à la seconde, que vous mélangerez bien.

*Votre marché :*
- 250 g de brousse ou de ricotta
- 30 g de beurre
- 4 à 5 feuilles de brick
- 1 jaune d'œuf
- quelques branches de persil plat
- poivre du moulin

Au bord de l'arrondi de chaque feuille, posez une grosse cuillerée de l'une ou l'autre des farces. Roulez lâche (ça gonfle à la cuisson), mais pas trop, repliez les extrémités comme un paquet. Rangez sur la tôle. Badigeonnez encore de beurre fondu.

20 minutes au four. C'est doré, croustillant et diablement appétissant. Avec une salade, vous aurez fait un enviable repas de célibataire.

~

**Voici deux autres exemples de farce, pour utiliser les restes :** si vous avez un peu de gigot ou d'épaule d'agneau (à peu près 100 grammes), hachez-le menu, assaisonnez-le d'un petit oignon haché, d'1 c.s. de persil ciselé, et mélangez à autant de brousse, un jaune d'œuf et du poivre ; si vous avez un reste d'épinards au beurre (à peu près 100 grammes), hachez-les, mêlez-les à autant de brousse, 1 c.s. de parmesan râpé, un jaune d'œuf et du poivre, comme toujours. Les voies du börek sont innombrables, profitez-en pour varier vos menus !

~

**Nous sommes entrés sans même y penser dans la pâtisserie,** c'est-à-dire la pâte et sa cuisson. Cette pâte, vous l'avez achetée toute faite, sous sa forme la plus primitive (de la farine et de l'eau). Vous allez maintenant apprendre à la faire, d'une façon plus riche, plus élaborée, pour confectionner quelques merveilles de la cuisine de l'œuf et du fromage. D'abord :

## La goyère des trois fontaines

... qui nous vient du nord de la France, où les gens – les ch'timi – ne sont pas riches mais hospitaliers et généreux.



Pour la pâte :
- 200 g de farine
- 1 forte pincée de sel
- 100 g de beurre froid
- 1 œuf

Pour la garniture :
- 1 livre de fromage blanc gras, fermier
- le 1/4 d'un maroilles à point (un splendide fromage du Nord)
- 2 c.s. de crème épaisse
- 3 œufs
- 15 g de farine
- 50 g de gruyère suisse
- sel fin, poivre du moulin

**Toutes saisons –**
**Pour six personnes.**

Le matin pour le soir, mettez le fromage blanc à égoutter dans un chinois. Faites aussi la pâte : dans un grand saladier versez la farine et le sel, coupez au-dessus le beurre en tout petits morceaux, cassez l'œuf. Assemblez le tout du bout des doigts.

Dès que c'est amalgamé, et sans travailler davantage, roulez en boule, mettez dans une feuille de plastique alimentaire (surtout pas un papier d'aluminium, la pâte noircirait) et rangez dans le casier à légumes du réfrigérateur. Voilà, vous savez faire une pâte brisée et vous n'en revenez pas.

2 heures avant le repas, sortez la pâte et posez-la dans un moule à tarte. Octroyez-vous une bière et relisez quelques pages de Zola, ou le reportage de Victor Hugo sur la misère ouvrière à Lille.

Une heure plus tard, râpez le gruyère, allumez le four (th. 7, 220 °C), étalez la pâte au fond du moule et sur les bords avec équité, piquez-la à la fourchette et entreposez au réfrigérateur pendant que vous confectionnez la garniture.

Mélangez dans une terrine le fromage blanc, le maroilles débarrassé de sa croûte et coupé en petits dés, la crème, les jaunes des œufs, la farine, un peu de sel et quelques tours de poivre. Battez les blancs en neige ferme, mélangez vigoureusement une forte cuillerée de cette neige à l'appareil, afin de l'assouplir, puis tout le reste en tournant cette fois avec précaution, de bas en haut, afin de ne pas briser les blancs. Versez sur la pâte. Saupoudrez de gruyère râpé et enfournez.

45 minutes plus tard, vous aurez un gâteau des plus appétissants, que vous décerclerez et mangerez *illico* avec une bonne salade verte à l'huile de noix et au vinaigre de cidre. Vous aurez compris que les trois fontaines ne sont autres que les trois fromages de votre goyère.



~

**Avec :**

# La tourte de blettes à la niçoise

... nous voici de retour dans cette ville célèbre pour sa promenade, ses vieux palaces, ses retraités. Le Nice que j'aime, c'est son vieux cœur, le marché dont les parfums de saumures, d'olives, d'herbes, de saucissons et, dominant le tout, de ces beignets à la farine de pois chiches qu'on appelle *chichi fregi*, planent sur les ruelles tortueuses ; celui des meilleurs fruits confits et du meilleur confiturier du monde ; celui enfin de Terra Amata, où Cro-Magnon vivait déjà dans les hauteurs tempérées de la ville. La tourte de blettes ne relève pas de la cuisine du paléolithique, mais elle doit ressembler de très près à une préparation médiévale : l'association sucré-salé, l'usage de ces légumes alors si répandus, la cuisson en croûte me renvoient irrésistiblement à ces temps pas si obscurs que ça, puisqu'on y mangeait – enfin, les riches – des choses si réjouissantes.

**De l'automne au printemps – Pour six à huit personnes.**

*Votre marché :*

*Pour la pâte :*

- 1 livre de farine (et 100 g pour le plan de travail)
- 1 c.c. de sel, 100 g de sucre
- 200 g de beurre mou
- 2 œufs

*Pour la farce :*

- 1, 5 kg de blettes jeunes, pas trop grosses, le blanc bien blanc et le vert bien vert
- 100 g de raisins de Smyrne
- 1 petit verre de marc
- 4 pommes reinettes moyennes
- 2 œufs
- 100 g de pignons
- 2 c.s. de gelée de groseille
- 120 g de cassonade
- 1 c.s. d'huile d'olive VPPF
- 50 g de parmesan
- poivre du moulin, sucre glace

3 heures avant votre repas, faites la pâte : versez la farine dans une large terrine, ajoutez le sel et le sucre, le beurre mou et les œufs battus à la fourchette. Travaillez aussi peu que possible, formez une boule dès que tous les éléments sont amalgamés et laissez-la reposer une heure à température ambiante. Mettez les raisins secs à tremper dans le marc.

Reposez-vous. Faites-vous une tartine de confiture de mandarines confites ou grignotez quelques figues aux herbes qui sont des spécialités niçoises. Lisez quelques pages de Michel Butor, écrivain local.

Préparez les blettes, dont vous n'utiliserez que le vert. Ce vert, lavez-le, épongez-le au torchon, coupez en fines lanières. Pelez les pommes et coupez-les en quatre en ôtant le cœur. Détaillez chaque quartier en fines lamelles.

Allumez le four (th. 6, 170 °C). Dans un vaste saladier, versez le vert de blettes et les pommes, ajoutez les œufs battus à la fourchette, les raisins et leur marc, les pignons, la gelée de groseille et la cassonade, l'huile, le parmesan râpé et beaucoup de poivre. Allez-y à pleines mains, ce doit être bien amalgamé.

Lavez-vous les mains. Passez 50 grammes de farine à travers un chinois, de façon à saupoudrer avec équité un plan de travail lisse ou une table. Posez les deux tiers de la pâte qui attend depuis un bon moment. Aplatissez-la finement (c'est l'abaisse) en roulant une bouteille, de façon à obtenir à peu près la circonférence de votre vaste moule à manqué, bords compris. Si ça colle, ne vous énervez pas, saupoudrez un peu de farine sur le dessus. Cette pâte, détachez-la avec une large spatule et posez-la au centre du moule, côté fariné en dessous. Enfoncez-la avec douceur, elle en épousera la forme. Coupez au couteau ce qui dépasse et posez ce surplus sur le dernier tiers de la boule de pâte, qui attend toujours.

Versez toute la farce. Re-farine, re-abaisse pour le reste de la pâte, de la dimension cette fois du diamètre du moule, sans les bords : ce couvercle, posez-le sur la farce, bordez dans le moule ce qui dépasse. Voilà : vous avez fait une tourte (un gâteau dont la garniture est enfermée entre deux couches de pâte, par opposition à « tarte », où la pâte n'est qu'un fond). Vous n'en revenez pas.

Enfournez après avoir percé le couvercle de petits coups de couteau. Au bout de 50 minutes, c'est adorablement doré et parfait.

On démoule tiède : on pose une large assiette sur le dessus, on renverse, et on retourne encore sur le plat de service. On sert saupoudré de sucre glace passé à travers un chinois. C'est lourd, d'une suavité inouïe, et ça ne ressemble à rien de ce que l'on connaît. Froid, c'est aussi délicieux.

**Le blanc des blettes,** épluché, coupé en bâtonnets, blanchi 2 minutes à l'eau bouillante salée, puis braisé au beurre 10 minutes, est un excellent accompagnement pour les viandes ou les poissons grillés. Vous pouvez aussi en faire un gratin, en suivant la technique utilisée pour les cardons.

~

**Nous avons achevé notre exploration de l'animal terrestre** et vous voilà (presque) cuisinier. Votre nouvel état vous fait généreux, curieux et sensuel plus qu'avant, et vous savez maintenant que l'histoire de la cuisine appartient à l'histoire tout court. J'en suis bien contente.

Il vous reste à accomplir, pour atteindre à la qualité enviable de cuisinier véritable, un ultime rite de passage.

# Le pur plaisir

Aux premiers temps, les animaux étaient des hommes et se nourrissaient de miel d'abeilles exclusivement, dit une légende amazonienne que rapporte Claude Lévi-Strauss dans le second volume des *Mythologiques* (dont je vous recommande fortement la lecture, si vous voulez entendre quelque chose au passage de la nature à la culture, et donc à l'histoire de la cuisine).

Depuis toujours, nous adorons le doux et le sucré. C'est l'unique saveur, hormis le lait maternel, qu'identifient les nouveau-nés et qui leur procure une satisfaction immédiate, sans apprentissage. Le miel du ramassage dans les forêts archaïques était la nourriture des dieux, c'est-à-dire une nourriture servant à l'enchantement et non à la survie.

Nos modernes desserts appartiennent aux zones purement voluptueuses de notre artisanat, tout dévoués qu'ils sont à notre plaisir. On peut s'en priver et se contenter du nécessaire : les gendarmes de la diététique ne voient la nourriture que sous la forme de protéines, glucides, lipides, vitamines, minéraux, acides aminés, etc. C'est sûrement bon pour la santé, mais c'est bien triste. Mangez des desserts, vous ferez plus que satisfaire une légitime sensualité, vous défendrez ce que la culture apporte d'inestimable : le superflu, l'inutile, ce qui n'appartient pas plus à la rentabilité que le mot d'esprit.

# Les desserts de fruits, ou de la nature à la culture

Les premières douceurs furent le miel et les fruits, produits du ramassage et de la cueillette. Consommez uniquement les fruits dans leur pleine saison : ne vous amusez pas à acheter des fraises ou des cerises en hiver, des pommes en été, vous seriez affreusement déçu. Une seule exception : les fruits exotiques, qu'on trouve maintenant toute l'année chez les bons « primeurs », cueillis à maturité, importés par avion et délicieux. Rien n'est si savoureux que des fruits bien mûrs, tendres et parfumés, dont je fais souvent mon dessert. Ce qui n'empêche pas de les cuisiner un peu, pour améliorer la nature. Ainsi, si les fraises de mai, les gariguettes, sont l'une des plus fondantes douceurs qui soient, dans leur naturel ou accompagnées de crème épaisse, vous trouverez un peu plus tard d'autres variétés, en même temps que les framboises et les groseilles. Ce sera le moment de vous octroyer un dessert cru, tout simple mais parfait :

## La soupe aux trois fruits rouges

**Juillet à septembre – Pour quatre personnes.**

Lavez les groseilles en passoire, égouttez bien et égrappez dans le bol de votre mixeur : saisissez la queue de la main gauche et raclez la grappe entre les dents d'une fourchette. C'est très vite fait.

Mixez, puis passez la purée obtenue au chinois au-dessus d'une jatte, en tournant à la

*Votre marché :*

- *1 livre de groseilles rouges (il en est de blanches)*
- *250 g de fraises bien mûres et parfumées*
- *250 g de framboises*
- *100 g de sucre semoule*

cuillère de bois jusqu'à ce que tout le jus soit passé et qu'il ne reste plus dans le fin grillage que les peaux et les pépins. Vous pouvez aussi passer les groseilles dans un moulin à légumes, dont la grille fine retiendra les déchets. Mélangez le sucre à ce jus épais, d'un rose vif, qu'on nomme « coulis ».

Passez rapidement les fraises sous l'eau froide, égouttez bien, et ôtez les queues (il faut toujours laver avant d'équeuter, les fraises autrement perdraient tout leur parfum). Coupez-les en deux ou en quatre dans la longueur si elles sont grosses. Versez-les dans la jatte.

Ne lavez pas les framboises, mais vérifiez qu'elles n'aient plus de queues. Versez-les à leur tour dans la jatte.

Mélangez délicatement le tout. Gardez au frais jusqu'au moment de servir. C'est léger, exquis, tout parfumé d'été.

~

## La soupe aux quatre fruits rouges

... est à peine plus élaborée. Il vous faudra seulement acquérir un petit outil supplémentaire : un dénoyauteur. Votre quincaillier connaît l'article.

**Juillet à août – Pour quatre personnes.**

Les quatre fruits rouges, dont est faite l'une de mes confitures favorites, coexistent peu de temps. Vous avez raison d'en profiter.

Lavez les fraises, égouttez, équeutez, mixez. Passez au chinois au-dessus d'une jatte, en remuant à la cuillère de bois jusqu'à ce qu'il ne reste que les grains dans le grillage. Mélangez le sucre et le kirsch au coulis.

*Votre marché :*

- 300 g de fraises
- 250 g de groseilles rouges
- 250 g de cerises Burlat, cœur-de-pigeon, ou encore de cerises noires
- 250 g de framboises
- 100 g de sucre semoule
- 2 c.s. de kirsch

Lavez et égrappez les groseilles comme vous savez le faire *(voir p.213)*. Lavez, équeutez et dénoyautez les cerises à l'aide de votre dernière emplette. Vérifiez que les framboises n'aient pas de queues.

Versez tout ça dans la jatte, remuez délicatement et servez

bien frais, après 2 heures au moins et 3 au plus de macération. Si vous êtes un vrai sybarite, vous dégusterez cette merveille parfumée avec un soupçon de crème épaisse ou une glace à la vanille d'excellente provenance. Mais ce n'est pas vraiment nécessaire.

~

**Ne croyez pas que l'hiver vous laissera démuni.** On peut faire avec ses humbles fruits des douceurs simples et délicieuses. Prenons :

# La compote de pommes

Ce peut être la meilleure ou la plus triste chose du monde (songez par exemple à la sinistre conserve). Voici comment faire la meilleure.

**Automne-hiver – Pour quatre personnes.**

- Épluchez les pommes à l'économe, coupez en quatre, enlevez les cœurs.
- Placez les quartiers en casserole avec un petit bol d'eau, la cassonade ou le miel, la cannelle et la peau de la moitié du citron lavée et prélevée à l'économe.
- Mettez à feu moyen, à découvert, en tournant de temps en temps, jusqu'à ce que les fruits soient tendres au point de s'effondrer, ce qui est fait en 10 ou 15 minutes d'ébullition.
- Ôtez le rouleau de cannelle et la peau du citron. Écrasez du dos d'une cuillère de bois les ultimes résistances contre les parois de la casserole, afin d'obtenir une purée grossière que vous dégusterez encore tiède ou bien froide.
- Au naturel ou accompagnée de crème épaisse, cette compote est un petit bonheur quotidien.

*Votre marché :*

- 1 kg de reines des reinettes ou de Boskoop, ou encore de Canada (abandonnez définitivement toute relation crue ou cuite avec ces ersatz à saveur de Kleenex que sont les goldens ou les granny smith de grande distribution)
- 100 g de cassonade (sucre brun), ou de miel assez fort (thym ou romarin)
- 1 gros rouleau de cannelle
- 1 citron non traité

**L'été, avec des abricots bien mûrs,** vous ferez une merveilleuse compote avec seulement le sucre ou le miel et l'eau, exactement de la même manière. Elle sera dans sa perfection saupoudrée d'amandes effilées ou de pignons. L'automne, les quetsches vous raviront : fruits dénoyautés, sucre, eau. Dans la jatte de service, saupoudrez la compote encore chaude d'une épaisse couche de poudre de cannelle qui en exaltera la saveur. Vous connaissez la réputation d'aphrodisiaque de cette épice : de toute façon, la bonne cuisine dispose à l'amour.

**N.B. :** si vous aimez le caramélisé, cuisez la compote avec moitié moins d'eau, en surveillant et remuant plus souvent, jusqu'à ce que ça caramélise, précisément. J'ai découvert ce délice en oubliant ma casserole sur le feu.

~

**Restons dans le voluptueux simple avec :**

# Les pruneaux au porto

... qui sont aux pruneaux au vin ce qu'un château est à une chaumière.

**Toutes saisons – Pour quatre personnes.**

*Votre marché :*
*(la veille de la recette, l'avant-veille du repas)*

- *1 quarantaine de gros pruneaux d'Agen (exclusivement) avec leurs noyaux (c'est un pléonasme lorsqu'on parle de pruneaux d'Agen), bien souples*
- *1/2 litre de porto rouge de très bonne provenance (ce n'est pas nécessaire qu'il soit millésimé)*
- *1/2 litre de bordeaux rouge de très bonne qualité*
- *1 gousse de vanille Bourbon*

On n'ôte pas les noyaux qui développent la saveur. Les fruits trempent une nuit à température ambiante et à couvert dans le porto.

Le lendemain, ils cuisent 10 minutes à partir de l'ébullition, à feu doux et à découvert, avec le reste des ingrédients (la vanille fendue en deux dans sa longueur).

Ça se verse dans une jatte où ça refroidit et où ça macère une nuit encore, toujours à température ambiante et sous couvercle.

C'est tout. Ça se sert bien frais et c'est simplement sublime, comme on dit dans le grand monde. Vous pouvez aller jusqu'à la jouissance en accompagnant de crème épaisse bien froide.

~

## Les poires au vin

... sont une vieille recette, qui doit dater de la Renaissance dont elle présente les associations typiques de saveurs.

**Automne-hiver –**
**Pour quatre personnes.**

*Votre marché :*
*(la veille de la recette, l'avant-veille du repas)*

- *4 poires doyenné-du-comice ou beurré-hardy (laissez tomber les williams et les passe-crassane, trop souvent décevantes)*
- *1 bouteille d'excellent vin rouge, un bourgogne par exemple*
- *1 rouleau de cannelle*
- *2 clous de girofle*
- *quelques grains de poivre*
- *quelques râpures de muscade*
- *1 gousse de vanille Bourbon*
- *1 citron non traité*
- *100 g de sucre semoule*

Versez le vin dans une casserole où tiendront juste les poires entières (mesurez). Ajoutez les épices, la gousse de vanille fendue en deux dans sa longueur (ce sont les grains qui développent le parfum), la peau du citron prélevée à l'économe et le sucre. Menez à ébullition.

Pelez les poires à l'économe, en leur laissant leur queue. Posez-les dans le vin bouillant, tout debout, la queue en l'air. Ne couvrez pas. Cuisez à petits bouillons 40 minutes. Les poires doivent être fondantes.

Laissez refroidir dans le sirop, puis versez dans une jatte. Attendez le lendemain, que les parfums aient eu le temps de s'échanger. Une exquise variante, plus corsée, consiste à remplacer la vanille par un doigt de gingembre frais, pelé et coupé en rondelles.

~

**Les fruits sont prétextes à toutes sortes de pâtisseries.** Prenez l'individu le plus abruti, le plus indifférent à la cuisine, le plus ignorant de sa variété, parlez-lui de tartes, et vous verrez son œil morne s'allumer.

À vous les joies du pétrissage, les mains pleines de beurre des Charentes et de farine tamisée, les odeurs enivrantes de pâte cuite, les alchimies subtiles dans le secret du four. Vous ne pourrez plus vous en passer. Commençons par :

# Le crumble

... qui nous vient d'Albion, où l'on s'y entend en pâtisseries.

**Toutes saisons – Pour quatre à six personnes** (ou même deux, vous et votre nièce, par exemple).

Votre marché :

- 100 g de sucre semoule
- 125 g de sucre cristallisé
- 125 g de farine
- 125 g de beurre doux, froid

L'été :

- 1 livre de groseilles rouges et de cassis à parts égales (mon mélange favori) ou de groseilles-framboises, etc.

L'hiver :

- 2 pommes reinette
- 2 poires doyenné-du-comice ou beurré-hardy
- 1 clou de girofle
- les grains d'1 gousse de vanille Bourbon
- 1 c.c. de cannelle
- 1 petite poignée d'amandes effilées

Pour servir : 1 pot de crème épaisse

Prenez un plat à gratin aussi joli que possible, parce que ça ne se démoule pas. Allumez le four (th. 6, 170 °C).

Lavez, égouttez et égrappez les fruits rouges et noirs comme vous savez le faire *(voir p. 214)*. Ou bien pelez les pommes et les poires, ôtez les cœurs et coupez la chair en dés, auxquels vous mêlerez les amandes.

Répartissez les fruits dans le plat, et, par-dessus, le sucre semoule équitablement. Ajoutez les épices – si épices il y a – et mélangez.

Préparez le *crumble* (« miette » en v.f.). Mélangez dans une terrine le sucre cristallisé, la farine, le beurre en tout petits morceaux, du bout des doigts, jusqu'à obtenir une sorte de gros sable.

Répartissez ce mélange sur les fruits, qui doivent être recouverts. Enfournez pour 45 minutes. Ce sera tout doré.

Servez tiède, avec la crème bien froide. On peut en mourir de plaisir. Les Anglais n'ont pas commis grand-chose en cuisine, mais là ils ont été géants.

~

# La tarte aux fraises

... est un grand classique de l'été. Il y en a d'innombrables versions, voici ma préférée :

**Été – Pour quatre à six personnes.**

Votre marché :

Pour la pâte :

- 200 g de farine
- 1 forte pincée de sel
- 100 g de beurre doux, froid
- 1 œuf
- 1 c.s. de sucre semoule

Pour la garniture :

- 1 kg de fraises bien mûres, parfumées et fermes
- 200 g de gelée de groseille de très bonne qualité
- 1 citron

Faites d'abord la pâte brisée *(voir p.206)*, mettez-la en boule à reposer au moins 2 heures dans le casier à légumes du réfrigérateur, protégée par une feuille de plastique.

2 heures avant le repas, sortez-la du froid et laissez-la une heure à température ambiante. Étalez-la ensuite avec régularité sur le fond et les bords du moule à tarte, puis mettez le moule au réfrigérateur.

Allumez le four (th. 7, 220 °C), et laissez chauffer 15 minutes. Sortez le moule du froid, piquez la pâte à la fourchette, un peu partout, et enfournez pour 20 à 25 minutes : cela doit aller au blond doré.

Laissez tiédir, décerclez le moule et posez le fond sur le plat de service.

Lavez rapidement les fraises à l'eau courante, épongez, équeutez et rangez-les sur le fond de tarte, régulièrement, par cercles successifs en commençant par les bords. C'est très joli.

Pressez la moitié du citron, et versez avec la gelée de groseille dans une petite casserole, que vous mettez à feu doux. Dès que la gelée est liquéfiée, remuez bien pour qu'elle soit lisse, puis versez sur les fraises, avec régularité. Leur incarnat en sera tout luisant et avivé. Dégustez cette tarte sans attendre, encore un peu tiède, afin que la pâte reste bien croustillante. C'est une simple et adorable pâtisserie.

~

**Un peu plus tard dans la saison, vous pourrez vous régaler d'une :**

# Tarte aux mûres et aux myrtilles

... à peine plus sophistiquée que la tarte aux fraises, et plus sauvage de saveur.

**Fin de l'été-début de l'automne – Pour six personnes.**

Faites d'abord la pâte, qui doit reposer au frais dans un film plastique au moins 2 heures, comme vous savez. C'est une pâte sucrée, légèrement différente de la pâte brisée, mais tout aussi simple. Mettez dans une terrine le beurre mou, le sucre et le sel, et travaillez vigoureusement à la cuillère de bois à peu près une minute. Ajoutez l'œuf et travaillez encore. Versez la poudre d'amandes, la farine à travers un chinois (ce qui est « tamiser »), et mélangez du bout des doigts sans trop travailler. Formez une boule et mettez au frais.

Votre marché :

Pour la pâte :

- 125 g de beurre doux à température ambiante
- 60 g de sucre semoule
- 1 forte pincée de sel
- 1 œuf
- 50 g de poudre d'amandes
- 200 g de farine

Pour la garniture :

- 100 g de macarons secs aux amandes de très bonne qualité
- 250 g de mûres
- 250 g de myrtilles
- 2 œufs
- 100 g de sucre semoule
- 1 dl de crème fleurette

2 heures avant le repas, sortez la pâte et posez-la dans le moule à tarte. Vous avez une heure devant vous pour vaquer à d'autres travaux ou loisirs.

Allumez le four (th. 7, 220 °C). Étalez la pâte régulièrement sur le fond et les bords du moule, piquez-la à la fourchette et placez au réfrigérateur.

Émiettez les macarons. Vérifiez qu'il ne reste pas de queues aux mûres.

Fouettez les œufs et le sucre au batteur électrique jusqu'à obtenir une mousse pâle, et ajoutez la fleurette en tournant à la cuillère de bois. Répartissez les macarons, puis les mûres et les myrtilles sur la pâte. Enfournez et cuisez 15 minutes.

Sortez alors le moule (ne vous brûlez pas), versez la crème

après un dernier petit tour de cuillère et réenfournez pour 25 minutes. Dégustez tiède encore : toutes les tartes sont meilleures ainsi. Juste avant de servir, vous pouvez saupoudrer de sucre glace à travers un chinois. C'est comme une neige blanche sur les fruits noirs de la forêt.

~

**On trouve à l'étal du « primeur », à l'automne, des fruits délicieux,** des prunes en particulier, dont l'espèce montre une étonnante diversité. Je ne saurais trop vous recommander :

## La tarte aux quetsches

... l'une de mes favorites, dont le temps ne dure hélas qu'un mois à peine. Raison de plus pour sauter dessus.

Votre marché :

Pour la pâte :

- 200 g de farine
- 1 c.s. de sucre semoule
- 1 forte pincée de sel
- 100 g de beurre doux, froid
- 1 œuf

Pour la garniture :

- 1 kg de quetsches d'Alsace (les meilleures) bien mûres
- 100 g de sucre semoule
- 1 c.s. de cannelle en poudre

**Automne – Pour quatre personnes** (normalement c'est pour six, mais je sais que vous ne résisterez pas).

Pour la pâte brisée, je ne me répéterai pas *(voir p.206)*. Le gros du travail consiste à préparer les quetsches : lavez, égouttez, coupez en deux dans la longueur en suivant le sillon du fruit, ôtez le noyau et coupez chaque moitié en deux encore, toujours dans la longueur. Ayez un bon copain, vous bavarderez sur les problèmes d'identité des Alsaciens et vous ne verrez pas le temps passer.

Allumez le four (th. 7, 220 °C). Étalez la pâte dans son moule. Piquez. Rangez dessus les quartiers de quetsches bien serrés, chair au-dessus, en cercles successifs se chevauchant, en procédant à partir des bords. C'est long, mais le résultat est extrêmement esthétique, à la fois régulier et hérissé.

Enfournez pour 35 minutes. Décerclez chaud, posez sur le plat de service, mélangez le sucre et la cannelle, saupoudrez à travers un chinois.

Servez encore chaud avec une glace à la cannelle que vous aurez prise chez le meilleur glacier. C'est royal. Avec une glace à la vanille, ce n'est pas mal non plus.

**N.B. :** ne faites jamais attendre cette tarte : les quetsches lâcheraient un jus abondant qui mettrait la pâte en bouillie, et tout serait raté.

~

**L'hiver ne vous laisse pas sans ressources, ne craignez rien.** Voici une recette d'une rare sensualité pour réchauffer une journée par trop grise :

# La tarte aux poires et aux amandes

**Hiver – Pour six personnes** (à quatre, c'est quand même trop de calories).

Vous savez tout de cette pâte *(voir p.220)*. Refaites à l'identique : les bases en cuisine sont pure routine, vous commencez à l'apprécier et à montrer quelque désinvolture, les mains dans le beurre et la tête dans Mallarmé.

Pendant que la pâte se réchauffe, versez dans une casserole 100 grammes de sucre, un demi-litre d'eau et la gousse de vanille fendue. Faites bouillir 10 minutes. Voilà, vous savez faire un sirop. Pendant que cuit le sirop, ne chômez pas : pelez les poires, coupez-les en deux, ôtez les cœurs et le bois des tiges. Posez les demi-poires dans le sirop bouillant, comptez 5 minutes à petite ébullition, retirez à l'écumoire pour ne pas abîmer ces

Votre marché :

Pour la pâte :

- 125 g de beurre doux à température ambiante
- 60 g de sucre semoule
- 1 forte pincée de sel
- 1 œuf
- 50 g de poudre d'amandes
- 200 g de farine

Pour la garniture :

- 4 poires doyenné-du-comice ou beurré-hardy
- 180 g de sucre semoule
- 1 gousse de vanille Bourbon
- 100 g de poudre d'amandes
- 80 g de beurre doux à température ambiante
- 2 c.s. de rhum blanc
- 2 œufs

fruits délicats et jetez le sirop (il faut savoir de temps en temps faire preuve de ce genre de munificence). Allumez le four (th. 7, 220 °C).

Préparez la crème d'amandes : travaillez au batteur électrique, à petite vitesse, le reste du sucre, la poudre d'amandes, le beurre mou (je suppose que vous vivez à 20 °C au moins), le rhum, un œuf entier et un blanc (si ça vous révolte de jeter, faites une mayonnaise avec le jaune, le même jour impérativement, car il ne se conserve pas. Mais je vous le déconseille, car vous allez déguster une tarte excessivement nourrissante, et la faire précéder d'une mayonnaise pourrait vous rendre malade. Trop c'est trop). Ce doit être mousseux et bien lié.

Étalez la pâte sur le moule à tarte. Versez la crème d'amandes. Rangez les poires en rosace, côté bombé au-dessus, et entaillez-les sur toute la longueur en fines lamelles.

Enfournez pour 35 minutes. Décerclez et dégustez tiède. Vous pouvez si vous voulez saupoudrer d'un nuage de sucre glace. Vous pouvez tout.

~

**Voici une autre manière d'adoucir les frimas :**

# La tarte à l'orange ou au citron

**Hiver – Pour quatre à six personnes**

Faites une pâte brisée comme d'habitude *(voir p.206)*, à ceci près que vous remplacez l'œuf par l'eau. Mettez au frais, sortez 2 heures avant le repas, posez sur le moule, laissez ainsi une heure (je me demande pourquoi je vous répète ceci après l'avoir tant de fois rabâché ; est-ce un symptôme d'anxiété ? de gâtisme ? de manque total de confiance en vous ? Pardon.)

Allumez le four th. 6 (170°). Étalez la pâte sur le moule. Piquez. Confectionnez la garniture : mettez le beurre

Votre marché :

Pour la pâte :

- 200 g de farine
- 100 g de beurre doux, froid
- 1 c.s. de sucre, 1 forte pincée de sel
- 1/2 verre d'eau (vous avez)

Pour la garniture :

- 2 œufs
- 75 g de beurre doux
- 2 oranges ou 2 citrons non traités
- 200 g de sucre semoule

à fondre à feu imperceptible. Battez les œufs et le sucre au fouet électrique jusqu'à obtenir une mousse blanchâtre.
Lavez les fruits, prélevez toute la peau de l'un au zesteur, pressez les deux. Mélangez le tout, en remuant avec soin.
Versez cette crème sur la pâte. Enfournez pour 35 minutes. Décerclez chaud, servez à température ambiante.
Vous voyez, ce n'est rien à faire. Ma préférence va à l'orange. L'association de l'acide, du sucré, du moelleux et du croustillant remonte le moral, qu'on a bien bas en cette saison.

~

**Voici pour finir la quintessence de la tarte aux pommes, le lieu où elle atteint au chef-d'œuvre absolu :**

# La tarte Tatin

**Automne-hiver – Pour quatre personnes** (là encore, c'est supposé en nourrir six, mais mieux vaut ne point sombrer dans l'illusion).

Votre marché :
Pour la garniture :
- 1 kg de reinettes ne se délitant pas à la cuisson (votre honnête « primeur » connaît l'espèce requise à chaque moment de la saison)
- 125 g de beurre doux
- 150 g de sucre semoule

Pour la pâte :
- 200 g de farine
- 100 g de beurre doux, froid
- 1 œuf
- 1 forte pincée de sel

Vous avez remarqué que je vous donne les ingrédients dans l'ordre inverse de celui que je suis d'ordinaire. Ce n'est pas dû à la distraction. La tatin relève d'une erreur : les vieilles demoiselles qui ont légué ce chef-d'œuvre à la postérité, recevant à déjeuner quelqu'un qui les impressionnait fort (je ne me rappelle plus qui au juste), avaient dans leur trouble oublié de chemiser leur moule de sa pâte brisée, et ont eu l'idée géniale d'en coiffer la garniture déjà cuite, de remettre au four et de renverser le tout.
Méditez à propos ce passage de Marc Bloch : « Un homme, je suppose, marche sur un sentier de montagne. Il trébuche et tombe dans un précipice. Il a fallu, pour que cet accident arrivât, la réunion d'un grand nombre d'éléments déterminants.

Demande-t-on cependant quelle en fut la cause ? Chacun répondra : le faux pas. Ce n'est point que cet antécédent-là fût plus nécessaire à l'événement. Beaucoup d'autres l'étaient au même degré. Mais entre tous, il se distingue par plusieurs caractères très frappants : il est venu le dernier, il était le moins permanent, le plus exceptionnel dans l'ordre général du monde. »
Méditez, mais ne perdez pas de vue ce que nous avons en train.

Faites votre pâte brisée *(voir p.206)*, et laissez-la reposer au frais. Reprenez *Apologie pour l'histoire* depuis le début.

Sortez la pâte 2 heures avant le repas, et mettez les pommes en route. Pelez et coupez en quatre en ôtant les cœurs. Dans un moule à manqué, faites fondre le beurre et le sucre jusqu'à ce qu'ils forment un épais caramel blond. Quand on est dans les desserts, on ne pense pas aux calories. Posez alors vos quartiers de pommes, côté bombé en-dessous, en tassant afin que le fond soit couvert. Si quelques quartiers ne se casaient pas, posez-les en seconde couche, ils trouveront leur place quand leurs prédécesseurs, ramollis et réduits par la cuisson, s'espaceront.

Laissez cuire tout ça à feu doux, 15 minutes à couvert, puis à découvert. Ça recaramélise une fois évaporé le jus lâché par les pommes. Laissez faire, ne touchez à rien. Contentez-vous d'allumer le four (th. 7, 220 °C).

Quand vos pommes sont à point, sortez le moule du feu et abaissez votre pâte au rouleau ou à la bouteille sur une surface lisse où vous aurez tamisé de la farine. Gardez votre chinois à portée de main pour fariner la pâte au cas où elle collerait à votre outillage. Abaissez en rond, en partant du centre de la boule.

Posez d'un geste preste ce disque cru sur les pommes, après l'avoir saisi à la spatule métallique. Coupez ce qui dépasse, bordez les contours jusqu'au fond du moule, et piquez la pâte de quelques coups de fourchette. Envoyez le tout au four pour 35 à 40 minutes jusqu'à ce que la pâte soit bien dorée.

Sortez du four, démoulez sur un plat : les pommes seront donc dessus, ce sera beau à voir, encore plus beau à déguster tiède. Certains ajoutent de la crème fraîche. Je préfère la tatin nature, telle que le hasard et vous l'aurez faite. Et puis courez un bon cross d'une heure et vous n'aurez pas pris un gramme.

~

# Les entremets, ou la culture du tendre

Avec cette catégorie de desserts d'œufs, de lait et de crème, vous allez vous vautrer dans le mou, le doux, le suave et le moelleux.
À vous les goûters, les casseroles torchées au doigt, les joies innocentes que vous partagerez avec les enfants de votre entourage, qui en seront ravis et reconnaissants.
**L'un des grands classiques :**

## Les œufs à la neige

Absolument tout le monde aime, et c'est presque impossible d'en trouver de convenables dans les prétendus restaurants qui en proposent à tour de bras. Alors faites-les vous-même.
**Toutes saisons – Pour quatre personnes.**

Séparez les blancs des jaunes en versant les blancs dans une grande jatte – je pense que vous avez acquis le coup de main. Aucune parcelle de jaune ne doit traîner dans les blancs.

*Votre marché :*
- 6 œufs à température ambiante, comme toujours
- 1/2 litre de lait entier, cru ou pasteurisé, mais surtout pas UHT, et 1/4 supplémentaire pour compenser l'évaporation
- 1 gousse de vanille Bourbon
- 100 g de sucre semoule

Mettez le demi-litre de lait à frémir dans une large casserole avec la gousse de vanille fendue en deux.

Étalez un torchon propre plié en deux à proximité. Après 5 minutes de frémissement, retirez du lait la gousse de vanille, et laissez le lait sur le feu.

Battez les blancs au batteur électrique. Dès qu'ils sont montés, ajoutez 50 g de sucre, en pluie lente, en continuant à battre : vous aurez une neige très ferme et consistante. À l'aide d'une grande cuillère, moulez la neige de façon à obtenir en tout huit portions. Faites ceci à mesure, en les posant deux par deux dans le lait frémissant. Attention : le lait ne doit pas bouillir, cela durcirait les blancs. Cuisez une minute d'un côté, retournez et cuisez une minute de l'autre. Retirez à l'écumoire et posez sur le torchon. Ça a l'air effrayant, mais ce n'est rien.

Passez le lait à travers un chinois pour ôter les parcelles de blanc qui pourraient y traîner. Octroyez-lui les grains que vous raclez à l'aide d'une petite cuillère dans la gousse de vanille. Remplacez le lait qui s'est évaporé pour retrouver votre demi-litre, que vous mettez à bouillir.

Versez le reste du sucre dans les jaunes et battez jusqu'à obtenir une mousse pâle, puis ajoutez en tournant à la cuillère de bois le lait bouillant par petites quantités au début, plus généreusement ensuite. Remettez en casserole, reportez à feu très doux, tournez avec patience jusqu'à ce que la crème anglaise nappe la cuillère, c'est-à-dire la couvre d'un enduit léger et homogène.

Versez dans une jolie jatte, laissez refroidir, mais ne réfrigérez pas. Pour servir, posez les blancs en dôme à la surface de la crème. Ce dessert possède la suavité même de l'enfance, telle que la voyait Jean-Jacques Rousseau.

**N.B. :** si vous cuisez quelques secondes de trop, la crème anglaise se dissocie. Ce n'est pas un drame. Il suffit de la passer au mixeur pour qu'elle retrouve la consistance liée et veloutée qui doit être la sienne. Ça fait du bien de le savoir.

~

**Plus riche, mais aussi plus voluptueuse :**

## La crème brûlée

... est d'une technique si simple que vous pouvez en confier la confection à votre nièce. Mais vous devez posséder un four à salamandre.

**Toutes saisons – Pour quatre personnes.**

Ça se fait en deux temps. Entamez donc le matin pour le soir, par exemple.

Votre marché :
- 5 œufs
- 200 g de sucre semoule
- 1/2 litre de crème fleurette, surtout pas UHT (ce serait la plus sûre façon de rater votre dessert) – si vous avez grossi, faites un mélange à parts égales de lait entier (tout de même), et de crème, mais c'est moins bien
- 1 gousse de vanille Bourbon

Le premier temps consiste à battre un œuf entier et quatre jaunes avec la moitié du sucre, jusqu'à obtenir une mousse bien liée, à y mélanger la crème et à y adjoindre les grains de vanille raclés au couteau dans la gousse fendue en deux.

Allumez le four (th. 5, 120 °C), placez-y une plaque contenant un fond d'eau chaude ; versez la crème dans des plats individuels ou un plat à gratin à bords bas, et posez dans le bain-marie. Ça cuit de 1 heure à 1 heure 30, sans bouillir. La crème est prête quand elle est « prise ». Ôtez du four, laissez refroidir à température ambiante, vaquez à autre chose.

Le second temps commence quand la crème est froide. Passez le reste du sucre à travers un chinois ou une poudreuse, de façon à en recouvrir également toute la surface de la crème.

Allumez la salamandre. Quand elle est incandescente, glissez dessous la crème, le plus près possible, et restez attentif : en quelques secondes le sucre fond et caramélise. Lorsque toute la surface est dorée, sortez la crème.

Il y a deux écoles : d'aucuns servent aussitôt, la crème tiède et le dessus brûlant ; d'autres (j'en suis) préfèrent laisser refroidir et octroyer un court passage au réfrigérateur (court, j'insiste, car un trop long séjour ferait liquéfier le caramel), puis offrir une dégustation du dessert bien froid. Dans les deux cas, l'association des consistances – le tendre absolu de la crème et le croquant de son glacis – est une expérience inoubliable.

~

## La mousse au chocolat

... est aussi l'un de ces entremets dont tout le monde raffole. Faites la mienne, c'est la meilleure que je connaisse, et je ne suis pas la seule à le dire.

**Toutes saisons** (mais c'est plutôt un dessert d'hiver, vu les calories) – **Pour deux personnes un peu maigres ou quatre enveloppées.**

Votre marché :

- 200 g de chocolat noir amer contenant un fort pourcentage de cacao (au moins 55 %). La qualité et la fraîcheur du chocolat sont essentielles : achetez chez le meilleur chocolatier de la ville. Remuez-vous un peu, ça en vaut la peine. Le chocolat très corsé que je vous recommande est dit « de couverture », c'est le meilleur pour cuisiner.
- du très bon café en grains, très corsé
- 4 œufs très frais
- 1 pincée de sel
- 40 g de beurre doux à température ambiante

Je suppose que vous possédez une machine à expresso ou une cafetière milanaise pour deux tasses, et un moulin à café.
Vous avez besoin avant toute chose d'une demi-tasse de café très fort.
Si vous manquez d'outillage, demandez au bistro du coin un expresso très serré, ça fera l'affaire.
Ce café, versez-le dans une petite casserole où vous casserez votre chocolat en grossiers morceaux.
Placez la casserole au bain-marie et attendez. Cela doit fondre tranquillement. N'y touchez pas : une cuillère trop hâtive mettrait en grumeaux cette pâte fragile.

Dissociez les œufs. Mettez les jaunes dans un petit bol et les blancs avec le sel dans un grand.

Lorsque votre chocolat est entièrement fondu, sortez la casserole du bain-marie, mélangez vivement avec le beurre, puis ajoutez les jaunes d'œufs, un par un, en touillant bien.

Sans lambiner battez les blancs en neige ferme, au batteur électrique. Mélangez sans précaution 1 c.s. de neige à l'appareil au chocolat afin de le détendre, puis le reste délicatement, en soulevant la masse de bas en haut sans tourner pour ne pas faire retomber les blancs. Ce doit être adroit, précis et rapide : vous avez déjà ce tour de main.

Versez dans une jatte. Mettez au froid 4 heures au moins. Léchez consciencieusement la casserole.

La mousse sera ferme, onctueuse, d'un goût puissant exalté par le café. Elle doit, cette mousse divine, être consommée dans la journée, mais je ne m'inquiète guère sur ce point. Et saviez-vous que la fève du cacaoyer est connue depuis les Aztèques pour être un aphrodisiaque doublé d'un stimulant cérébral ? Tout ça marche ensemble, vous savez bien.

**Restons dans les desserts qui ont fait leurs preuves au long d'innombrables générations de cuisine bourgeoise, et gratifions-nous de :**

# La crème au caramel

... dont voici la recette authentique.

**Toutes saisons – Pour six personnes.**

Faites d'abord le caramel : dans une casserole, versez 150 grammes de sucre, humectez d'eau et faites cuire à bon feu jusqu'à ce que ce soit uniformément doré. N'y touchez pas (le sucre cristalliserait) ; contentez-vous de remuer un peu la casserole quand le doré commence à apparaître sur les bords. Allez jusqu'au doré soutenu, et versez prestement dans un moule à soufflé, en tournant celui-ci pour répartir le caramel sur les fonds et les bords. Faites vite : le caramel se solidifie en quelques secondes au contact du moule. Voilà, vous savez chemiser un moule au caramel. Le reste du travail est à peu près négligeable.

*Votre marché :*
- *250 g de sucre semoule*
- *8 œufs*
- *1 litre de lait entier*

*C'est tout !*

Allumez le four (th. 5, 120 °C) et placez-y une plaque contenant un fond d'eau chaude.

Mettez six œufs entiers et deux jaunes dans une jatte, versez le reste du sucre, fouettez au batteur électrique jusqu'à dissolution du sucre. Puis mélangez à fond le lait à la cuillère de bois.

Versez dans le moule, posez sur la plaque, et laissez prendre 1 heure 30. La crème est cuite quand une aiguille à tricoter plongée en son centre ressort humide mais nette. Cette cuisson lente et douce est essentielle, car les œufs ne doivent bouillir en aucun cas.

Laissez refroidir dans le moule. Au moment de servir, plongez le cul du moule dans l'évier plein d'eau bouillante, comptez 15 secondes et démoulez : ce sera très facile. Tout le monde se régalera de cette saveur d'enfance, qui ne doit pas passer par le réfrigérateur et se consomme le même jour. Je ne pense pas, d'ailleurs, qu'il puisse en rester !

~

**Plus sophistiquée,** voici une crème prise qui a l'avantage de se confectionner la veille, et donc de laisser l'esprit libre pour mettre au point les autres plats lorsqu'on a des invités :

# La crème carmélite

**Toutes saisons – Pour six personnes.**

Mettez la gélatine à tremper dans un bol d'eau froide pour qu'elle ramollisse, et le nécessaire à crème fouettée au froid (bol, pales, crème).

Faites la crème anglaise avec le lait, les jaunes d'œufs et la moitié du sucre, comme vous le savez *(voir p.227)*. Dès qu'elle est prise, essorez la gélatine entre vos doigts et mélangez-la vivement, à fond, à la crème chaude, jusqu'à parfaite dissolution.

Votre marché (la veille) :
- 1 litre de lait cru entier
- 8 jaunes d'œufs
- 200 g de sucre semoule
- 4 feuilles de gélatine
- 250 g de crème fleurette

Et c'est tout !

Mettez sur-le-champ un verre d'eau à bouillir. Sur-le-champ encore faites le caramel avec le reste du sucre : vous savez ça aussi *(voir p.230)*.

Dès qu'il est d'un doré prononcé (mais pas trop brun, il deviendrait âcre), ôtez-le du feu et éteignez-le avec 3 c.s. d'eau bouillante. Versez immédiatement dans la crème encore très chaude, que vous tournerez énergiquement. Vous devez agir prestement en tout ceci : vous vous détendrez ensuite, pendant le refroidissement de la crème.

Mettez ce temps à profit pour réfléchir à la correspondance qui peut bien exister entre cette crème dont vous entrevoyez la suavité et le cloître. Normalement vous trouverez très vite la réponse (elle est page suivante, vous pourrez vérifier).

Lorsque la crème est refroidie, mais pas encore prise, battez la fleurette comme vous le savez *(voir p. 82)*.

Versez-y la crème anglaise, mélangez délicatement en tournant de bas en haut.

Garnissez une belle coupe et laissez au réfrigérateur toute la nuit. Offrez avec cette merveille des tuiles aux amandes et à l'orange, venant d'un très bon pâtissier.

**La réponse :** la jouissance. Lisez sainte Thérèse d'Avila, voyez à Rome la statue du Bernin, et rappelez-vous le commentaire hilarant de Lacan, dans le livre XX de son séminaire intitulé *Encore*, en fin de chapitre « Dieu et la jouissance de la femme ».

~

# La charlotte au miel

... est une apothéose du tendre, une sorte d'assomption de la nourriture mythique des origines. Comme à toutes les charlottes, il faut lui donner un peu de son temps.

**Toutes saisons – Pour quatre à six personnes** (avec la charlotte, je suis prudente : autant tout prélèvement se voit dans une tarte, autant vous trouverez ici de multiples occasions de goûter à plusieurs stades de la fabrication – ce que je vous déconseille fortement).

Au moins 8 heures avant votre repas, attaquez. Rangez au réfrigérateur le nécessaire à crème fouettée (bol, pales, crème), posez la gélatine dans un bol d'eau froide.

Mettez à bouillir le lait et le sel (le sel réveille le sucré), pendant que vous battez un œuf entier et un jaune avec 60 grammes de sucre. Ajoutez la farine aux œufs, battez encore. Puis versez le lait bouillant, peu à peu, en tournant bien à la cuillère de bois. Remettez le tout dans la casserole. Mettez en train un caramel dans une petite casserole pourvue du reste de sucre humecté d'eau *(voir p. 230)*.

Remettez à feu modéré la casserole de lait aux œufs en remuant constamment. Au premier bouillon ôtez du feu, versez le caramel qui doit être cuit juste à ce moment-là, remuez vivement et donnez encore un bouillon. Ôtez du feu, pressez la gélatine entre vos doigts pour enlever l'eau en

*Votre marché :*

- 75 g de miel très parfumé, à votre goût
- 1/4 de litre de lait entier
- 1 pincée de sel
- 2 œufs
- 75 g de sucre semoule
- 25 g de farine
- 3 feuilles de gélatine
- 2 c.s. d'armagnac
- 225 g de biscuits à la cuillère de chez un honnête pâtissier
- 75 g de meringues au café ou de macarons secs de la même provenance
- 250 g de crème fleurette
- 50 g de sucre glace

excès, jetez dans la crème et remuez à fond. Laissez refroidir à température ambiante cette crème pâtissière caramélisée.

Pendant ce temps, ne lambinez pas : versez l'armagnac dans une assiette creuse et passez-y rapidement les biscuits à la cuillère dont vous chemiserez à mesure le fond et les bords d'un moule à charlotte, en les rangeant bien serrés. Il vous en restera, c'est normal.

Faites fondre le miel dans une petite casserole, à feu très doux. Quand il est liquide, tartinez-en les biscuits du moule à l'aide d'un pinceau. Il en restera, c'est normal aussi.

Émiettez les meringues ou les macarons. La crème qui se morfondait est à présent refroidie, mais pas encore prise. Faites la crème fouettée *(voir p. 82)* selon la sempiternelle méthode en la battant avec le sucre glace.

Mélangez à la crème pâtissière avec les précautions d'usage, en tournant doucement de bas en haut pour ne pas abîmer la chantilly (la crème fouettée sucrée se nomme ainsi).

Versez la moitié de ce mélange dans le moule à charlotte, puis une mince couche de miel liquide, puis une fine couche de miettes de meringues ou de macarons. Versez les restes de crème, de miel et des miettes. Rangez là-dessus une couche de biscuits humectés. Votre charlotte « prendra » au froid en quelques heures, 12 au plus.

Servez-la nature. Vous aurez dans la bouche le goût du miel, transcendé certes, mais assez net pour évoquer les jouissances archaïques.

~

**L'un des entremets les plus suaves que je connaisse,** et qui possède toute l'étrangeté des pays lointains – l'Orient de l'Europe –, est un dessert traditionnel de Pâques en Russie. Il faut le confectionner plusieurs jours avant sa dégustation et attendre avec patience (c'est insoutenable, je vous le dis d'expérience).



## La pascha de Thérèse

**Pâques exclusivement (c'est une nourriture rituelle) –**
**Je renonce à vous indiquer le nombre de personnes** (c'est aussi d'expérience), **mais normalement c'est prévu pour douze.**

Cuisez les œufs durs 10 minutes *(voir p. 25)*. Quand ils sont rafraîchis, écalez et mangez les blancs (bourrés de protéines, utiles pour ce qui va suivre). Écrasez les jaunes à la fourchette, très finement, dans une grande terrine. Ajoutez le beurre et le sucre glace. Travaillez énergiquement le tout à la cuillère de bois.

Ajoutez le fromage blanc. Travaillez encore. C'est extrêmement pénible et vous comprenez maintenant ma consigne pour les blancs d'œufs. Lavez, essuyez et prélevez au zesteur la peau du citron au-dessus de la terrine. Coupez les oranges confites en menues parcelles, ajoutez. Versez aussi les raisins et les amandes, ainsi que les grains de vanille raclés dans leur gousse ouverte en deux.

Mélangez le tout jusqu'à ce que l'amalgame soit complet. La recette d'origine indique : « Faites remuer un jour et une nuit par deux filles de cuisine ». Ces extrémités révoltantes légitiment à elles seules la révolution bolchevique contre la barbarie du servage. Il reste que notre confection entraîne une dépense musculaire intense.

Tapissez les pots du tissu choisi, qui doit déborder. Répartissez dans ces pots la masse compacte de la *pascha*. Rabattez le tissu, posez une soucoupe à la surface, un poids par-dessus pour tasser l'entremets, et posez le tout dans des assiettes au réfrigérateur.

Envoyez-vous un sérieux coup de vodka et commencez à attendre. Évitez de devenir alcoolique ce faisant.

Le jour de Pâques, démoulez, ôtez le tissu et dégustez ce chef-

Votre marché (au début de la semaine sainte au plus tard) :

- 1 kg de fromage blanc gras très compact : le tvorok ; vous le trouverez seulement chez l'épicier polonais, arménien ou russe. Débrouillez-vous : la prescription est la prescription, et vous ne voudriez pas faire un sacrilège en cette période-là.
- 2 œufs
- 1 livre de beurre doux à température ambiante
- 250 g de sucre glace
- 1 citron non traité
- 125 g d'écorces d'oranges confites de chez le meilleur confiseur
- 125 g de raisins de Smyrne
- 125 g d'amandes effilées
- 1 gousse de vanille
- 2 ou 3 pots de fleurs en terre, de dimension moyenne, percés d'un trou (évitez de demander à l'horticulteur un pot pour 1 kg de fromage, ça ne se fait plus)
- 2 ou 3 mouchoirs fins de grand format, ou autant de carrés de mousseline ou de gaze

d'œuvre que vous couperez en parts comme un gâteau. Je doute qu'il passe la journée (c'est d'expérience, je le répète). Vous serez malade, mais tant pis, ce n'est qu'une fois dans l'année.

~

**Ce qui suit, toujours à base de fromage blanc, vous reposera de ces excès.** Ça sent le Sud, ça se confectionne depuis qu'existe la civilisation pastorale et ça se retrouve dans tout le bassin méditerranéen. Je vous en donne une version corse, à la paresseuse :

# Le fíadone

**Toutes saisons – Pour quatre à six personnes.**
C'est une recette reposante, qui ne nécessite aucun déploiement musculaire.

Votre marché :
- 1 livre de broccio corse au lait de brebis
- 4 œufs
- 100 g de sucre semoule
- 20 g de beurre à température ambiante
- 1 citron ou 1 orange non traités
- 5 cl d'eau-de-vie de myrte ou à la rigueur, si vous n'en trouvez pas malgré des recherches approfondies, de rhum blanc

Écrasez le broccio à la fourchette dans une grande terrine. Séparez les œufs, versez les jaunes dans un bol et les blancs dans un saladier. Le batteur électrique travaillera les jaunes avec le sucre jusqu'à ce que se forme une mousse pâle.

Allumez le four (th. 7, 220 °C). Beurrez un moule à charlotte ou un moule à manqué possédant un revêtement antiadhésif (vous seriez obligé autrement non seulement de beurrer le moule, mais de le chemiser de papier sulfurisé découpé aux dimensions exactes et enduit au pinceau de beurre fondu. C'est trop fatigant).

Lavez l'agrume, essuyez, prélevez-en toute la peau au zesteur au-dessus du fromage.

Le batteur électrique montera les blancs en neige très ferme. Mélangez dans l'ordre, à la cuillère de bois, dans la terrine où attend le fromage : les jaunes battus, l'alcool, et enfin les blancs avec les précautions d'usage.

Versez dans le moule, qui va s'assoupir au four 35 à 40 minutes, jusqu'au doré.

Laissez reposer à température ambiante. Démoulez froid. Mangez ainsi, sans passage par le réfrigérateur. Ça se mâche sans peine, c'est léger et ça conduit tout droit à un doux sommeil. Si vous tenez aux calories, vous pouvez ajouter une poignée de raisins secs en même temps que les zestes, mais c'est sous votre responsabilité.

~

**Vous avez eu, sans doute, une grand-mère moderne qui vous privait de douceurs** par souci diététique ou vous offrait à goûter dans un salon de thé. Vous n'avez donc pas connu l'initiation fondamentale du :

# Riz au lait

... qui rend meilleur l'enfant le plus ingrat et fait fondre d'indulgence et de tendresse l'homme mûr le plus coriace. **Toutes saisons – Pour trois personnes** (invitez sans faute votre nièce).

Fendez la gousse de vanille en deux et mettez-la dans la casserole où attend le lait. Menez doucement à ébullition, puis jetez le riz non lavé en remuant bien. À la reprise de l'ébullition, couvrez en laissant une ouverture et cuisez une heure à feu imperceptible, ce qui vous laisse le temps d'une conversation véritable avec votre nièce, qui a besoin de s'exprimer.

*Votre marché :*
- *100 g de riso superfino Arborio du Pô*
- *1 litre de lait entier, cru de préférence, à la rigueur pasteurisé*
- *1 gousse de vanille Bourbon*
- *100 g de sucre semoule*

Quelques minutes avant la fin de la cuisson, ajoutez le sucre et remuez délicatement à la fourchette. Versez dans une jatte, laissez refroidir couvert à température ambiante. Emmenez votre nièce à la salle de bains pour la nettoyer des restes crémeux dont elle s'est enduite en léchant la casserole.

Dégustez tiède encore. L'enfant éperdue vous montrera une admiration sans bornes.

~

**Plus corsée, plus voluptueuse encore, voici une version orientale du riz au lait, qui nous vient de Turquie :**

# Le riz aux épices

**Toutes saisons – Pour quatre personnes.**

Versez le lait dans une casserole, ajoutez le miel, la cannelle, les clous de girofle, la gousse de vanille fendue en deux, le gingembre pelé et râpé fin, et portez à ébullition.

Versez le riz, remuez.
À reprise de l'ébullition, couvrez et laissez confire une heure à feu imperceptible.

Pendant ce temps, mettez les raisins à tremper dans le rhum et grillez doucement les graines de sésame à la poêle sèche. Cette légère torréfaction exalte leur saveur.

En fin de cuisson, ajoutez tout ceci dans la casserole, remuez à la fourchette avec doigté, et versez dans une jatte après avoir ôté la vanille et la cannelle.

Servez bien froid ce plat antique, où le riz italien et le rhum antillais représentent des améliorations indéniables, dues aux échanges de ce que les cultures des peuples ont de meilleur. On peut vivre de ce riz et d'amour.

*Votre marché :*

- 100 g de riso superfino Arborio du Pô
- 1 litre de lait entier cru ou pasteurisé
- 100 g de votre miel préféré (sauf de sapin)
- 1 rouleau de cannelle
- 2 clous de girofle
- 1 gousse de vanille Bourbon
- 1 noix de gingembre frais
- 50 g de raisins de Smyrne
- 1 dl de vieux rhum ambré de la Martinique
- 20 g de graines de sésame (si vous voulez)

~

**Nous achèverons ce chapitre sur une recette aujourd'hui presque oubliée,** qui fit les meilleurs goûters de mon enfance et dont vous gratifierez votre nièce, qui ne quitte plus guère votre domicile :

# Le pain perdu

**Toutes saisons – Pour vous et votre nièce.**
L'enfant vient à peine de déposer son cartable et réclame son goûter. Priez-la de patienter quelques minutes.

*Votre marché :*

- 1 pain brioché
- 1/8 de litre de lait entier, cru de préférence
- 50 g de sucre semoule
- 1 sachet de sucre vanillé à la vanille Bourbon
- 2 œufs
- 100 g de beurre

*Pour servir :*

- du sucre semoule en poudreuse et de la marmelade d'abricots d'excellente qualité

Coupez quatre à six tranches assez épaisses de pain brioché. Versez le lait avec les sucres dans une casserole et faites chauffer jusqu'à la fonte du sucre. Versez dans une assiette creuse. Battez les œufs en omelette dans une autre assiette.

Dans une poêle, mettez à fondre le tiers du beurre. Trempez deux tranches de pain dans le lait, puis passez-les dans les œufs, sur les deux faces. Posez dans le beurre qui commence à grésiller, entretenez un feu assez doux pour que le beurre ne brûle pas, assez fort pour que le pain dore. Ceci des deux côtés.

Servez bien chaud saupoudré de sucre ou tartiné de marmelade.

Faites une seconde tournée, et éventuellement une troisième. Apprenez à votre nièce que ce qu'elle mange avec une telle voracité qu'elle en lèche son assiette est la version riche d'une recette de pauvres destinée à utiliser le pain rassis. Votre pédagogie aura d'autant plus d'effet qu'elle vous adore désormais inconditionnellement, ce qui vous oblige à redoubler de vigilance quant à l'exactitude du savoir que vous lui dispensez.

# Les gâteaux domestiques, ou les sommets du gras-sucré

***À quoi servent les pâtisseries ?***

*Il existe des milliers d'ouvrages consacrés aux gâteaux, ce qui n'a rien d'étonnant si l'on songe que la ménagère du néolithique a dû mélanger et cuire au four le grain broyé, le beurre, les œufs et le miel voici plus de cinq mille ans au Proche-Orient. Un peu plus tard, les recettes abondent : Égyptiens et Grecs raffolaient des gâteaux, ainsi que leurs dieux omnivores. En France, il faut attendre le XVe siècle pour que les pâtissiers forment une corporation à part entière. Aujourd'hui encore, si l'envie vous vient d'un gâteau, choisissez un pâtissier renommé plutôt qu'un boulanger : il connaît les techniques subtiles élaborées par des siècles de spécialisation et vous offrira (ou plutôt vous vendra à prix d'or) les chefs-d'œuvre les plus complexes de la culture du cuit. Je pratique davantage l'exploration des meilleures pâtisseries du monde que la confection des gâteaux, sinon ceux que nous a légués la tradition ménagère, riches, lourds et absolument démodés, qu'il serait absurde de réclamer en ces lieux raffinés où nous cherchons d'autres plaisirs. La pâtisserie moderne, c'est comme la cuisine des restaurants dignes de ce nom : on ne peut pas la faire chez soi, faute de matériel, de main-d'œuvre et de savoir, ou alors il faut acquérir le tout et y passer le plus clair de son temps. Ce que je refuse avec énergie, tenant par-dessus tout à mon statut d'amateur et adorant sans vergogne les grasses merveilles de la tradition.*

~

**Ce n'est pas parce qu'on pratique la pâtisserie rustique qu'on est incapable de raffinement. Il est difficile de trouver meilleur que :**

## La tarte au fromage blanc

... que je verse ici à votre apprentissage.

**Toutes saisons – Pour huit personnes.**

La veille, versez le fromage blanc dans une passoire tapissée d'une gaze, d'une mousseline ou d'un fin mouchoir, et laissez-le

Votre marché (la veille) :
Pour la pâte :
- 125 g de beurre doux à température ambiante
- 50 g de sucre semoule
- 1 forte pincée de sel
- 1 œuf
- 1 citron non traité
- 250 g de farine

Pour la garniture :
- 750 g de fromage blanc fermier, entier
- 100 g de raisins de Smyrne
- 1 petit verre de rhum ambré des Antilles
- 200 g de sucre semoule
- 4 œufs
- 3 c.s. de crème épaisse
- 75 g de beurre doux
- 1 citron non traité
- 3 c.s. de farine

s'égoutter au frais toute la nuit. Mettez les raisins à tremper dans le rhum.

Le lendemain, profitez d'un moment creux pour faire la pâte. Travaillez dans une terrine, au batteur électrique, le beurre, le sucre et le sel jusqu'à ce que la mousse blanchisse. Ajoutez l'œuf entier, travaillez encore, puis la peau du citron lavé, prélevée au zesteur, et la farine à travers un chinois afin de la tamiser. Pétrissez à la main, généreusement, puis formez une boule que vous ferez reposer au réfrigérateur pendant au moins une heure, enveloppée dans une feuille de plastique alimentaire. Vous avez fait une sorte de *pasta frolla*, une pâte italienne que j'adore.

2 heures avant le repas, sortez la pâte pour qu'elle se réchauffe, et allumez le four (th. 6, 170 °C).

Confectionnez maintenant la garniture. Versez le sucre et les jaunes d'œufs dans une terrine, les blancs dans un grand saladier. Travaillez jaunes et sucre au batteur jusqu'à obtenir une mousse pâle et bien liée (ça s'appelle le « ruban »).

Ajoutez le fromage blanc, la crème, travaillez vigoureusement à la cuillère de bois.

Faites fondre 60 grammes de beurre, versez dans la terrine et travaillez encore. Lavez le citron, essuyez, prélevez toute la peau à l'aide du zesteur au-dessus de la terrine. Égouttez les raisins, roulez-les dans une c.s. de farine, versez dans une passoire pour ôter l'excédent. Ajoutez les raisins à la terrine, travaillez encore.

Beurrez un moule à tarte à bords hauts avec le reste du beurre, saupoudrez d'1 c.s. de farine et remuez le moule en tous sens afin de le fariner entièrement. Jetez l'excédent.

Abaissez la pâte *(voir p.208)* sur un plan fariné en large disque mince, garnissez-en le moule.
Battez les blancs en neige très ferme. Mélangez 1 c.s. sans précaution à la garniture, afin de l'alléger, puis le reste avec doigté, de bas en haut, afin de ne pas briser la neige. Versez dans le moule, égalisez la surface et enfournez pendant environ 50 minutes. Ce sera bien doré.
Laissez refroidir. Servez encore un peu tiède, après avoir décerclé le moule. C'est riche et capiteux. Vous pouvez enrichir encore en ajoutant 150 grammes d'amandes effilées ou de cerneaux de noix concassés dans la garniture, en même temps que les raisins. Ce sont des variantes qui valent la peine qu'on les essaye.

**Il en est d'autres, innombrables :** les gâteaux au fromage se consomment partout, de l'Alsace à l'Italie (où on les appelle *torta di ricotta*), de la Russie à la Pologne (où on les appelle *vatrouchka*), de l'Angleterre aux États-Unis (où on les appelle *cheese-cake*). Ils sont une mémoire populaire et l'une des plus anciennes pâtisseries... Pensez-y en les dégustant, votre plaisir en sera décuplé, s'il est possible.

~

**Vous connaissez Thérèse,** qui me gratifie régulièrement de pâté polonais, de galettes de pommes de terre, de crêpes de viande de *pascha*, de *masurek* et autres *vatrouchka* qui contribuent puissamment à ma joie de vivre. Il m'arrive aussi de lui faire la cuisine, des choses qui, il me semble, vont bien avec son teint, son caractère et son histoire personnelle, tel ce :

## Gâteau pour Thérèse

... que je ne parviens pas à baptiser autrement, et dont je lui fis la surprise lors de son dernier anniversaire.
**Automne-hiver – Pour six à huit personnes.**
Faites la sauce au caramel dans un moment de désœuvrement : il faut qu'elle ait le temps de refroidir. Humectez d'eau 150 grammes de sucre et cuisez un caramel bien doré *(voir p.230)*.

Votre marché :

- 250 g de sucre semoule
- 1/2 litre de crème fleurette
- 4 belles grosses pommes reinettes ne s'effondrant pas à la cuisson (demandez au spécialiste)
- 4 belles grosses poires doyenné-du-comice ou beurré-hardy
- 125 g de beurre doux
- 1 citron non traité
- 125 g de raisins de Smyrne
- 125 g de cerneaux de noix
- 10 feuilles de brick ou de filo (en épicerie orientale : Thérèse est passée par l'Orient)

Mettez la crème à chauffer en même temps, de sorte qu'elle soit brûlante quand le caramel est à point.

Ôtez du feu la casserole de caramel et versez la crème bouillante, avec précaution et par petites quantités, en remuant énergiquement. Ça ressemble au début à un chaudron de sorcière, mais n'ayez crainte, ça va se calmer. Versez cette sauce dans une jatte, laissez refroidir puis mettez au réfrigérateur.

Une heure avant le repas, confectionnez le gâteau qui, lui, doit être servi tiède. Pelez les pommes et les poires, coupez-les en quartiers, ôtez les cœurs et coupez la chair en gros dés que vous roulerez dans le reste du sucre.

Mettez à chauffer dans une grande poêle la moitié du beurre et, quand il grésille, versez-y les fruits. Maintenez un feu assez bas pour que le beurre ne brûle pas, assez fort pour que cela cuise prestement (environ 15 minutes). En cours de cuisson, lavez et essuyez le citron, râpez son zeste sur les fruits, ajoutez aussi les raisins. Remuez de temps à autre avec précaution pour ne rien écraser et allez résolument à une légère caramélisation, ce qui se produit quand les fruits sont cuits et ne lâchent plus d'humidité.

Ajoutez alors les cerneaux de noix grossièrement concassés, ôtez du feu et allumez le four (th. 6, 170 °C).

Faites fondre le reste du beurre. Enduisez-en au pinceau la plaque du four, puis chacune des feuilles de brick ou de filo, avec largesse.

Empilez cinq feuilles beurrées sur la plaque. Versez au centre les fruits caramélisés, égalisez sans aller jusqu'aux bords.

Recouvrez du reste des feuilles et rentrez-les légèrement sous les premières, en bordant comme vous faites votre lit, de façon à former une sorte de tourte. Beurrez encore le dessus.

Enfournez pour 30 minutes, jusqu'à un beau doré. Servez tiède avec la sauce au caramel bien froide. C'est tout Thérèse : tendre et croustillante, suave et corsée, avec un côté aventurière internationale mâtinée de femme d'intérieur.
J'ai dégusté quelque chose d'approchant chez Alain Reix, un cuisinier que j'estime énormément parce qu'il a la main, la tête et le caractère d'une imagination et d'une modestie inlassables.

~

**Tous les gens vraiment humains gardent dans un tiroir une recette de gâteau au chocolat.** Beaucoup d'entre eux, hélas, se contentent par pure paresse des immondices que trop de commerçants sans scrupules osent baptiser de ce nom. Essayez de trouver un bon, un vrai gâteau au chocolat à Paris : vous devrez sans doute prendre l'autobus pour vous rendre chez l'un des cinq ou six pâtissiers vraiment honnêtes de la capitale. Ou vous devrez le faire vous-même. Voici :

# Le meilleur gâteau au chocolat du monde

**Toutes saisons** (mais c'est plutôt indiqué l'hiver) – **Pour six personnes.**

Allumez votre four (th. 6, 170 °C). Beurrez un moule à manqué et saupoudrez d'1 c.s. de sucre semoule. Remuez en tous sens et jetez l'excédent de sucre.

Faites fondre au bain-marie, sans y toucher surtout, 250 grammes de chocolat avec 2 c.s. d'eau.

Séparez les jaunes et les blancs d'œufs : mettez les jaunes dans une terrine, trois blancs dans un saladier, jetez les trois autres.

*Votre marché :*

- 375 g de chocolat noir amer, dit « de couverture », de chez le meilleur chocolatier de votre ville
- 6 œufs
- 100 g de sucre semoule + 1 c.s.
- 100 g d'amandes en poudre
- 3 c.s. rases de fécule
- 1/2 c.c. de levuure chimique
- 250 g de beurre doux à température ambiante + 1 noix pour le moule
- 1 forte pincée de sel
- 100 g de sucre glace

Versez le sucre semoule sur les jaunes et fouettez au batteur électrique jusqu'à obtenir une mousse pâle et liée. Versez dessus le chocolat fondu, par petites quantités, en tournant vigoureusement à la cuillère de bois.

Ajoutez la poudre d'amandes, la fécule et la levure ensemble à travers un chinois, mélangez à fond. Ajoutez 200 grammes de beurre mou, travaillez encore, ça entretient la musculature.

Battez les blancs en neige très ferme avec le sel. Mêlez-en 1 c.s. sans précaution à la pâte, afin de l'alléger, et le reste délicatement, en soulevant de bas en haut, comme toujours avec la neige.

Versez dans le moule, enfournez pour 20 à 30 minutes. Le centre doit rester crémeux entre les bords « pris ».

Démoulez tiède. Lorsque le gâteau est refroidi, glacez-le : faites fondre au bain-marie le reste du chocolat avec 1 c.s. d'eau, ajoutez hors du feu le reste du beurre, mélangez bien, puis ajoutez le sucre glace cuillerée par cuillerée, jusqu'à obtenir une bouillie épaisse et bien liée. Versez au centre du gâteau et enduisez la surface et les bords avec équité, en vous aidant d'une spatule souple.

Si vous êtes trop paresseux pour parachever ainsi, poudrez le gâteau de sucre glace à travers un chinois juste avant de servir. C'est aussi joli mais moins voluptueux.

En dégustant cette somptuosité, ayez une pensée reconnaissante pour les Mayas, qui surent reconnaître en le *cacahuaquahuitl* des forêts du Yucatán et du Guatemala l'arbre même des dieux. Et pour Quetzalcóatl, son divin jardinier.

~

**Le pain d'épices,** parti de Chine au Xe siècle sous le règne des Tang, après des détours compliqués par la Turquie et les pays arabes (grâce à Gengis Khan, dont vous voyez ici qu'il n'était pas entièrement mauvais), la Terre sainte des croisades et même la Roumanie, finit par arriver à Dijon au XVIe siècle, où la cour de Bourgogne s'en régalait. On le fait aujourd'hui de froment dans cette ville, de seigle à Reims, et toujours au miel. Méprisez ce que l'industrie vend sous un nom usurpé, qui n'est que le pâle fantôme de ce délice facile à faire chez soi. Voici donc :

# Un vrai bon pain d'épices

**Toutes saisons – Pour deux ou trois goûters.**

Allumez le four (th. 4, 80 °C). Beurrez votre moule à cake et tapissez-le de papier sulfurisé, que vous beurrerez au pinceau d'une noix de beurre fondu.

À feu très doux, faites fondre en casserole le beurre et le miel. Pendant que ça tiédit, versez dans une grande terrine, à travers un chinois, la farine mélangée à la levure et au bicarbonate. Ajoutez le sel et toutes les épices, mélangez. Puis l'œuf battu en omelette et le lait. Mélangez encore. Enfin le miel beurré.

Mélangez à fond cette pâte assez compacte. Versez dans le moule, enfournez pour 45 minutes. Baissez le thermostat à 3 (50 °C) et laissez encore 30 minutes. Une aiguille à tricoter plongée au centre doit ressortir humide mais sans trace de pâte.

Démoulez chaud. Patientez deux jours pour goûter, coupé en tranches tartinées de beurre. C'est un merveilleux compagnon pour le thé. Si vous voulez, vous pouvez mélanger à la pâte 100 grammes d'amandes entières mondées ou d'écorces d'orange, de citron ou de cédrat confites et taillées en grosses lanières. Ce sont d'exquis raffinements.

Votre marché (au moins deux jours avant d'entamer) :

- 60 g de beurre + 1 noix pour le moule
- 300 g de miel de Bretagne (ou si vous préférez 150 g de cassonade et 150 g de miel, ce qui donnera une touche flamande à votre gâteau)
- 300 g de farine de blé ou de seigle, ou mélangées, selon vos goûts
- 1 c.c. de chacun des ingrédients suivants : levure chimique, bicarbonate de soude (chez le pharmacien), quatre-épices, gingembre en poudre, cannelle en poudre, sel fin
- 1 œuf
- 1/8 de litre de lait entier

~

**Autre pâtisserie idéale pour le goûter : le cake (« gâteau » en anglais, autant dire « archétype »).** Je rends aux British l'honneur de faire les meilleurs gâteaux de thé du monde. Évitez à tout prix la fabrication industrielle et, si vous voulez en déguster, faites vous-même celui-ci, qui est :

# Le summum du cake

Comme c'est un peu long à faire et que ça se conserve une bonne semaine (en principe ; mais vous ne tiendrez pas jusque là), je vous conseille d'en préparer deux en même temps.

**Toutes saisons** (c'est plus indiqué l'hiver, pour triompher du froid) – **Pour une semaine de goûters, donc.**

Votre marché (au moins la veille de la première dégustation) :

- 300 g de farine + 2 c.s.
- 1 orange non traitée
- 500 g de raisins de Smyrne et de Corinthe à parts égales
- 250 g de beurre doux, mou
- 250 g de sucre semoule
- 6 œufs
- 1 paquet de levure chimique
- 6 c.s. de vieux rhum ambré de la Martinique
- 3 c.s. de marmelade d'abricots de très bonne qualité

Mettez 2 c.s. de farine dans un grand bol. Lavez et épongez l'orange, prélevez-en toute la peau avec votre zesteur au-dessus du bol. Ajoutez les raisins. Ainsi enrobés, les zestes et les fruits ne tomberont pas au fond du moule pendant la cuisson. Versez dans un chinois afin d'ôter l'excès de farine.

Battez le beurre et le sucre au batteur électrique dans une terrine jusqu'à obtenir une mousse bien liée. Ajoutez les œufs entiers, un par un, en battant toujours. Si ça se dissocie, ce qui est généralement le cas, ne vous inquiétez pas. Mettez la terrine au bain-marie juste le temps que ça s'amalgame, en continuant à battre avec patience.

Passez à travers un chinois la farine mélangée à la levure au-dessus de la terrine. Travaillez cette fois à la cuillère de bois. Ajoutez enfin les raisins et les zestes farinés, et mettez le tout au réfrigérateur au moins 30 minutes.

Pendant ce temps, buvez un petit verre, téléphonez à votre nièce pour l'inviter à goûter le lendemain, allumez le four (th. 8, 250 °C) et beurrez le moule (si vous en avez deux c'est plus commode évidemment, vous pourrez cuire les deux cakes en même temps. Sinon ce n'est pas grave, vous les cuirez l'un après l'autre).

Si votre moule ne possède pas de revêtement antiadhésif, il vous faudra le chemiser de papier sulfurisé, parce que le cake « attache » facilement.

Versez la pâte reposée dans le ou les moules. Enfournez pour 50 minutes, 5 minutes à forte chaleur pour « saisir » le gâteau, 25 minutes à thermostat 6, (170 °C), et encore 20 minutes à thermostat 5, (120 °C) pour qu'il cuise en profondeur. Testez à l'aiguille à tricoter : elle doit ressortir du centre un peu humide, mais sans trace de pâte.

Sortez du four, arrosez de rhum immédiatement. Démoulez tiède.

Quand vos gâteaux sont froids, préparez un abricotage : mixez la marmelade, faites-la bouillir quelques secondes et passez un pinceau enduit de cet épais sirop sur le dessus des cakes.

Attendez le lendemain pour y goûter avec votre nièce, c'est bien meilleur. S'il en reste, enveloppez dans un papier d'aluminium et conservez ainsi, à température ambiante.

J'adore le cake sans fruits confits. Si vous les aimez, remplacez la moitié des raisins par les fruits de votre choix (classiquement bigarreaux, écorces d'orange, de citron et de cédrat), roulés eux aussi dans la farine. (Méfiez-vous des fruits confits : achetez-les entiers, chez un excellent confiseur. Ceux que vendent les grandes surfaces sont généralement des navets colorés et gonflés de sirop de glucose !)

Si vous êtes fou des amandes, faites de même. Vous pouvez maintenant, sachant ce que vous savez, obéir à vos goûts et y adapter tout ce que je vous raconte.

~

**N'ébruitez pas** (vous vous feriez mal voir des gens qui luttent pour leur ligne) la recette que, pour finir, je vous confie, qui est le comble du génie breton et de l'antidiététique :

## La galette de Guiscriff

**Tout le temps –**
**Pour une à douze personnes.**

C'est on ne peut plus simple. Versez la farine dans une grande terrine, coupez le beurre au-dessus en tout petits morceaux, ajoutez

*Votre marché :*

- 1 livre de farine
- 1 livre de beurre de Bretagne salé au sel de Guérande, froid
- 1 livre de sucre semoule
- 12 œufs + 1 pour le glaçage

le sucre et les jaunes d'œufs (jetez les blancs ou offrez-les à votre voisine à des fins de meringues ou autres plaisanteries pour personnes chipoteuses). Travaillez tout ça à pleines mains. Lorsque vous aurez fini d'amalgamer ce tout en pâte homogène et consistante, vous goûterez sur vos doigts une saveur divine. Il y a de fortes chances qu'alors vous dévoriez le tout, cru, jusqu'à la dernière miette. Je l'ai fait. C'est très mal vu par l'entourage.

Vous pouvez aussi tasser dans un moule à manqué, à revêtement antiadhésif, lisser la surface d'une paume passée à l'eau froide, la badigeonner du dernier jaune d'œuf à l'aide d'un pinceau, dessiner des croisillons à la fourchette et enfourner dans un four préchauffé (th. 6, 170 °C) pour 1 heure environ, jusqu'à ce que ce soit d'un beau doré soutenu.

C'est aussi lourd et savoureux que cru, mais ça se prétend plus civilisé. C'est supposé se conserver longtemps en boîte de fer, je ne sais pas, je n'ai pas fait l'expérience, chez moi ça tient deux jours, tout au plus. Il est vrai que cette apothéose est ma madeleine à moi.

~

# Pour conclure

Je vous quitte avec la même sensation que lorsque je quitte des amis après un excellent dîner. La plupart ne sachant pas cuisiner, ça se passe en général chez moi. Leur ignorance et mon savoir-faire ont fait de ma maison un endroit où tout le monde se sent gai, épanoui, et dont on s'en va meilleur, à cause des joies de la conversation et des nourritures que je concocte pour chacun, avec ce mélange de soin et de légèreté sans quoi cuisiner n'est qu'un fastidieux labeur ou, pire encore, une sinistre prétention.

Je ne cuisine que pour les gens que j'aime, et je leur suis profondément reconnaissante de tant apprécier ces plaisirs simples que nous partageons. Pour quelques-uns d'entre eux qui exprimaient le désir sincère d'en savoir davantage, j'ai écrit à la main, au fil des années, de petits manuels d'éducation qui m'ont donné l'idée de celui-ci.

J'ai la même reconnaissance pour quelques personnes qui « savent », grâce à qui la cuisine entre pour moi dans l'exercice plus vaste de l'intelligence et de l'esprit : une historienne, Maguelonne Toussaint-Samat, dont l'*Histoire naturelle et morale de la nourriture*, que m'offrit mon préfacier, est l'un des livres savants les plus adorables que je connaisse ; Claude Lévi-Strauss qu'évoquent toutes ces pages ; ceux qui m'ont aidée et conseillée avec l'entrain et l'efficacité qui les caractérisent : Thérèse, Martine, ma nièce Alice, ma belle-sœur Élisabeth, mon frère Michel, mes amies Lydia et Manette et mon cher Quentin ; ou soutenue de leur affection confiante et de leurs dégustations : Franz, Jacques et Pierre, par exemple.

Quelques amis enfin, qui montrent à la cuisine l'amabilité qu'il faut. Voilà. Vous en êtes. Vous allez pouvoir m'inviter.

# Ce que vous devez avoir sous la main

**Les produits de longue conservation**

- la farine
- le riz : Basmati, Camargue ou Madagascar long, *superfino Arborio* du Pô...
- les pâtes de *grano duro* : spaghettis, macaronis, tagliatelles fines...
- les semoules de blé ou de maïs
- la fécule, type Maïzena
- la levure chimique
- la gélatine en feuilles
- le sucre : semoule, cristallisé, glace, en morceaux, vanillé
- le sel : gros gris de Guérande et fin
- les vinaigres : Xérès, vin rouge, balsamique, cidre, « cristal »
- les alcools : rhum, marc, cognac, armagnac, porto, marsala, kirsch...

**Les produits de conservation limitée**

- les légumes secs : haricots blancs, lentilles...
- les fruits secs : raisins de Smyrne, de Corinthe, abricots...
- les huiles : olive VPPF, noix, arachide...
- les herbes sèches : thym, romarin, laurier, origan, sarriette, sauge...
- les épices : poivres, paprika doux, piments-oiseaux, poivre de Cayenne, cardamome, clous de girofle, cannelle en rouleaux et en poudre, noix muscade, safran, vanille Bourbon en gousses, curries de Madras...
- les condiments : moutardes de Dijon, de Meaux, chutney « hot » de mangues, cornichons et oignons au vinaigre, olives noires et vertes au naturel, à l'huile d'olive...



**Les produits de conservation courte,** à température ambiante :

- oignon, échalotes, ail
- citrons

**Des accessoires**

- papier absorbant, papier aluminium, papier sulfurisé, film plastique alimentaire, ficelle de cuisine et grosse aiguille

**Et votre batterie de cuisine, simple et de bonne qualité**

- quelques spatules et cuillères de bois pour touiller
- une planche de bois pour découper
- une écumoire et une louche
- un verre mesureur pour peser les ingrédients courants
- quelques petits couteaux « d'office » pointus et bien effilés, quelques couteaux « économes » pour éplucher, et un grand couteau à découper
- un aiguise-couteaux à roulettes ou une pierre à aiguiser
- un presse-ail en fonte
- un mortier et son pilon (en bois)
- un petit fouet
- un zesteur (pour faire des zestes, naturellement)
- une paire de forts ciseaux
- une très bonne cocotte en fonte, à couvercle supportant le four
- une très bonne casserole basse et large avec couvercle (ou sauteuse)
- deux poêles antiadhésives, une petite et une grande
- quelques casseroles d'aluminium lourd de différentes tailles
- un faitout (ah ! le beau mot !) pour les grands bouillis
- deux bols, un grand et un petit
- un plat à rôtir
- un moule à soufflé moyen
- un grand moule à tarte, et un moyen, antiadhésifs, à fond amovible
- un moule à cake moyen (23 à 25 cm x 15 cm) antiadhésif
- un moule à manqué moyen (22 cm), et un autre plus grand, antiadhésifs
- une terrine à couvercle
- un moulin à légumes en aluminium
- un batteur électrique
- un hachoir électrique
- un mixeur (le plus simple) avec son bol
- une râpe mécanique ou, mieux, électrique, munies de diverses grilles
- une passoire à grillage fin, dite « chinois » et une grosse passoire à pieds
- une essoreuse à salade
- deux gants à l'épreuve de la chaleur
- un pinceau plat.

Je méprise la cocotte-minute et les robots : dans celle-ci on ne voit rien et ceux-là ôtent le plaisir de la main. En outre, plus l'esprit montre d'audace et plus le goût penche vers le rétrograde. Restons donc, à l'exemple de l'honnête commerçant, dans la tradition et l'artisanat.

# Index

## Le végétal

### Du simple au complexe, du cru au quasi-cuit : les salades



### La conquête du cuit : les céréales



### Les légumes

## L'animal aquatique



## L'animal terrestre

### La viande de boucherie ou le gros



### Les sous-produits animaux



## Le pur plaisir

### Les desserts de fruits, ou de la nature à la culture



### Les entremets, ou la culture du tendre

### Les gâteaux domestiques ou les sommets du gras-sucré



## Pour mémoire

L'éditeur tient à remercier Francette Drin,
première lectrice de cet ouvrage,
pour ses conseils experts
et son avis toujours pertinent.

Achevé d'imprimer en avril 1998
sur les presses de G. Canale & C. S.p.A. Borgaro T.se, Turin
Dépôt légal : 2e trimestre 1996